W0329713

Yvon Chouinard

HOMME D'AFFAIRES MALGRÉ MOI

HOMME D'AFFAIRES MALGRÉ MOI

Confessions d'un alter-entrepreneur

Préface de
François Lemarchand

Traduit de l'américain par Nadège Chable

Vuibert

Ouvrage publié sous la direction de
Geoff Staines

Cet ouvrage est imprimé sur papier recyclé, 100 % fibres recyclées post-consommation, pâte TCF, ISO 9706.

Traduction de *Let my people go surfing*, New York, The Penguin Press,

ISBN : 2 7117 4332 2
ISBN 13 : 978 2 7117 4332 2

Ce livre est dédié à Malinda Pennoyer Chouinard,
ma femme et partenaire dans les affaires
tout au long de ces bonnes années.

SOMMAIRE

PRÉFACE
À L'ÉDITION FRANÇAISE

Yvon Chouinard est un héros californien ! La Californie, cette terre marquée par le puissant océan Pacifique, les montagnes Rocheuses enneigées et les déserts torrides, recèle en elle une beauté naturelle miraculeuse qui marque au plus profond ceux qui ont le privilège d'y vivre. Il n'est pas étonnant que ce soit le berceau de la philosophie de l'outdoor avec son icône, John Muir, ses premières grandes associations militantes de protection de la nature, telle le Sierra Club et une façon de vivre simple, optimiste, en connexion avec la nature.

Cet État a même sa cathédrale qui a forgé des générations de grimpeurs-écologistes : El Capitan dans la vallée du Yosemite.

Chouinard et ses amis grimpeurs, Tompkins, Royal Robbins ou Frost, qui furent les pionniers de l'industrie de l'équipement outdoor, ont d'abord été des amoureux de la splendide nature californienne, qui les a construits.

La Californie est réputée pour son esprit innovant, futuriste et optimiste qui lui vient de cette génération de pionniers allant toujours plus à l'Ouest, avides de nouvelles découvertes. Arrêtés sur le bord de l'océan Pacifique, ils ont mis cet esprit au service de l'invention du futur. La Californie demeure le laboratoire du monde, avec toujours un temps d'avance ! Dans la plupart des domaines, ses habitants sont déjà dans la post-modernité qui s'imposera bientôt à nous tous.

Les Californiens ont enfin, de façon aiguë, une vision holistique du monde. Holistique, de « Whole », le « Tout » où tout est interconnecté : la Terre, les hommes, les vies… où l'on recherche sans cesse la fusion de toutes les composantes de la vie.

Yvon Chouinard n'a pas eu trois vies : celle de grimpeur de talent, d'entrepreneur éclairé et de militant écologiste engagé. Il n'en a qu'une seule au sens holistique, dans laquelle il a su fusionner toutes ses passions. Il a ainsi inventé, avec vingt ans d'avance, l'entreprise holistique, l'entreprise de la post-modernité, où le travail et le loisir s'interconnectent : le surf et l'efficacité économique, l'engagement physique et militant, le sens aigu de la communication et des attentes du marché, la cohérence des actions avec la responsabilité citoyenne et écologique.

Patagonia, c'est l'histoire d'une entreprise qui rompt avec le modèle industriel moderne, un modèle de plus en plus rejeté, où la vie des personnes est fragmentée en des tâches qui s'empilent dans l'organisation du temps sans se connecter.

Depuis notre époque étudiante, au début des années 1970, nous aimons nous immerger, Françoise, mon épouse photographe, et moi-même, en Californie du Nord. Nous nous remplissons des énergies qui y règnent, nous côtoyons ces personnes qui ne cessent d'inventer et d'expérimenter, avec une vision optimiste de l'avenir, nous nous laissons submerger par la beauté de la nature. Nous nous sentons viscéralement Californiens, en plus d'être Français.

Notre première entreprise créée au milieu des années 1970, Pier Import, fut une émanation des idées et de l'esprit qui régnaient alors sur le port de San Francisco. L'esprit californien nous influença encore davantage en 1989, pour la création de Nature & Découvertes.

C'est un bonheur de créer une entreprise à partir d'une page blanche : les contraintes économiques s'effacent pour être au service d'un projet, d'aspirations et de rêves. Nous aimions profondément la nature et voulions que notre métier soit en connexion avec elle, pour qu'il n'y ait pas de frontière entre le temps dévolu au travail et celui donné à la nature. Nous voulions que notre entreprise serve également à l'éducation naturaliste de nos quatre jeunes enfants et à tous les jeunes de leur âge, par extension. Nous aimions le commerce pour les liens humains qu'il permet. Nous goûtions au plaisir de créer ces belles mécaniques que sont les entreprises dans leur complexité et leur richesse humaine et intellectuelle. Et, suivant une règle du jeu imparable, la satisfaction des clients s'exprime par les bénéfices et le pouvoir économique qu'ils vous donnent en signe d'approbation. Mais approbation de quoi ? L'approbation de ce que l'on fait, du comment on le fait, du pourquoi on le fait. L'entreprise est sans doute un des moyens d'expression démocratique parmi les plus puissants qui existent aujourd'hui, les clients y achètent un objet ou un service matériel mais aussi, au-delà de ça, une vision de la vie.

Enfin, nous voulions mettre notre entreprise au service de nos idées militantes et financer, avec une partie de ses futurs profits, les associations engagées dans l'éducation et la protection de l'environnement.

Comme monsieur Jourdain faisait de la prose, nous voulions créer une entreprise holistique cohérente avec nos convictions et nos passions.

Et cette fois, nous avions un modèle dont émanaient une sensibilité, une ambiance, une vision, une vraie honnêteté, avec lesquelles nous nous sommes sentis connectés : le Patagonia d'Yvon Chouinard.

Yvon Chouinard est un maître zen qui aime à faire lire, en guise de manuel de management moderne, le petit livre d'Herigel, *Le zen dans l'art chevaleresque du tir à l'arc*. On y apprend que, pour atteindre un but, il ne faut pas se focaliser sur le but lui-même mais se concentrer sur les moyens et les conditions nécessaires pour l'atteindre. Cette philosophie de vie irrigue l'entreprise qui se concentre sur la beauté, la simplicité, l'efficacité des produits et des actions qu'elle mène, persuadée que les clients sauront la récompenser par une sanction économique positive. Même si les positions militantes courageuses d'Yvon lui nuisent souvent à court terme…

Pour soutenir sa philosophie de développement durable, il fait appel à Saint-Exupéry, en une phrase qui dit tout : « Il semble que la perfection soit atteinte non quand il n'y a plus rien à ajouter, mais quand il n'y a plus rien à retrancher. » C'est cette philosophie de la frugalité et de la durabilité, inhérente à ceux qui sont en contact avec la nature, qu'Yvon a incrustée dans toute la démarche produit de Patagonia. Une démarche courageuse, responsable, en rupture avec la débauche de la société de consommation.

C'est aussi Yvon qui a inventé l'impôt volontaire pour la planète, en reversant 10 % de ses bénéfices (puis 1 % de son chiffre d'affaires) aux associations pour l'environnement, faisant ainsi de chaque employé de l'entreprise un militant de l'environnement et donnant une dimension engagée et citoyenne au travail de chacun.

Vingt ans avant qu'on ne commence à parler de décroissance, Yvon a eu l'intuition de la taille biologique idéale d'une entreprise, là où, comme dans la nature, elle serait en équilibre avec elle-même et son environnement. Dans le marché en plein essor de l'outdoor, il a volontairement refusé de croître pour conserver son intégrité.

Patron charismatique et inspiré, il a donné une crédibilité aux produits que son entreprise fabrique en les expérimentant lui-même et, pour cela, en vivant 90 % de son temps dans la nature sauvage. Il en est résulté un style de management par délégation autonome, qu'il a appelé humoristiquement le MBA (*management by absence* – management par l'absence), qui enchante les étudiants des écoles de commerce américaines parce que son entreprise est aussi un modèle de bonne gestion et de réussite économique.

Cet ouvrage était attendu avec impatience par tous ceux que la vision futuriste et globale d'Yvon Chouinard inspire. C'est une formidable leçon d'optimisme pour ceux qui cherchent à faire vivre en cohérence toutes leurs vies d'homme : la vie de citoyen responsable, la vie de responsable économique cohérent, la vie de militant, la vie spirituelle, la vie de parent…, la vie qui s'inscrit dans une histoire positive du monde.

En reposant ce livre, c'est avec un autre regard que l'on regardera les entreprises : les entreprises qui peuvent faire du bien à l'homme et vivre en harmonie avec la Terre, tout en créant des richesses.

Nul doute que le livre d'Yvon répondra aux attentes des entrepreneurs de demain qui y trouveront une leçon d'espoir et d'optimisme.

FRANÇOIS LEMARCHAND
Fondateur de Nature & Découvertes

INTRODUCTION
INTRODUCTION

Je suis un homme d'affaires depuis bientôt cinquante ans. Il est difficile pour moi d'écrire ces mots. C'est comme si je devais admettre que j'étais alcoolique ou avocat. Je n'ai jamais éprouvé de respect pour cette activité. Les entreprises sont condamnables d'être en grande partie les ennemies de la nature, de détruire les cultures indigènes, de prendre au pauvre et de donner au riche et d'empoisonner la terre avec les effluents de leurs usines.

Il faut pourtant reconnaître que l'entreprise contribue à fournir de la nourriture, à guérir les maladies, à donner du travail et, plus généralement, à enrichir notre existence. Et l'on peut réaliser des choses positives et gagner de l'argent sans pour autant perdre son âme. C'est le sujet de ce livre.

Comme beaucoup de gens qui vécurent leur jeunesse dans les années soixante, j'ai grandi dans le mépris des multinationales et des gouvernements à leur botte. Le rêve emblématique du jeune républicain qui veut gagner plus d'argent que ses parents, monter sa propre entreprise afin de la faire prospérer au plus vite pour l'introduire en Bourse et prendre ainsi sa retraite pour jouer au golf au paradis des loisirs ne m'a jamais attiré. Mes valeurs sont nées d'une vie passée au contact de la nature, à pratiquer mes passions, des sports que certains nomment à risque.

Ma femme Malinda et moi-même, ainsi que les autres salariés anticonformistes de Patagonia, avons tiré les leçons de ces pratiques sportives et du style de vie alternatif qu'elles engendrent, pour les appliquer à la gestion d'une entreprise.

Mon entreprise, Patagonia, est expérimentale. Elle existe pour mettre en pratique les recommandations que tous les livres catastrophistes sur l'état de notre planète donnent pour remédier à la dégradation de la nature et éviter l'effondrement de notre civilisation. En dépit de l'avis quasi unanime des scientifiques qui nous alertent sur le fait que nous sommes au bord du gouffre, notre société manque de volonté pour prendre des mesures. Nous sommes collectivement paralysés par l'apathie, l'inertie et le manque d'imagination. Patagonia existe pour se battre contre les idées reçues et montrer un nouveau style d'entreprise responsable. Nous pensons que les modèles actuels du capitalisme, qui exigent une croissance sans fin, sont critiquables pour les ravages qu'ils font subir à la nature ; ils doivent changer. Patagonia et son millier d'employés ont la volonté et les moyens de prouver au monde des affaires qu'agir pour le bien de chacun n'est pas incompatible avec le fait de faire des bénéfices.

Il a fallu quinze années pour écrire ce livre, le temps nécessaire pour nous prouver que nous étions capables de rompre avec les pratiques classiques du milieu des affaires et de construire un modèle qui fonctionne non seulement bien mais mieux. Surtout pour une entreprise qui a l'intention d'être encore là dans cent ans.

HISTOIRE
HISTOIRE

Aucun enfant ne rêve de devenir homme d'affaires. Les enfants veulent être pompier, footballeur ou garde forestier. Les hommes d'affaires comme Lee Iacocca, Donald Trump ou Jack Welch ne sont les héros de personne sauf de ceux avec qui ils partagent les mêmes valeurs. Quand j'étais petit, je voulais devenir trappeur.

Mon père était un solide gaillard du Québec. Il n'est allé à l'école que durant trois ans avant d'être obligé, à l'âge de neuf ans, d'aider à la ferme familiale. Plus tard, il a travaillé comme ouvrier plâtrier, menuisier, électricien ou plombier. À Lisbon, dans le Maine, la ville où je suis né, il s'occupait de l'entretien des métiers à tisser des filatures Worumbo Woolen. L'un de mes plus anciens souvenirs remonte au jour où je l'ai aperçu près du poêle à bois dans la cuisine, avalant du whisky au goulot, en essayant de s'extraire quelques dents, les bonnes et les mauvaises, avec une pince d'électricien. Il avait besoin de se faire soigner les dents mais il pensait qu'aller chez le dentiste coûtait bien trop cher pour quelque chose qu'il pouvait faire lui-même.

Je crois que j'ai appris à grimper avant même de savoir marcher ; le prêtre Simard, qui habitait à l'étage de la maison que nous louions, m'encourageait à ramper dans les escaliers et à venir chercher la récompense, une cuillère de miel. Lorsque j'avais six ans, mon frère Gérald m'emmena pêcher et accrocha un brochet de vingt-cinq centimètres au bout de la ligne, me faisant croire que c'était moi qui l'avais pris. Depuis, je suis devenu un accro de la pêche !

À Lisbon, tout le monde était Québécois et j'ai fréquenté l'école catholique francophone jusqu'à l'âge de sept ans.

Mes deux sœurs Doris et Rachel avaient neuf et onze ans de plus que moi, et comme mon frère était militaire et que mon père travaillait tout le temps, je n'étais entouré que de femmes. J'ai, depuis, toujours préféré cet arrangement. Ma mère Yvonne était l'aventurière de la famille et c'est elle qui eut l'idée de nous faire partir, en 1946, pour la Californie, où elle espérait que le climat plus sec résoudrait les problèmes d'asthme de mon père.

Nous vendîmes alors toutes nos affaires aux enchères, y compris les meubles que mon père avait fabriqués et, un jour terrible, nous nous entassâmes tous les six dans la Chrysler familiale et prîmes la direction de l'Ouest. Quelque part, le long de la Route 66, nous nous arrêtâmes près d'une maison en terre et ma mère donna à la femme hopi et à ses enfants affamés toutes les céréales qu'elle avait gardées pour le voyage. Cet événement fut certainement ma première leçon de philanthropie.

Une fois arrivés à Burbank, à Los Angeles, nous nous installâmes dans une autre famille québécoise et l'on me mit à l'école publique. J'étais le plus petit de la classe et ne parlais pas un mot d'anglais ; de plus, je devais sans cesse me défendre, car je portais un prénom prétendument de fille. Je me comportai alors comme tout futur entrepreneur l'aurait fait : je m'enfuis !

Mes parents m'inscrivirent à l'école paroissiale où je pouvais compter sur l'aide des nonnes. Mon bulletin scolaire, cette année-là, montre des résultats plutôt moyens dans toutes les matières. Les différences culturelles et de langue m'isolaient et je passais le plus clair de mon temps tout seul. Bien avant que les autres enfants du quartier aient le droit de traverser la rue, je parcou-

Le premier jour en Californie de la famille Chouinard. 1946.
Avec l'autorisation de Patagonia.

rais déjà en solitaire onze ou douze kilomètres avec mon vélo pour aller pêcher le crapet et l'archigan dans un lac d'un terrain de golf, en me cachant dans les saules pour que les gardes ne me voient pas. Ensuite, je découvris les espaces urbains sauvages du parc Griffith et du fleuve, le Los Angeles, où après l'école, je passais mon temps à harponner les grenouilles, à piéger les écrevisses, à chasser les lapins à queue blanche avec mon arc et mes flèches. Pendant l'été, nous allions nous baigner dans un bassin couvert de mousse qu'alimentait un tuyau d'évacuation d'un laboratoire de développement d'un studio cinématographique. Si j'ai un cancer un jour, j'en connaîtrai l'origine !

Au lycée, ce fut pire encore. J'avais des boutons, je ne savais pas danser et aucune matière ne m'intéressait à part les ateliers pratiques. On pensait que j'étais difficile et j'étais constamment en colle. J'étais excellent en sport, au base-ball et au football américain, mais dès qu'il s'agissait de jouer devant un public, je perdais tous mes moyens.

J'avais appris dès mon plus jeune âge qu'il était bien plus intéressant d'inventer ses propres jeux où, de cette façon, on est toujours le gagnant. Je passais donc mon temps dans l'océan, les rivières et les collines autour de Los Angeles. Les cours de maths m'ennuyaient tellement que je passais des heures les yeux rivés au plafond, à essayer de compter les trous des panneaux insonorisants. Le cours d'histoire était l'occasion de m'entraîner à l'apnée pour le week-end quand je partais plonger pour pêcher les ormeaux et les homards qui pullulaient dans la baie de Malibu. Pendant le cours d'atelier de mécanique auto, je m'allongeais sur le sommier roulant, me glissais sous la voiture sur laquelle je travaillais et n'en sortais que pour observer les jolies jambes de la fille qui venait prendre la liste des présences.

Avec quelques autres laissés-pour-compte et des adultes comme Robert Klimes, un professeur de musique, ou encore Tom Cade qui faisait une thèse à l'université de Californie, nous fondâmes le Club de Fauconnerie de la Californie du Sud. Nous dressions des éperviers et des faucons à la chasse. Chaque week-end de printemps, nous partions à la recherche de nids d'éperviers ;

Quelques membres du Club de Fauconnerie de la Californie du Sud.
Je suis à l'extrême droite avec un autour des palombes. 1956.
Avec l'autorisation de Patagonia.

quelquefois, nous baguions les juvéniles pour le compte de l'administration ou nous en prélevions un pour le dresser. Notre club fut à l'origine des premières réglementations sur la fauconnerie en Californie.

Ce fut la période la plus formatrice de toute ma vie. Quand un jeune de quinze ans doit attraper un autour des palombes (oiseau de proie) sauvage, rester toute une nuit à ses côtés jusqu'à ce que l'oiseau soit suffisamment en confiance pour s'endormir sur son poing et qu'ensuite, il doit dresser ce fier rapace uniquement par des stimulations positives, « qui est en train de se faire dresser ? », demanderait le maître zen.

L'un des membres de notre club, Don Prentice était un grimpeur et il nous apprit à descendre correctement en rappel sur les aires des faucons dans les falaises. Jusque-là, nous nous agrippions simplement à la corde et descendions en passant les mains l'une sur l'autre, mais il nous montra comment enrouler le cordage de manille (volé à une compagnie de téléphone) autour de la hanche et par-dessus l'épaule pour contrôler la descente. Nous pensâmes que c'était le sport le plus extraordinaire du monde et passâmes des heures à nous entraîner, nous améliorant et testant sans cesse de nouvelles techniques.

Nous nous fabriquâmes même, pour le rappel, nos propres vêtements avec des renforts en cuir, afin de descendre de plus en plus vite. Nous sautions dans les trains de marchandises pour nous rendre à l'ouest de la vallée de San Fernando afin de pratiquer le rappel sur les falaises de grès de Stony Point. Nous ne possédions aucun matériel spécialisé ni chaussures d'escalade. Nous portions seulement des tennis ou allions pieds nus.

Nous n'avions encore jamais pensé gravir une falaise jusqu'au jour où, en descendant en rappel une cheminée de Stony Point, je tombai sur un gars du Sierra Club qui était en train de la remonter ! Nous demandâmes donc à Don Prentice de nous en apprendre un peu plus sur l'escalade. C'est ainsi qu'en juin – j'avais seize ans à l'époque – je partis avec ma vieille Ford de 1940 que j'avais remise en état à l'atelier auto de l'école, pour aller dans le Wyoming. Je me souviens du sentiment d'exaltation que j'ai ressenti en traversant seul, au volant de ma voiture, le désert du Nevada où la température excédait les trente-sept degrés, dépassant les Oldsmobile et les Cadillac en surchauffe, arrêtées au bord de la route avec le capot ouvert.

Je rejoignis Don Prentice et d'autres jeunes, à Pinedale, et nous partîmes en randonnée dans le massif nord de la Wind River. Nous voulions gravir le pic Gannett, le plus haut sommet du Wyoming, mais nous n'avions pas de topoguide et nous nous perdîmes un peu ! Je voulais passer par la face ouest tandis que les autres voulaient gravir les couloirs nord. Nous nous séparâmes et je montai en solo quelques barres rocheuses de la face ouest ; plus tard dans la journée, je me retrouvai seul au sommet en plein orage, dérapant sur les névés avec mes chaussures à semelles lisses.

Je me rendis ensuite dans les Rocheuses afin d'y passer le reste de l'été à grimper. Je réussis à convaincre deux gars de l'université Dartmouth qui voulaient gravir la fissure Templeton au pic Symmetry de me prendre avec eux. C'était après que d'autres grimpeurs m'eurent évincé à cause de mon inexpérience. Cette fois, j'avais éludé les questions ! C'était ma première escalade avec une corde, mais je fonçai en improvisant au fur et à mesure, même quand ils me demandèrent de gravir en tête la longueur la plus difficile, une fissure très glissante. Ils me tendirent les pitons et un marteau – je n'avais aucune idée de la manière de m'en servir ! Heureusement, je compris vite et me débrouillai correctement. Après ce premier séjour dans les Rocheuses, j'y revins tous les étés pour grimper pendant trois mois. Quand je repense à ces premières expériences en escalade, c'est un miracle que j'aie survécu.

Dans ce massif, il y avait aussi la pêche. À l'âge de dix-sept ans, je rencontrai Glenn Exum qui était en train d'apprendre à son fils Eddie le lancer de mouche en jetant une ligne près de la cabane de l'école d'escalade. Glenn était guide de haute montagne et une légende de l'escalade dans la vallée. Il était aussi un lanceur de mouche très élégant et un excellent pêcheur à la mouche sèche. Quand il s'aperçut que je les observais, il me cria : « Allez, viens ici jeune homme ! » et me montra comment procéder pour lancer une mouche. Dès lors, je me débarrassai définitivement de ma canne à lancer au leurre et de mes cuillers pour ne plus pêcher qu'à la mouche.

Nous sommes restés dans cette cabane de plage, à San Blas au Mexique, pendant un mois en 1957, nous nourrissant de poissons, de fruits tropicaux, nous battant contre les brûlots, les moustiques et les scorpions, fartant nos planches de surf avec les bougies de l'église locale.

Avec l'autorisation de Patagonia.

En Californie, en hiver, j'allais grimper le week-end à Stony Point ; à l'automne et au printemps, à Tahquitz Rock au-dessus de Palm Springs. C'est là que j'ai rencontré quelques-uns des jeunes grimpeurs du Sierra Club : T.M. Herbert, Royal Robbins, Tom Frost, Bob Kamps et d'autres. Finalement, nous émigrâmes de Tahquitz au Yosemite où peu de grandes parois avaient alors été gravies.

Après avoir passé mon bac en 1956, j'entrai à la faculté pour un cursus de deux ans, tout en travaillant à mi-temps pour mon frère qui tenait une agence de détectives privés, Mike Conrad et Associés. Son principal client était Howard Hughes avec ses histoires de galipettes : il fallait essayer de garder trace des innombrables jeunes « starlettes » de Hughes, surveiller son yacht pour éviter qu'il ne soit contaminé par des microbes et le garder caché car il ne voulait pas comparaître dans le procès de TWA.

Pendant les vacances scolaires, je partais faire du surf avec des amis à bord de ma Chevrolet 1939 achetée quinze dollars, sur la côte la plus sauvage de Baja California et du Mexique.

Au cours d'un de ces voyages, après la dix-neuvième crevaison, nous finîmes par bourrer les pneus arrière avec des broussailles et des mauvaises herbes pour terminer le trajet jusqu'à Mazatlán à l'allure d'un escargot. Nous étions constamment malades à cause de l'eau polluée et comme nous n'avions pas les moyens de nous payer des médicaments, nous nous servions du charbon de bois du feu de camp, mélangé à du sel et de l'eau comme potion émétique.

Je compris vite que si je devais passer ma vie à boire de l'eau polluée et à me nourrir chez les petits vendeurs de rues et dans les bazars du tiers-monde, il faudrait que mon organisme s'y habitue. Fabriquer des anticorps contre la *tourista* et la giardose n'est pas une mince affaire, mais si l'on ne prend pas de purificateurs ni d'antibiotiques et si l'on ne boit pas d'eau traitée au chlore ou à l'iode, l'immunité se fait petit à petit. Une sorte de remède homéopathique. Même aujourd'hui, je bois l'eau des rivières dans lesquelles je pêche et je tombe rarement malade.

En 1957, j'achetai dans une brocante une forge à charbon, une enclume de soixante-quinze kilos, quelques paires de tenailles et des marteaux et je commençai à apprendre la ferronnerie. Depuis que je m'étais lancé dans l'escalade de plusieurs jours dans les grandes parois du Yosemite qui nécessitaient la mise en place de centaines de pitons, je voulais fabriquer mon propre matériel d'escalade. Les pitons en acier tendre qui venaient d'Europe étaient destinés à n'être utilisés qu'une fois et à être laissés en place. De meilleurs pitons avaient déjà été fabriqués par John Salathé, un grimpeur et forgeron suisse, à partir d'essieux d'un vieux modèle de Ford A. Il les avait utilisés pour réaliser la première ascension de la cheminée Lost Arrow au Yosemite, mais depuis, il avait arrêté de les faire.

Un pionnier du Yosemite, le grimpeur et forgeron suisse John Salathé. L'estampillage de son matériel en acier – un losange avec un P à l'intérieur – m'inspira pour le logo de Chouinard Equipment, un C dans un losange.
Avec l'autorisation de Patagonia.

Je réalisai mes premiers pitons à partir d'une lame en alliage acier et chrome-molybdène, récupérée sur une moissonneuse ; pitons que T.M. Herbert et moi-même avons utilisés pour nos premières ascensions de la cheminée Lost Arrow et la face nord de Sentinel Rock au Yosemite. Ces pitons plus durs et plus solides étaient parfaits, glissés dans les fissures à peine formées du Yosemite et pouvaient être retirés pour être utilisés encore et encore. Je les avais fabriqués pour moi-même et les amis avec lesquels je grimpais ; puis, des amis d'amis ont commencé à m'en réclamer. Je pouvais forger deux pitons à l'heure et j'ai

Ci-dessus :
Les premiers mousquetons Chouinard furent entièrement usinés sur une fraiseuse achetée sur catalogue.
Avec l'autorisation de Patagonia.

À gauche :
Étapes de fabrication d'un piton à partir de barres en alliage acier 4130 et chrome-molybdène.
Avec l'autorisation de Patagonia.

En plein travail à forger des pitons à l'extérieur de mon premier atelier de Burbank, à Los Angeles. J'avais fabriqué la planche de surf que l'on aperçoit à droite avec du balsa et de la fibre de verre. Je l'ai finalement échangée contre un moteur de Ford A. 1957.
Photo : Dan Doody.

commencé à les vendre un dollar cinquante pièce. On pouvait se procurer des pitons européens pour vingt *cents*, mais il fallait mon nouveau matériel, plus performant, pour le type d'escalade de pointe que nous accomplissions.

Je voulais aussi créer un mousqueton plus solide. En 1957, j'empruntai 825,35 dollars à mes parents pour acheter un marteau-pilon à matrices. Je me rendis en voiture au siège de la société ALCOA à Los Angeles ; j'avais dix-huit ans, une barbe fournie, des spartiates en cuir Levis et la somme exacte, au *cent* près, en espèces. Le personnel d'ALCOA savait difficilement gérer les espèces mais ils fabriquèrent ma machine-outil.

Mon père m'aida à construire un petit atelier à partir du poulailler que nous avions dans l'arrière-cour de notre maison à Burbank, à Los Angeles. Comme je pouvais transporter la plupart de mes outils, je partais surfer avec tout mon matériel dans la voiture. Je me baladais tout au long de la côte californienne, de Big Sur à San Diego. Je surfais puis portais mon enclume sur la plage, découpais des pitons angulaires avec un ciseau à froid et un marteau, avant de repartir surfer sur une autre plage. Je payais l'essence avec les bouteilles de soda que je récupérais dans les poubelles et que je revendais.

Les années suivantes, je passais l'hiver à forger des pitons et d'avril à juillet, je partais dans les parois du Yosemite ; puis en plein cœur de l'été, j'allais grimper sur de hauts sommets, au Wyoming, au Canada ou dans les Alpes pour revenir au Yosemite à l'automne, jusqu'à ce que la neige tombe. Je gagnais alors ma vie en vendant le matériel que je fabriquais depuis le coffre de ma voiture, mais cela me rapportait peu. Pendant des semaines, j'ai vécu avec moins d'un dollar par jour. Un été, avant de partir pour les Rocheuses avec mon ami Ken Weeks, nous avons acheté deux cartons de boîtes de nourriture pour chat un peu cabossées dans un magasin de produits déclassés à San Francisco. Nous mangions aussi du porridge, des pommes de terre, des écureuils, des cailles bleues, des porcs-épics que nous trucidions à la Trotsky, avec un piolet. Je dormais plus de 200 jours par an dans un sac de couchage de l'armée. J'ai eu ma première tente quand j'avais presque quarante ans, car j'ai toujours préféré dormir sous un rocher ou les branches basses d'un sapin.

Au Yosemite, nous nous étions surnommés les Valley Cong. Lorsque les deux semaines de camping autorisé étaient dépassées, nous nous cachions dans les coins et recoins derrière le Camp 4, pour éviter les gardes. Nous étions particulièrement fiers du fait que grimper en rocher ou en cascade de glace n'avait aucune valeur économique pour la société. Nous étions les rebelles de la société de consommation. Les politiciens et les hommes d'affaires étaient des « mafiosi », et les grandes entreprises la source de tous les maux. La nature était notre refuge. Nos héros étaient Muir, Thoreau et Emerson et des grimpeurs européens comme Gaston Rebuffat, Ricardo Cassin et Herman Buhl. Nous étions comme les espèces sauvages qui vivaient en marge de l'écosystème – adaptables, résistants et costauds.

À l'automne 1962, en revenant d'un séjour d'escalade sur la côte est, Chuck Pratt et moi avons été arrêtés par la police à Winslow en Arizona pour avoir voyagé sur un train de marchandises et nous sommes restés dix-huit jours en prison. Nous avons été inculpés pour délit de vagabondage et manque de revenus. À la sortie, nous avions chacun perdu presque dix kilos à cause de la nourriture composée de pain industriel, de haricots blancs et de porridge. Il ne nous restait plus que quinze *cents* à nous deux, il neigeait, et les flics nous avaient donné moins d'une demi-heure pour décamper de la ville. Pourtant, il ne nous serait jamais venu à l'idée d'appeler nos parents ou des amis pour nous aider. L'escalade nous avait appris à ne compter que sur nous-mêmes. À l'époque, les secours n'existaient pas encore.

Quelques jours plus tard, je reçus la convocation pour mon service militaire. Je tentai de me faire réformer aux tests médicaux en avalant une bouteille entière de sauce de soja afin de faire monter ma pression artérielle, mais je fus tellement malade que je rendis tout et mon stratagème échoua. Je fus incorporé et envoyé à Fort Ord, sur la péninsule de Monterey. Détestant l'autorité et vraiment contrarié de devoir arrêter mes activités, j'eus avec l'armée une relation assez chaotique. Comme j'étais forgeron, on voulait faire de moi un mécanicien sur le système de missile Nike. Après une formation de base, je me mariai avec une fille de Burbank avant qu'on m'envoie en Corée, où je

17e LONGUEUR DE LA PAROI
NORTH AMERICAN, OCTOBRE 1964

La nuit tombe vite... Comme d'habitude, nous devons grimper dans l'obscurité. Cela me rend nerveux, je ne peux même pas voir si j'ai correctement fait mon nœud.

Pratt remonte en prussique dans ma direction, puis reste suspendu sous moi, tandis que Frost, en tête, grimpe sous un surplomb en direction d'un dièdre à écailles pourries. Tout le monde est sous tension. Tom fait vraiment un boulot fantastique en pitonnant cette longueur dangereuse en un temps record. Il atteint le Grand Toit et plante un goujon et quelques pitons.

Dans le noir le plus total, j'extrais tout le matériel au feeling et à la lueur sporadique des étincelles provoquées par mon marteau qui heurte les pitons. Il y en a deux que je ne peux pas retirer. Mes doigts sont gonflés comme des saucisses et mes poignets sont douloureux à force de marteler, mais le pire de tout, c'est que je suis terrorisé de devoir remonter tout ce passage dans le noir.

J'installe un nouveau relais. L'endroit où nous sommes maintenant est incroyable – un énorme dièdre qui s'arrête sous un toit de huit mètres. La paroi en dessous est tellement déversante qu'il est strictement impossible de faire demi-tour et si nous ne pouvons pas franchir ce toit, nous serons dans une situation inextricable. À minuit, nous avons enfin installé nos hamacs, les uns au-dessus des autres. Les hamacs de Robbins et de Pratt sont accrochés de part et d'autre du dièdre. C'est un bon bivouac pourtant et, épuisés, nous dormons comme des souches.

Traversée dans Black Diahedral (17e longueur) 1964.
Photo : Tom Frost

Ci-dessus :
Mon compagnon d'escalade Ken Weeks et moi-même avions nettoyé cet incinérateur pour y habiter durant tout un été. Massif du Grand Téton, Wyoming, 1958.
Photo : Lorraine Bonney.

Ci-dessous :
Camping dans le massif du Grand Téton, Wyoming, 1958. Le matelas gonflable n'est pas à moi !
Avec l'autorisation de Patagonia.

ne fis que causer des ennuis : j'oubliais de saluer les officiers, ma tenue était débraillée, j'entamai même une grève de la faim – je me comportais d'une manière générale comme un déséquilibré, mais jamais au point de risquer la cour martiale. Pour finir, l'armée m'envoya travailler chez des civils pour lesquels je devais, chaque jour, mettre en marche et arrêter un générateur.

J'avais énormément de temps libre, alors je filais en douce gravir avec de jeunes grimpeurs coréens de nouvelles voies sur le granit lisse des dômes et des pics isolés au nord de Séoul.

Je fus démobilisé en 1964 et me rendis compte en rentrant chez moi que mon mariage était un désastre ; je pris alors la direction de la vallée du Yosemite pour effectuer la première ascension en dix jours de la paroi North American au El Capitan, avec Chuck Pratt, Tom Frost et Royal Robbins. À l'époque, ce fut certainement l'escalade rocheuse la plus difficile jamais réalisée. Je me remis à la fabrication de matériel d'escalade et déménageai mon atelier dans un hangar en tôle près des usines d'avions de Lockheed à Burbank. Cette année-là, je sortis mon premier catalogue, une page polycopiée avec la liste des produits, leur prix et une brève mention en bas de page qui prévenait de la probable lenteur des livraisons entre mai et novembre !

J'embauchai mes premiers « employés », des compagnons d'escalade, comme Layton Kor, Gary Hemming, Bill Johnson, Tony Jesson et Dennis Henneck. Le gros du travail consistait à forger, à meuler et à usiner assez grossièrement. En 1966, je déménageai de Burbank à Ventura pour me rapprocher des spots de surf de Ventura et de Santa Barbara. J'installai mon atelier dans la salle de chauffe en tôle d'une ancienne entreprise de conditionnement de viande.

La demande pour mon matériel se fit si importante qu'il devint impossible de continuer à le fabriquer à la main. Je commençai donc à me servir d'outils, de matrices et de machines de plus en plus techniques. Tom et Doreen Frost devinrent mes associés. Tom était ingénieur en aéronautique et avait un sens aigu de la conception et de l'esthétique. Doreen s'occupait des comptes et de trouver les marchés. Pendant les neuf années que dura notre association, nous redessinâmes et améliorâmes à peu près tout le matériel d'escalade existant, en le rendant plus solide, plus léger, plus simple et plus fonctionnel. La qualité était notre préoccupation première parce que si un engin venait à casser, il pouvait mettre la vie d'une personne en danger et comme nous en étions les premiers utilisateurs, c'est nous-mêmes que nous pouvions tuer ! C'est l'aviateur Antoine de Saint-Exupéry qui a inspiré nos principes fondateurs :

« Il semble que tout effort industriel de l'homme, tous ses calculs, toutes ses nuits de veille sur les épures, n'aboutissent, comme signes visibles, qu'à la seule simplicité, comme s'il fallait l'expérience de plusieurs générations pour dégager peu à peu la courbe d'une colonne, d'une carène, ou d'un fuselage d'avion, jusqu'à leur rendre la pureté élémentaire de la courbe d'un sein ou d'une épaule. [...] Il semble que la perfection soit atteinte non quand il n'y a plus rien à ajouter, mais quand il n'y a plus rien à retrancher. » *(Terre des hommes)*

Mon deuxième atelier à Burbank était juste un hangar en tôles mais j'y installai quand même une chaîne d'assemblage. 1965.
Avec l'autorisation de Patagonia.

Avec des amis grimpeurs coréens devant le pic So Bong, près de Séoul. 1963.
Avec l'autorisation de Patagonia.

La paroi surplombante North American au El Capitan. Ce nom lui fut donné à cause de la tache noire qui semble dessiner le continent nord-américain.
Photo : Tom Frost.

Les employés de l'atelier de Ventura en 1966,
Tom, Doreen, Tony, Dennis, Terry, Yvon, Merl et Davey.
Photo : Tom Frost

À la base des parois, là où l'on dépose tout son matériel pour le trier avant de grimper, il était facile de reconnaître le matériel de Chouinard Equipment, avec ses lignes épurées. Il était aussi plus polyvalent, plus léger et plus solide que les autres. Alors que les autres concepteurs travaillaient à améliorer leurs engins en ajoutant quelque chose, Tom Frost et moi, pour obtenir le même résultat, nous nous efforcions d'en ôter – de réduire le poids et le volume sans jamais perdre de vue l'idée de sécurité.

Au fur et à mesure de nos besoins, nous avons continué à embaucher nos amis. Au milieu des années soixante, Roger McDivitt et sa sœur Kris vivaient à côté de la petite cabane que je louais pour soixante-quinze dollars par mois, sur une plage de surf. Kris est venue la première comme assistante à l'emballage puis Roger nous a rejoints pour travailler à la forge en rentrant du Vietnam où il avait reçu, comme jeune officier, trois médailles militaires.

Diplômé d'économie, Roger avait une aptitude naturelle pour les affaires et se retrouva très rapidement de l'atelier aux ventes en gros et au détail, et enfin directeur général. Au début, son travail consistait à aplatir les rivets des bongs. Le bong est un piton de grande taille à angle qui s'insère dans les fissures larges. Roger aimait s'installer dans la cour, dans un endroit tranquille qui n'était pas déjà occupé par un chien ou un autre employé, il s'asseyait par terre et martelait ses rivets toute la journée, prenant soin de bien les écraser en rond.

Les grimpeurs avaient l'habitude de nous rendre visite pour nous acheter du matériel. Notre premier magasin avait ouvert dans un horrible hangar en tôles, dont Roger eut l'idée de décorer l'intérieur avec du vieux bois de clôture chipé à un ranch du voisinage et celui des caisses des cordes que nous importions. Il fut notre premier directeur général pendant quatre ans, jusqu'à ce que sa sœur Kris le remplace lorsqu'il prit le poste de directeur de fabrication. Il montra très jeune un sens aigu des affaires. Un jour, dans les années soixante-dix, il prit derrière l'atelier dix boîtes de pitons flambant neufs. C'était un mélange de modèles en alliage acier et chrome-molybdène, il y avait des Lost Arrows, des Bugaboos et des Angles. Roger en attrapa une large poignée, les enfila sur une corde et commença à les traîner de tous les côtés sur le béton. Je lui demandai ce qu'il faisait. Il m'expliqua que nous devions exporter ces pitons à Édimbourg, à Graham Tiso, notre distributeur en Grande-Bretagne à l'époque. Il ajouta qu'après les avoir

Dans cet atelier un peu funky, nous produisions le meilleur matériel d'escalade du monde. Vers 1970.
Photo : Tom Frost.

dépolis, il les ferait tremper quelques jours dans un tonneau d'eau et de vinaigre puis les ferait sécher à l'air pour qu'ils rouillent. Ensuite, il pourrait les exporter en tant que ferraille sans acquitter de droits de douane. Quand il les recevrait, Tiso n'aurait qu'à les polir et les huiler jusqu'à ce qu'ils reprennent un aspect neuf et pourrait les revendre à un prix abordable, même pour les *dirtbags* (terme cher à Patagonia, désignant les passionnés de sports de plein air, sans le sou) de l'escalade britannique.

L'un de mes meilleurs souvenirs de Roger remonte à l'époque où nous vivions au jour le jour et où les revendeurs paumés habituels ne payaient pas leurs factures. Un jour, nous reçûmes une commande venant de l'un de nos principaux revendeurs qui avait déjà des arriérés bien trop importants à nos yeux. Roger passa dans l'atelier des machines et rassembla divers vieux morceaux d'acier et de tuyaux en plomb qui jonchaient le sol, avant de disparaître dans le local à expéditions. Il emballa toute cette ferraille dans une grande boîte et l'envoya contre remboursement pour le montant exact des impayés. Quelques jours plus tard, quand le revendeur, irrité, appela pour se plaindre, Roger l'informa calmement que nous étions maintenant quittes et qu'il pouvait à nouveau commander – mais bien sûr, uniquement contre remboursement.

En 1968, Tom et Doreen me remplacèrent pendant les six mois où je partis en voiture de Ventura jusqu'à l'extrême sud de l'Amérique du Sud, surfer sur la côte ouest jusqu'à Lima, skier sur les volcans du Chili et grimper le Fitzroy en Patagonie, en Argentine. L'année suivante, c'est Tom qui s'envola pour quelques mois pour gravir la face sud de l'Annapurna au Népal. Doreen et moi, nous nous occupâmes des affaires pendant son voyage.

Puisque nous faisions très peu de bénéfices, nous étions payés pour le temps réellement travaillé. Aucun d'entre nous ne pensait l'entreprise comme une fin en soi. C'était juste un moyen de payer nos factures et de nous permettre d'aller grimper.

C'est à cette époque que je rencontrai Malinda Pennoyer qui était étudiante en art à l'école de Fresno State et travaillait le week-end comme femme de chambre à la Résidence Yosemite. Elle grimpait suffisamment bien pour susciter l'intérêt d'un grimpeur/forgeron itinérant. Quand nous nous mariâmes en 1970, elle était professeur d'art dans un lycée – activité qu'elle abandonna très vite pour s'impliquer dans l'entreprise. Durant les mois de mai à octobre, les propriétaires de la petite maison que nous louions sur la plage revenaient. Si nous n'étions pas en voyage, nous vivions alors à l'arrière d'une camionnette stationnée dans l'arrière-cour de la forge, jusqu'à ce que Malinda décide de nous installer un appartement dans les sous-sols de notre magasin. Elle s'occupait de la gestion de ce magasin en portant sur son dos notre jeune fils Fletcher.

Nos ventes doublaient chaque année et il devint difficile de ne compter que sur nos amis grimpeurs qui ne désiraient travailler que le temps de gagner un peu d'argent avant de repartir en montagne. Alors, nous engageâmes des gens plus fiables, des Coréens, avec lesquels j'avais grimpé pendant la guerre, quelques ouvriers mexicains et un mécanicien argentin, Julio Varela, qui cherchait à échapper aux services de l'immigration et de naturalisation américains.

Tom Frost et moi-même à la forge. Vers 1970.
Avec l'autorisation de Patagonia.

Tri du matériel avant une ascension
à « l'âge du fer ». 1964.
Avec l'autorisation de Patagonia.

Malgré le chiffre d'affaires croissant, les bénéfices de Chouinard Equipment ne dépassaient pas, à la fin de l'année, les 1 %. Comme nous étions constamment en train de revoir la conception du matériel, il nous fallait presque chaque année changer nos machines-outils et nos moulages qui, normalement, s'amortissent sur trois à cinq ans. Au moins, nous n'avions pas de concurrent : personne n'était assez fou pour se lancer sur ce marché. Dès 1975, Chouinard Equipment était devenu le fournisseur de matériel d'escalade le plus important des États-Unis.

L'environnement commençait à se dégrader. L'escalade devenait de plus en plus populaire, mais avait tendance à se concentrer sur des voies célèbres et des sites connus comme le canyon El Dorado près de Boulder, les Shawangunks dans l'état de New York et la vallée du Yosemite. Le martèlement répété des pitons en acier dur, pendant leur placement et leur extraction dans les frêles fissures fragiles, endommageait sérieusement la roche. Je revins dégoûté d'une ascension du Nose au El Capitan, à cause de la dégradation de la roche, encore intacte quelques étés auparavant. Frost et moi décidâmes alors que nous cesserions progressivement la fabrication des pitons. Ce fut la première des grandes décisions environnementales que nous allions prendre au fil des années. Les pitons étaient la pierre angulaire de notre entreprise mais ils détruisaient les rochers que nous aimions.

Heureusement, il existait une alternative aux pitons, des coinceurs en aluminium qui pouvaient être glissés dans et hors des fissures au lieu d'être martelés. Les grimpeurs britanniques les utilisaient déjà sur leurs falaises, mais parce qu'ils étaient encore très rudimentaires, personne d'autre en Europe ou aux États-Unis, ne s'en servait ou ne leur faisait confiance. Nous créâmes alors nos propres modèles appelés Stoppers et Hexentrics que nous vendîmes en très petites quantités jusqu'à la parution du catalogue Chouinard Equipment de 1972.

L'éditorial débutait par « Un mot... », un texte rédigé par les propriétaires de la société, sur les conséquences néfastes de l'utilisation des pitons. Il y avait aussi un essai de quatorze pages sur l'escalade « propre », écrit par un grimpeur du Sierra Club, Doug Robinson, sur la manière de se servir des coinceurs, qui commençait par un paragraphe très fort : « Il existe un mot pour cela et ce mot est "propre". Ne grimper qu'avec des coinceurs à cames ou des bicoins comme protection est de l'escalade propre. Propre parce que le rocher n'est pas altéré par le passage du grimpeur. Propre parce que rien n'est martelé dans le rocher et rien n'en est extrait, car le martèlement est un processus qui endommage la roche et gâche l'expérience naturelle du grimpeur suivant. Propre parce que les protections placées par le grimpeur ne laissent que peu de traces de son ascension. L'escalade propre est une manière de grimper qui garde la roche inchangée ; une étape vers une escalade "bio" pour l'homme naturel. »

Malinda, notre fils Fletcher et moi-même au Yosemite vers 1975. La voie du Nose se profile élégamment à l'arrière-plan gauche.
Avec l'autorisation de Patagonia.

Nous dûmes faire face à la résistance des grimpeurs les plus âgés qui avaient l'habitude de placer leurs pitons à la force de leur marteau d'un demi-kilo, et des protestations des plus jeunes qui prétendaient que pour grimper toutes les grandes parois, nous nous étions servis de pitons alors que nous leur demandions de n'utiliser que quelques bouts de ferraille en aluminium pour réaliser les leurs. Afin de prouver que gravir une voie sur coinceurs n'était pas irréalisable, je retournai avec un jeune grimpeur, Bruce Carson, faire l'ascension du Nose au El Capitan, sans pitons ni marteau, uniquement sur coinceurs et en nous servant des quelques goujons et pitons déjà en place.

L'homme « naturel », avec son porte-matériel bourré d'Hexentrics et de Stoppers, des coinceurs pour l'escalade propre. Vers 1973.
Photo : Tom Frost.

Quelques mois après la sortie du catalogue, les ventes de pitons étaient en chute libre ; les coinceurs se vendaient plus vite que nous ne pouvions les fabriquer. Dans les hangars de tôle de Chouinard Equipment, le battement régulier du marteau-pilon fit place au grincement strident du calibre de perçage.

Puis, j'eus ma première idée en matière de vêtements. À la fin des années soixante, un jour, après une session d'escalade dans le Peak District au nord de l'Angleterre, je m'arrêtai à une ancienne filature dans le Lancashire qui possédait la dernière machine au monde fabriquant un tissu en velours très lourd et très solide. La filature datait de la Révolution industrielle et avait fonctionné à l'énergie hydraulique. À cette époque, avant la toile en denim, les pantalons des travailleurs étaient fabriqués avec du velours parce que les côtes protégeaient le tissu de l'abrasion et des déchirures. Je pensai que ce tissu solide serait idéal pour l'escalade. Je leur commandai donc du tissu et fis faire des knickers et des shorts à double fond. Ils se vendirent tellement bien parmi nos amis grimpeurs que je dus repasser une commande.

Camping dans un affût de gaucho, Paso del Viento, Patagonie, Argentine. 1972.
Photo : Doug Tompkins.

Chaque fois que nous avions besoin de ce tissu en velours, sept ouvriers retraités reprenaient le chemin de la filature pour remettre en marche leur vieille machine. Ils nous avaient avertis que lorsque les centaines de lames qui servaient à découper les côtes du velours seraient totalement émoussées, il coûterait trop cher de les faire aiguiser et que ce serait la fin de la machine ! Finalement, nous avons vendu ce knicker et ce short en petite quantité mais de façon régulière sur une dizaine d'années, jusqu'à ce que les lames rendent l'âme et que le métier à tisser soit totalement réformé.

L'idée suivante fut un succès immédiat. À la fin des années soixante, les hommes ne portaient pas de vêtements aux couleurs vives. Le « sportswear pour les hommes actifs » consistait en un sweat-shirt et un pantalon de base gris. Le modèle standard pour l'escalade au Yosemite était un pantalon en coton beige coupé et une chemise blanche que nous achetions dans des magasins d'occasion. C'est en 1970, au cours d'un voyage d'escalade en hiver, en Écosse, que je m'achetai un maillot traditionnel de rugby, pensant que cela ferait un bon vêtement pour l'escalade. Pour résister

Notre stock de polos de rugby et de corde,
en train de sécher après l'inondation de l'ancien sous-sol
de Hobson & Smith où étaient rangées les marchandises. 1969.
Avec l'autorisation de Patagonia.

aux rigueurs du jeu de rugby, il était solide et possédait surtout un col qui évitait que le porte-matériel ne me cisaille le cou. Il était bleu avec deux rayures rouges et une rayure jaune au centre. De retour aux États-Unis, je le portais constamment pour grimper et mes amis me demandèrent où ils pouvaient s'en procurer.

Nous en avons donc commandé quelques-uns au fabricant Umbro, en Angleterre et ils se sont vendus comme des petits pains. Impossible de les garder en stock. Très peu de temps après, nous les faisions également venir de Nouvelle-Zélande et d'Argentine. C'est à ce moment-là que je commençai à considérer le vêtement comme le moyen d'étayer les ventes de matériel d'escalade dont les bénéfices n'étaient pas très bons, bien qu'à cette époque, nous ayons 75 % du marché de l'escalade.

UNE RÉVÉLATION

C'était mon deuxième voyage à Hong Kong. J'étais assis au bar de l'hôtel August Moon en essayant de me rafraîchir avec une bière quand un télex est arrivé. Le Moon était un lieu tranquille ; personne pour vous importuner et j'aimais ça !

Le bar était l'unique pièce climatisée et comme la bière servie par le service d'étage était plus chaude que du thé, je passais beaucoup de temps ici, à envier les carpes koï, au frais dans leur aquarium.

Nous avions commencé à fabriquer des vêtements parce qu'Yvon avait quelques bonnes idées en la matière et il faut le dire, nous étions au bord de la faillite à marteler nos bongs. Je travaillais dans une petite usine surchauffée qui fabriquait nos shorts Stand Up, nos polos de rugby et nos pantalons d'escalade. C'était de l'équipement pour alpinistes, ou du moins était-ce l'idée que je m'en faisais.

La fille posa le télex sur le bar. Il commença à se désagréger dans la petite mare d'eau qui s'était formée autour du verre à cause de la condensation. Il aurait aussi bien pu se fondre dans l'épais bois d'acajou, je m'en fichais royalement ! Dans le domaine de la fabrication, toute nouvelle est une mauvaise nouvelle ; ce télex n'était pas un cadeau. Rassemblant mes forces avec une autre bière, je m'emparai enfin du papier.

Il venait de Vincent, notre colporteur en chef. Il disait qu'une acheteuse de sportswear pour un magasin avait vu nos vêtements et demandait si nous pouvions fabriquer des shorts Stand Up en taille femme et dans des couleurs moins « moches ». J'eus la sensation d'avoir été assommé avec l'une des carpes koï. Bon sang, qu'était-ce donc que ce sportswear et en quoi le kaki était-il si « moche » ? Je réclamai un verre d'eau avec de la quinine, me disant que si ça marchait avec la malaria, cela marcherait aussi avec le sportswear.

Juste moi, les poissons et le barman. Mon monde « d'équipement pour alpinistes » était confronté à un péril en pastel. Allais-je devoir porter des chaussettes à losanges et de drôles de chaussures ? Et changer de coiffure ?

C'était peut-être la bière ou plus probablement un signe avant-coureur. Soudain, une lumière se fit jour dans mon esprit. Bien sûr, nous allions fabriquer des vêtements. Certains les appelleraient sportswear ; aucune d'importance. Pour nous, c'était de l'équipement. C'est tout ce que nous savions faire.

Une fois ce choc sémantique éclairci, la vie a repris ses droits. Je fais de l'équipement avec du tissu et du fil. J'ai gardé ma coiffure. Le coton, l'acier, les rivets ou le fil – c'est la même chose, pour moi.

ROGER MCDIVITT

Catalogue Patagonia, 1981

En 1972, nous avons repris l'ancienne installation d'emballage de viande qui jouxtait l'atelier et avons rénové les vieux bureaux pour les transformer en magasin. Nous avions ajouté à notre ligne des anoraks de pluie légers enduits de polyuréthane, des sacs de bivouac fabriqués en Écosse, des gants et des moufles en laine bouillie d'Autriche et des bonnets « schizo » réversibles venant de Boulder, tricotés à la main. Comme en plus, Tom Frost avait conçu quelques sacs à dos, très vite, nous avons aménagé un atelier de couture dans le grenier de l'ancien abattoir.

Dans cet atelier, un jour, je décidai de me coudre un short bomber avec une double assise qui formait de grandes poches. Je fis le patron et découpai le tissu. Mon chef d'équipe, Choong ok Sun Woo demanda à sa femme, Young Sun, de me coudre ce short dans une toile numéro dix, utilisée pour fabriquer les transats. Pour réussir à le piquer, elle dut prendre une machine à pied qui servait généralement à coudre les pièces de cuir de nos sacs à dos. Quand elle eut fini, elle le posa sur la table et se mit à rire sur le fait qu'il « tenait debout tout seul ». Une utilisation intensive et quelque dix ou vingt lavages le rendirent plus souple et vraiment confortable. Très vite, il se hissa à la deuxième place de nos ventes. Nous fabriquons toujours des shorts Stand Up mais dans un tissu plus léger.

Tandis que j'avais de plus en plus d'idées de vêtements, Tom Frost et un ami grimpeur, Pete Carman, débordaient d'inventivité pour les sacs à dos, créant le premier grand sac à dos pour partir plusieurs jours, le Ultima Thule, avec armature intérieure pour le ski et l'escalade ainsi que quelques sacs très résistants pour l'escalade en rocher (l'un d'eux était fabriqué dans un tissu qui sentait tellement bizarre que nous l'avions surnommé le sac à poisson !). Notre ligne de sacs à dos nous valut une volée de bois vert du magazine *Backpacker* qui les trouvait trop avant-gardistes comparés aux modèles traditionnels à claie de portage. La critique se terminait par : « Que voulez-vous espérer d'un quincaillier dans le domaine de la couture ? » Il se pouvait bien que nous n'y connaissions pas grand-chose à la couture, mais nous savions fabriquer des choses fonctionnelles, solides et épurées – tout comme un forgeron le ferait. Alors que nos sacs ne se sont jamais réellement bien vendus, nos clients répondaient favorablement à nos vêtements simplement « forgés à la main ».

Comme nous fabriquions de plus en plus de vêtements (les pulls en laine Chamonix Guide, les pulls marins classiques Mediterranean, les pantalons et les chemises en toile et même une ligne technique pour la pluie – l'ancêtre du Gore-Tex – appelée Foamback), il nous fallait un nom pour les représenter. Chouinard fut la première idée. Nous bénéficiions déjà d'une bonne image ; pourquoi tout recommencer depuis le départ ? Pourtant, nous écartâmes cette idée pour deux raisons. D'abord, nous ne voulions pas diluer l'image de Chouinard Equipment qui était un fabricant de matériel d'escalade ; ensuite, nous ne voulions pas que nos vêtements ne soient associés qu'au monde de l'escalade, c'était trop réducteur.

Le nom de Patagonia est rapidement apparu au fil des discussions. Pour la plupart des gens, surtout à cette époque-là, Patagonia était un nom comme

Tombouctou ou Shangri-la – un point éloigné, intéressant, mais qui n'existe pas réellement sur une carte. Patagonia évoque, comme nous l'avons une fois écrit dans l'introduction de l'un de nos catalogues, « une vision romantique de glaciers qui descendent en cascade dans les fjords, de pics hérissés, balayés par les vents, de gauchos et de condors ». Notre intention était de créer des vêtements qui pourraient affronter les rudes conditions qui sévissent dans les Andes ou au cap Horn. Patagonia est un nom qui nous définit bien et qui peut être prononcé dans toutes les langues.

Le massif du Fitzroy en Patagonie,
lieu d'inspiration pour notre logo.
Photo : Barbara Rowell.

Pour renforcer notre lien avec la vraie région de Patagonie, nous avons créé en 1973 un logo avec des montagnes représentant le massif du Fitzroy se découpant sur un ciel tourmenté, devant un océan bleu.

L'un des premiers produits sortis avec ce logo nous a presque menés à la faillite. Nos maillots de rugby étaient devenus une mode *underground* dans les magasins de montagne. Avec ces magasins, nous partagions le même héritage ; ils avaient été montés par des grimpeurs et des randonneurs qui ne connaissaient rien au commerce mais qui avaient trouvé là une manière de subvenir à leurs besoins. Au début, ils avaient connu une croissance inespérée grâce à une lubie des étudiants qui voulaient porter des chaussures de montagne à semelles Vibram en classe et des doudounes en ville. Puis, nos maillots de rugby leur permirent de se faire une nouvelle clientèle – que nous avions du mal à satisfaire, car il nous était impossible de faire face à une demande qui explosait. En 1974, nous prîmes donc une grande décision en décidant de sous-traiter la fabrication de trois mille maillots par mois, dans huit couleurs différentes, à une usine de couture de Hong-Kong.

Ce fut un vrai désastre. Les livraisons avaient constamment du retard et comme cette usine avait l'habitude de fabriquer des vêtements de mode, la qualité était terrible. Ils utilisaient du fil trop fin, les vêtements rétrécissaient horriblement, certains même arrivaient avec des manches trois quarts ! Nous déstockâmes le plus de maillots possible à un prix inférieur au coût de fabrication et faillîmes en perdre notre entreprise. Parce que nous avions grandi trop vite et que nous ne réalisions pas encore suffisamment de marges, nous faisions face à d'énormes problèmes de trésorerie.

Nous savions gérer la fabrication de matériel d'escalade. Nous avions les barres d'acier et les baguettes d'aluminium en stock ou sur machines et nous n'avions qu'à regarder dans les caisses de produits finis pour savoir où nous en étions dans notre stock. Le matériel que nous ne fabriquions pas provenait de sources fiables, et Frost et moi-même inspections chaque mousqueton et chaque coinceur pour repérer les défauts. Avec les vêtements, c'était une autre histoire. Il fallait commander les tissus des mois à l'avance et les

L'entreprise grandit. Les employés en 1974.
Photo : Tom Frost.

usines de confection étaient disséminées dans le monde entier ; nous pouvions vérifier les imperfections mais pas la tenue des couleurs ou le rétrécissement. Nous avons appris, de la manière la plus brutale qui soit, la différence entre s'occuper d'une forge et s'occuper de chiffons !

Tandis que les maillots de rugby ratés vidaient notre compte en banque, Malinda et moi devions endurer des déjeuners sans fin pour essayer de convaincre les banquiers que nous n'avions pas vraiment besoin d'argent, ce qui était l'argument de base pour qu'ils nous en prêtent. Une banque agricole locale refusa de nous prêter de l'argent sous prétexte que nos inventaires

KRIS MCDIVITT

Lorsque la sœur cadette de Roger McDivitt était à l'école, elle avait une attitude tellement rebelle qu'elle exaspérait ses professeurs. C'était une fille de la mer et elle allait souvent à l'école pieds nus, juste pour s'entendre dire de ne revenir qu'avec des chaussures. Elle essayait toujours de contourner les règles et un jour, elle se laça les pieds avec une cordelette de cuir et prétendit que c'étaient des sandales. Quand elle eut son bac, le lycée prévint ses parents, « Je sais que vous souhaitiez que Kris aille à la fac, mais ce n'est pas vraiment la peine. » À la faculté, elle se lança dans la compétition de ski et ne fut jamais vraiment sûre du diplôme qu'elle avait passé ; elle ne l'apprit que des années plus tard en y retournant faire une conférence !

Elle fut notre directrice générale et P.-D.G. pendant treize ans. Elle quitta l'entreprise en 1994 et se maria avec mon ami Doug Tompkins. Ils déménagèrent en Amérique du Sud, où ils sont à l'origine de la création de 800 000 hectares d'espaces naturels protégés.

Kristine McDivitt, directrice générale
et P.-D.G. de Patagonia pendant treize ans.
Surfers Point, Ventura, 1985.
Avec l'autorisation de Patagonia.

étaient éparpillés dans le monde entier ; ils désiraient que nous rapatriions tout en un seul endroit (à la manière d'un silo). La situation était si catastrophique que notre comptable nous présenta même à un représentant de la mafia à Los Angeles, qui proposa un prêt à 28 % d'intérêts ! Ni Malinda et moi, ni les Frost n'avions jamais rien acheté à crédit. Il y eut beaucoup de nuits sans sommeil et d'aigreurs d'estomac pour les Frost et les Chouinard à cette époque-là. Les relations entre nous devinrent si tendues que nous décidâmes finalement, le dernier jour de 1975, de rompre notre partenariat. Les Frost partirent s'installer à Boulder au Colorado pour démarrer une entreprise d'équipement photographique et Malinda et moi restâmes les uniques propriétaires d'une entreprise de matériel d'escalade et de vêtements en déroute.

Lorsque les Frost furent partis, nous remplaçâmes le directeur général qu'ils avaient choisi par le nôtre et en 1979, c'est Kris McDivitt qui prit les rênes. En acceptant cette fonction à l'une des étapes délicates de l'existence de Patagonia, elle montra qu'elle apprenait très vite. L'entreprise avait enfin un directeur général capable de canaliser la folle créativité de ses propriétaires. Kris s'assura de la santé financière de l'entreprise, insuffla une nouvelle énergie à l'équipe de ventes, persuada les fournisseurs de lui faire des contrats exclusifs, materna des employés angoissés et se servit de son sens de la relation et de l'émotion pour donner une cohésion à l'ensemble de l'entreprise. Elle veilla à renforcer et à protéger farouchement l'image de Patagonia en supervisant de près le travail des services créatifs. Ce fut un partenariat fructueux, dans la mesure où aucune des idées farfelues qui me passaient par la tête ne lui paraissait jamais idiote – jusqu'à ce que la preuve soit faite qu'elle était irréalisable. Kris était une personne de contact géniale, capable de communiquer aux autres pourquoi ils ou elles devaient prendre au sérieux mes idées les plus radicales ou au moins éviter de les tourner en dérision jusqu'à ce que je les oublie.

Il y a quelques années, dans une interview, Kris évoquait la situation de notre entreprise à l'époque et cela montre en quoi nous avions eu raison de lui faire confiance :

« En 1972, nous n'étions que cinq à faire tourner l'entreprise. En 1977, nous étions seize et mon frère était directeur général. En 1979, mon frère est parti et Yvon ne voulait pas diriger l'entreprise – il voulait grimper, surfer et faire ce que bon lui semblait.

« Alors, il m'a confié les deux sociétés, en me disant en somme, "Voilà Patagonia et voilà Chouinard Equipment, fais ce que tu peux. Je pars grimper."

« Comme je n'avais aucune expérience dans les affaires, je me suis mise à questionner des gens pour qu'ils me conseillent. J'appelais tout simplement les P.-D.G. de banque et leur disais : "On m'a donné ces deux entreprises à gérer et je n'ai aucune idée de ce que je dois faire. Je crois que j'ai besoin que l'on m'aide ." Et ils l'ont fait. Si vous demandez de l'aide aux gens – en admettant simplement que vous n'y connaissez rien – ils vont se mettre en quatre pour vous. C'est à partir de cela que j'ai commencé à construire l'entreprise. J'étais là pour traduire concrètement les idées visionnaires d'Yvon et les objectifs à atteindre pour l'entreprise. »

Jusque-là, j'avais toujours évité de me définir comme un homme d'affaires. Je me considérais comme un grimpeur, un surfeur, un kayakiste et un forgeron. Nous appréciions simplement de fabriquer du bon matériel et des vêtements fonctionnels, pour nous et nos amis. Malinda et moi ne possédions alors qu'une vieille fourgonnette Ford et une petite maison sur la plage, lourdement hypothéquée et qui allait bientôt se révéler inhabitable. Pourtant, nous étions à la tête d'une entreprise endettée avec des employés qui devaient faire vivre leur famille et tous comptaient sur nous.

Un jour, alors que je réfléchissais à ces responsabilités et à mon engagement financier, je compris que *j'étais* bel et bien un chef d'entreprise et que je le resterais certainement encore un bon moment. Il était clair que pour survivre à ce jeu-là, il fallait du sérieux. Je savais également que je ne serais jamais heureux si je suivais les règles du jeu habituelles. Je n'avais aucune intention de ressembler à ces individus en costume, au visage terreux, que je voyais dans les magazines des compagnies aériennes. Si je devais être chef d'entreprise, alors il faudrait que ce soit selon mes propres règles.

Démonstration de la technique de ramasse avec piolet. Pendant quelques années, quand je travaillais sur mon livre *Glace et neige*, j'ai enseigné les techniques de progression en neige et glace, pour arrondir mes fins de mois mais aussi parce que la meilleure façon d'apprendre à communiquer une expérience est d'essayer de l'enseigner. À chaque leçon, je decrivais les techniques avec de moins en moins de mots.
Photo : Ray Conklin.

L'un de mes adages favoris concernant l'entrepreneuriat est le suivant : si vous voulez comprendre l'entrepreneur, regardez le délinquant juvénile. Le jeune délinquant, par ses actions, dit : « Tout cela est minable ! Je vais faire les choses à ma façon. » Puisque je n'avais jamais souhaité être un homme d'affaires, il me fallait au moins quelques bonnes raisons pour accepter de le devenir. Il y avait une chose que je ne voulais absolument pas transformer, même si nous devenions sérieux : le travail devait rester tous les jours quelque chose d'agréable. Nous devions avoir envie de venir travailler d'un pas énergique et en grimpant les escaliers quatre à quatre. Nous avions besoin d'être entourés d'amis qui pourraient venir bosser habillés comme bon leur semblait, pieds nus s'ils le voulaient. Nous avions tous besoin d'horaires à la carte pour aller surfer quand les vagues étaient bonnes, skier après une bonne chute de neige ou rester à la maison pour nous occuper d'un enfant malade. Nous devions faire tomber les barrières entre les mondes du travail, des loisirs et de la famille.

Briser les règles et élaborer mes propres méthodes de travail sont les deux parties les plus créatives de mon travail de dirigeant, et qui m'apportent le plus de satisfaction. Mais jamais je ne me lance sans préparation.

Par exemple, en 1978, j'ai publié un livre sur les techniques d'escalade sur glace. Il m'a fallu douze ans pour l'écrire parce que je voulais voyager, grimper et observer toutes les techniques d'escalade sur glace et neige des principaux pays où elles se pratiquent, en essayant de les synthétiser pour mon livre. Dans l'introduction, j'écrivais :

> « Jusqu'aux années soixante-dix, les différents pays où se pratiquait l'escalade sur glace et neige étaient divisés en deux catégories : ceux qui utilisaient la technique du cramponnage pied à plat (méthode dite française) et ceux qui utilisaient la technique des pointes avant. Les deux écoles avaient des compétences égales, mais aucune ne voulait admettre la valeur de la technique de l'autre. Il est possible d'accomplir toutes les escalades sur glace avec une seule de ces

techniques, et beaucoup le font encore – pourtant, ce n'est ni le plus efficace, ni même le plus intéressant. C'est comme si vous ne connaissiez qu'une seule danse. Quand la musique change, vous dansez toujours, mais à contretemps. Ainsi, la vérité se trouve entre les deux. Aujourd'hui, tous les meilleurs glaciéristes connaissent et emploient ces deux méthodes de cramponnage. »

J'ai agi de la même manière pour acquérir mes connaissances en affaires. Dans les années qui suivirent, je lus tous les livres de gestion possibles et imaginables en cherchant une philosophie qui nous correspondrait. J'étais particulièrement intéressé par les approches japonaise et scandinave du management parce que je savais que les méthodes américaines ne représentaient qu'une seule voie possible.

Je ne parvins pas à trouver d'entreprise américaine susceptible de nous servir de modèle. Soit elles étaient trop grandes et conservatrices pour que nous puissions nous y retrouver, soit nous n'avions vraiment pas les mêmes valeurs. Il existait quand même une société, Esprit. Elle appartenait à mes amis Doug et Susie Tompkins, était différente des autres et partageait les mêmes valeurs que nous. Doug était un compagnon d'escalade et de surf qui, au début des années soixante, avait ouvert un magasin de matériel d'escalade à San Francisco. Nous nous étions connus en 1964-1965 quand il avait commencé à s'occuper de la distribution en gros de notre matériel. C'est lui qui en 1968, après avoir vendu son magasin de San Francisco, m'a fait connaître cette région isolée du Chili et de l'Argentine appelée Patagonie. C'est d'ailleurs pendant ce voyage que Susie, avec une amie, a démarré son entreprise, Plain Jane, qui devint Esprit. Doug détestait l'autorité autant que moi et voulait briser les règles. Esprit était une entreprise bien plus grande que la nôtre, qui avait déjà rencontré et réglé ses problèmes de croissance et fut donc une aide formidable dans nos premières années.

C'est Doug Tompkins avec Royal Robbins, Reg Lake et d'autres qui m'ont initié au kayak de rivière. Nous nous étions appelés les Do Boys, en caricaturant l'expression japonaise pour « faire du sport ». Je fus évidemment très malmené pendant ma première sortie dans le sud de la Sierra Nevada californienne. La première journée, nous descendîmes une section de la rivière Stanislaus en classe 3 ; le deuxième jour, une section de classe 4 de la rivière Lower Merced ; le troisième jour, un morceau de la Tuolomne en classe 5. Et ainsi de suite pendant douze jours. À la fin, j'avais quinze points de suture sur le visage, et le dos tellement en vrac que je dus prendre un auto-stoppeur qui me reconduisit jusque chez moi. C'était ainsi que l'on apprenait à pratiquer un sport à risque à l'époque, avant qu'il y ait des guides, des stages de plein air et des livres !

Quelques-uns des Do Boys après trois jours
passés à réaliser la première descente de la rivière Clarks Fork,
un affluent du Yellowstone. Doug Tompkins, Rob Lessor,
John Wasson, Yvon Chouinard et Reg Lake. 1968.
Photo : Doug Tompkins.

LES DO BOYS

Les autres « membres » des Do Boys incluaient l'aventurier Rick Ridgeway, aujourd'hui vice-président du marketing et du service environnement chez Patagonia ainsi que le présentateur vedette à NBC, Tom Brokaw. Dans une interview pour le magazine LIFE, Tom Brokaw parle de sa première expérience d'escalade sur glace :

– Quelle fut l'escalade la plus difficile que vous ayez réalisée ?

Ce fut certainement quand avec mes amis, dont le fondateur de Patagonia Yvon Chouinard, nous avons accompli l'ascension du glacier Kautz au mont Rainier. Je n'avais jamais vraiment grimpé sur glace auparavant et juste avant le départ, ils me donnèrent un cours de trente secondes sur la manière d'utiliser des crampons et un piolet.

À un moment, nous étions en train de traverser un pan de glace noire très raide – si vous tombiez, vous faisiez une chute d'environ 300 mètres. Je dis à Yvon : « Nous devrions sortir la corde » et il me répondit : « Pas question ! Si tu glisses, je glisse aussi et je n'en ai pas du tout envie. C'est comme de prendre un taxi à New York, ici : c'est chacun pour soi ! » Mon amitié avec Yvon m'a toujours beaucoup apporté... Il me pousse à voir les choses de manière différente !

LIFE, 26 novembre 2004

J'ai toujours pensé que j'étais un « 80 % ». Je me suis toujours lancé passionnément dans un sport ou une activité jusqu'à 80 % de mes possibilités. Aller au-delà demande un engagement et une spécialisation qui ne m'intéressent pas. Une fois que j'ai atteint ce palier, j'arrête et je pratique une autre activité, totalement différente ; ce qui explique vraisemblablement la diversité des produits que propose Patagonia – et pourquoi nos vêtements polyvalents et multifacettes ont autant de succès.

Après avoir réglé notre première grande crise de liquidités (en négociant non sans difficulté une ligne de crédit avec une banque), les vêtements techniques multifonctionnels devinrent notre fer de lance. Notre premier produit technique fut la veste Foamback, très en avance sur les vestes de pluie en polyuréthane qui se faisaient à l'époque et condensaient à l'intérieur de manière incroyable. Nous avions appliqué un film de polyéthylène et un fin canevas à l'intérieur du tissu en nylon, pour isoler et réduire la condensation. La conception de produits techniques nous a poussés à nous attaquer au problème plus général de l'habillement en haute montagne, où une météo imprévisible peut mettre votre vie en danger.

À l'époque où toute la communauté d'alpinistes ne s'habillait qu'avec des superpositions de coton, de laine et de duvet qui s'imprégnaient d'humidité, nous cherchions à nous inspirer d'autres genres de vêtements pour mieux nous protéger. Nous décidâmes qu'une matière que les pêcheurs de l'Atlantique Nord portaient, un pull en fourrure polaire – un tissu qui garde la chaleur sans absorber l'humidité –, serait idéale pour la montagne.

Nous avions besoin de trouver des échantillons de ce tissu afin de vérifier si cette idée était bonne mais ce ne fut pas facile. Finalement, en 1976, Malinda, mue par une intuition, décida de se rendre au marché aux tissus en gros de Los Angeles. Elle tomba sur ce que nous cherchions, un stock des filatures Malden qui venaient quasiment de faire faillite à la suite de l'effondrement du marché de la fausse fourrure et bradaient leurs tissus. Nous réalisâmes alors quelques modèles que nous partîmes tester en montagne, en conditions réelles. Ce tissu en polyester était particulièrement chaud, surtout porté sous une veste de pluie. Il restait chaud même mouillé, séchait en quelques minutes et permettait de réduire le nombre de couches de vêtements que nous avions l'habitude de porter. Nos premiers vêtements en polaire, empesés à cause des apprêts, étaient fabriqués dans un tissu destiné, à l'origine, à recouvrir les sièges des toilettes !

Nous ne pouvions regrouper suffisamment de commandes pour obtenir des tissus sur mesure, alors nous devions nous contenter des stocks existants de Malden, un marron monstrueux et un bleu clair tout aussi hideux. Lorsque nous montrâmes ces vestes pour la première fois à un salon de Chicago, une acheteuse, en pointant le doigt sur l'une d'elles, demanda à notre vendeur, Tex Bossier, de quelle fourrure il s'agissait. Tex, impassible, répondit : « C'est de la fourrure extrêmement rare de caniche bleu de Sibérie, m'dame ! » Elles étaient vraiment horribles et boulochaient terriblement mais devinrent bientôt incontournables pour les activités de plein air.

Ce n'était pourtant pas la panacée de porter un vêtement chaud séchant rapidement sur des sous-vêtements en coton qui, eux, absorbent la transpiration et gèlent instantanément.

C'est pourquoi en 1980, nous avons mis au point des sous-vêtements chauds en polypropylène, une fibre synthétique hydrophobe et ultra-légère. À l'époque, elle était employée dans des produits industriels comme les cordes marines qui avaient la propriété de flotter. Sa première utilisation comme matière textile l'avait été en doublure de couches jetables pour bébé. Les propriétés de dispersion de la fibre permettaient de garder l'enfant au sec en transférant l'humidité vers les matières plus absorbantes, dans la profondeur de la couche.

Une entreprise norvégienne avait déjà fabriqué des sous-vêtements en polypropylène en mailles extensibles fines qui permettaient de disperser la transpiration, mais ils avaient un défaut rédhibitoire : ils étaient tellement fins et poreux qu'ils ne tenaient pas assez chaud. Notre tricot était quatre fois plus épais ; brossé à l'intérieur, il était très doux et souple.

En utilisant les propriétés de ces sous-vêtements comme la base d'un nouveau système, nous fûmes la première entreprise à enseigner aux pratiquants d'activités de plein air, à travers des textes dans nos catalogues, le concept de la superposition. Cette approche impliquait de porter une couche contre la peau pour évacuer la transpiration, une couche intermédiaire pour la chaleur et une couche extérieure pour se protéger du vent et de la pluie.

Notre pédagogie paya puisque nous vîmes beaucoup moins de gens porter du coton et de la laine en montagne, remplacés par des pulls bleu clair et beige qui boulochaient, portés sur des sous-vêtements en polypropylène à rayures.

Mais le polypropylène, tout comme la fourrure polaire, posait quelques problèmes. Ils avaient une température de fusion très basse et les sous-vêtements de nos clients fondaient dans les séchoirs des pressings des centres commerciaux, qui étaient souvent bien plus chauds que ceux des particuliers. Par ailleurs, le polypropylène étant hydrophobe et de ce fait, rejetant l'humidité, se lavait difficilement et gardait toutes les odeurs. Il s'avéra de plus que ses propriétés lui permettant de disperser l'humidité n'étaient pas inhérentes à la fibre, mais le résultat d'un traitement huileux appliqué au moment où le tissu était filé et tissé et après une vingtaine de lavages, cette qualité disparaissait.

Une de mes photos préférées de nos fourrures polaires !
Photo : Gary Bigham.

Bien que la fourrure polaire et le polypropylène aient connu un succès immédiat et que nous n'ayons pas encore de concurrence réelle, nous nous employâmes sérieusement, dès le départ, à améliorer la qualité et à résoudre les problèmes posés.

Perfectionner notre fourrure polaire se fit graduellement. Nous travaillâmes en étroite collaboration avec Malden pour mettre au point tout d'abord une polaire étamine souple, un peu comme de la laine, mais qui boulochait beaucoup moins, puis finalement le Synchilla, un tissu double face encore plus souple qui ne boulochait plus du tout, cette fois. Avec le Synchilla, nous apprîmes une leçon importante en affaires. Bien que les filatures Malden aient eu des facilités d'accès aux capitaux et aient pu réaliser de nouvelles matières, le Synchilla n'aurait jamais vu le jour si nous n'avions pas nous-mêmes joué le rôle principal dans le processus de recherche et de développement. À partir de ce moment, nous commençâmes à faire des investissements conséquents dans la recherche et la conception. Notre laboratoire et notre département de développement de tissu, en particulier, étaient enviés par toute l'industrie du plein air. Les filatures étaient désireuses de travailler avec nous car elles savaient que si Patagonia prenait part à un projet, les tissus développés seraient toujours mieux que les autres.

Le remplacement du polypropylène, la même année où nous sortîmes le Synchilla, n'est pas le fruit d'un travail mené conjointement avec une filature mais fut totalement imprévu. Quelquefois, les idées apparaissent dans l'esprit de ce que vous recherchez, surtout si vous avez une vision assez claire de la gamme de produits que vous voulez développer. En 1984, en arpentant les allées d'un salon de vêtements de sport à Chicago, j'assistai à une démonstration de nettoyage de taches d'herbe sur des maillots de football en polyester. Les fibres synthétiques comme le polypropylène ou le polyester sont fabriquées à partir de résines qui sont extrudées dans une matrice pour leur donner une forme ronde et fine. Les vêtements tissés dans ces matières sont très souples mais difficiles à nettoyer, car ces fibres n'aiment ni l'eau, ni la lessive.

L'entreprise qui avait mis au point ces maillots de football avait trouvé le processus pour altérer de façon permanente la surface des fibres afin qu'elles deviennent hydrophiles donc aimant l'eau ! On peut facilement comprendre la différence entre deux polyesters en laissant tomber un peu d'eau sur une surface de verre. Dans le cas d'un verre ordinaire, la goutte reste en l'état, sur un verre gravé, elle s'étale.

Je me dis alors : « Oublie que ce sont des maillots de foot, ce tissu sera idéal pour fabriquer des sous-vêtements. » Le polyester possède une température de fusion beaucoup plus élevée que le polypropylène, ne posant par conséquent pas de problème dans un séchoir à linge ; comme la fibre est altérée à la surface, elle élimine forcément l'humidité sans la retenir à l'intérieur et sèche donc rapidement.

Nos employés les plus prudents suggérèrent que nous devions procéder par étapes et ne pas supprimer le polypropylène en même tant que nous sortions le Synchilla. Au total, le polypropylène et la polaire représentaient 70 % de nos ventes. Mais vous ne pouvez pas toujours avoir toutes les cartes en main avant d'agir. Procéder par étapes est souvent un pari encore plus risqué car vous perdez l'avantage d'être le premier avec un nouveau produit.

J'avais confiance dans cette nouvelle matière et je connaissais le marché, alors nous avons foncé. Nous avons changé notre ligne entière de sous-vêtements en polypropylène pour ceux en polyester traité Capilene. Notre noyau dur de clients a vite compris les avantages du Capilene et du Synchilla et nos ventes sont montées en flèche. Nos concurrents en train d'introduire des copies de polypropylène et de polaire restaient à la traîne.

Même si la concurrence a toujours été sur nos talons, nous avons su innover et améliorer nos produits. Au début des années quatre-vingt, nous avons accompli un autre grand changement. À l'époque où tous les vêtements conçus pour des activités de plein air se déclinaient en beige, vert forêt ou, pour les plus colorés, en rouille, Patagonia innova avec des couleurs vives. Nous sortîmes le bleu cobalt, l'argenté, le rouge vermillon, l'orange, le bleu turquoise et le marron clair. Les vêtements Patagonia toujours assez bruts sont passés de fades à voyants. Les clients ont adoré. L'industrie textile de plein air a passé les dix années suivantes à essayer de rattraper son retard.

L'énorme enthousiasme pour les couleurs vives et la demande croissante pour des tissus techniques comme le Synchilla changèrent complètement notre destin. La marque Patagonia elle-même devint une mode, comme l'avaient été autrefois nos maillots de rugby, et notre popularité s'étendit bien au-delà du monde du plein air. Bien que nous continuions à concentrer nos efforts de vente et à consacrer de l'espace dans notre catalogue à expliquer les mérites techniques de la superposition des vêtements aux sportifs les plus engagés, les pièces qui se vendaient le mieux étaient les moins techniques : nos shorts Baggies ainsi que des vestes d'aviateur doublées en Synchilla.

Du milieu des années quatre-vingt au début des années quatre-vingt-dix, le chiffre d'affaires de Patagonia bondit de 20 millions à 100 millions de dollars par an. Malinda et moi ne sommes pas pour autant devenus personnellement plus riches car nous avons gardé les bénéfices au sein de l'entreprise. À bien des égards, cette croissance était excitante. Nous ne nous ennuyions jamais. Les nouveaux employés, y compris ceux qui occupaient les postes les moins rémunérés, dans les magasins ou à l'entrepôt, pouvaient s'élever rapidement dans la hiérarchie et gagner de meilleurs salaires. Pour quelques-uns des postes à pourvoir, nous étions obligés d'aller chercher à l'extérieur et là, nous pouvions choisir entre les meilleurs candidats, aussi bien de l'industrie du textile que de celle de l'outdoor. Mais la plupart des nouvelles embauches s'effectuaient grâce à un solide réseau en pleine croissance. Quand il y avait une offre d'emploi, nos employés le faisaient savoir à leurs amis, aux amis des amis et aux membres de leur famille.

En dépit de cette croissance rapide, nous arrivions à conserver d'une façon générale les valeurs qui étaient les nôtres. Nous avions toujours autant d'enthousiasme. Nous étions entourés d'amis qui s'habillaient comme bon leur semblait. Pendant la pause du déjeuner, les gens continuaient à aller courir, surfer ou jouer au volley-ball sur l'aire de jeu située à l'arrière des bâtiments de l'entreprise. L'entreprise aidait à financer des séjours au ski ou pour grimper, et d'autres sorties étaient organisées de façon informelle par des groupes qui partaient pour les Sierras le vendredi soir et rentraient chez eux un peu groggy mais heureux, juste à temps pour revenir travailler le lundi.

Cette expansion rendit nécessaires certains changements. En 1984, Great Pacific Iron Works prit le nom de Lost Arrow, comme société holding pour nos autres opérations : Patagonia concevait, fabriquait et distribuait l'habillement ; Chouinard Equipment faisait de même pour le matériel d'escalade. Nous recréâmes Great Pacific Iron Works pour gérer nos magasins de détail et Patagonia Mail Order devint une entité séparée. Cette année-là, nous construisîmes le nouveau siège social de Lost Arrow qui était dépouvu de bureaux individuels – même pour les directeurs.

Cet aménagement intérieur pouvait quelquefois être source de distraction mais favorisait la communication. Le comité directeur travaillait dans un large espace ouvert que les employés avaient vite baptisé le « corral ». Nous avions

COMMENT EST NÉE NOTRE HALTE-GARDERIE

Cela n'a pas commencé par une idée précise. Même si, à l'université, j'ai étudié comme matière secondaire les arts domestiques (la cuisine, la tenue de la maison...), je fus l'une des seules diplômées à sortir sans avoir suivi de cours sur les soins à donner aux tout-petits. La véritable origine de notre garderie fut quand les Frost commencèrent à venir travailler avec leurs bébés et que nous fîmes de même. Les employés que nous avions embauchés continuèrent sur la même lancée. Les berceaux des bébés traînaient au milieu des ordinateurs, sous les regards horrifiés de ceux qui savaient ce qu'était réellement un ordinateur. La vie continua jusqu'à l'arrivée d'un bébé un peu plus brailleur que les autres et là, nous réalisâmes le dérangement que provoquait le fait d'avoir des enfants sur notre lieu de travail. La mère et l'enfant souffrant de coliques durent se réfugier dans une voiture et nous nous sentîmes tous coupables.

L'idée de consacrer soit un peu d'argent soit un peu de place aux petits – les deux choses nous manquant cruellement – fut débattue pendant presque deux ans. Nous n'avions aucune idée de la manière d'organiser une crèche mais certains parents persévérèrent dans cette voie. Longtemps après son ouverture, nous avons appris que c'était une idée risquée, à cause des réglementations ou de parents qui pouvaient poser problème. Ce n'est qu'après avoir trouvé Anita Garaway Furtaw, reconnue au niveau national pour ses thèses sur le développement de l'enfant, que nous pûmes commencer à souffler. Elle a joué un rôle très important dans l'élaboration des législations de notre État et du pays et sur l'application des règles qui sont devenues classiques dans un cadre professionnel.

Anita mena un autre grand bouleversement social : le congé parental. Comme nous voyions revenir au travail mère après mère, quelques jours à peine après leur sortie de la maternité, avec leur nouveau-né sous le bras, Anita déclara son équipe en état de rébellion. Quand j'eus la naïveté d'informer les parents que dorénavant, ils ne pourraient plus amener leurs enfants avant l'âge d'au moins huit semaines, ils menacèrent de quitter leur emploi et s'écrièrent : « Comment allons-nous faire pour manger ? Qui va payer les traites ? »

Aucune discussion sur la garde des enfants ne peut se faire sans débat houleux. Nous conclûmes un accord pour payer les mères afin qu'elles puissent rester à la maison pour s'occuper de leurs enfants et, pour qu'elles soient mieux à même de l'accepter, nous décrétâmes que les pères pourraient en faire autant. Les années passant, certains enfants de notre crèche sont devenus eux-mêmes parents ou travaillent avec nous, et notre politique est devenue une loi dans tout le pays, en grande partie grâce à Anita.

MALINDA CHOUINARD

L'heure du repas dans la salle des bébés.

Avec l'autorisation de Patagonia.

installé une cafétéria qui servait de la nourriture saine, principalement végétarienne, où les salariés pouvaient se retrouver tout au long de la journée. Et nous ouvrîmes, sur l'insistance de Malinda, une halte-garderie d'entreprise, le Great Pacific Child Development Center. À cette époque-là, il n'y en avait que 150 à travers tout le pays – elles sont aujourd'hui plus de 3 000. La présence des enfants qui jouaient dans la cour ou déjeunaient avec leur mère ou leur père à la cafétéria aidait à garder une atmosphère plus familiale que celle d'une entreprise habituelle. Nous proposâmes également aux jeunes parents, mais aussi à nos autres employés, des horaires à la carte et le partage de poste.

Nous n'avons jamais eu à nous soumettre à une culture d'entreprise traditionnelle avec ses préjugés qui inhibent la créativité. Ce que nous avons fait, la plupart du temps, était simplement de nous en tenir à notre propre tradition. En d'autres temps, cette tradition aurait pu paraître assez spéciale mais de nos jours, la plupart des entreprises ont adopté une manière de travailler un peu plus décontractée, et nous jouâmes un rôle non négligeable dans cette tendance.

Pour assurer la croissance continue de l'entreprise, en revanche, nous avons appliqué de nombreuses méthodes traditionnelles, en accroissant le nombre de nos produits, en ouvrant de nouveaux comptes et de nouveaux magasins, en développant nos marchés à l'étranger – mais rapidement, nous courûmes le danger de voir trop grand et de nous retrouver au point de rupture. Nous étions sur le point de déborder de notre niche naturelle comme spécialistes du plein air. À la fin des années quatre-vingt, notre entreprise se développait à un tel rythme que si nous avions continué sur cette lancée, nous aurions atteint en dix ans un chiffre d'affaires annuel de plus d'un milliard de dollars. Il aurait fallu vendre dans les grands magasins et les supermarchés, ce qui aurait remis en cause les principes de base que nous nous étions donnés depuis que nous fabriquions le meilleur matériel du monde. Est-ce qu'une entreprise qui se veut le meilleur fabricant du monde dans son domaine peut avoir la taille de Nike ? Est-ce qu'un restaurant trois étoiles français de dix tables peut garder sa troisième étoile en ajoutant cinquante tables ?

Est-il possible de tout avoir ? C'est la question qui me hantait dans les années quatre-vingt tandis que Patagonia grandissait. Pourtant, un tout autre problème m'obsédait bien plus encore : la détérioration de la nature. J'avais pu constater cette dégradation de mes propres yeux en retournant grimper, surfer ou pêcher dans des lieux que je connaissais bien, au Népal, en Afrique ou en Polynésie.

Je continuais dans ma pratique du MBA, le *management by absence*, et je partais tester nos vêtements et notre matériel dans les conditions les plus extrêmes en Himalaya ou en Amérique du Sud. J'étais celui qui était à l'extérieur, celui qui ramenait les idées nouvelles. Une entreprise a besoin d'une personne qui aime passer son temps dehors pour prendre la température du monde, alors pendant des années, je revenais tout excité avec des idées de nouveaux produits, de nouveaux marchés ou de nouvelles matières. Puis, j'ai commencé à constater de profonds changements dans le monde et je suis revenu avec des histoires sur les ravages écologiques et sociaux.

En Afrique, les forêts et les prairies disparaissaient sous la pression démographique. Le réchauffement climatique faisait fondre les glaciers qui sont une donnée essentielle dans l'histoire de l'alpinisme. L'émergence du sida et de la fièvre Ebola coïncidait avec la déforestation et l'expansion du marché de la viande sauvage, comme celle de chimpanzés infectés.

Pendant un voyage en kayak dans l'extrême est de la Russie avant l'effondrement du bloc soviétique, j'avais constaté combien les Russes avaient détruit leur pays pour essayer de suivre les États-Unis dans leur course à l'armement. L'extraction du pétrole, des minéraux et du bois avait dévasté les paysages et les tentatives industrielles ayant échoué avaient contaminé les villes et les terres agricoles. C'était la fuite en avant.

Plus près de chez moi, dans le sud de la Californie, j'ai vu une urbanisation galopante envahir les côtes et l'arrière-pays. Au Wyoming où j'avais passé tous mes étés depuis trente ans, je remarquais chaque année de moins en moins d'animaux sauvages, je pêchais des poissons de plus en plus petits et pendant des semaines entières, je souffrais d'une chaleur invraisemblable avec des températures qui battaient tous les records, dépassant les 30 °C. Mais la pire dévastation environnementale, l'œil ne la voit pas. C'est dans les livres que j'appris l'appauvrissement des terres arables, la diminution des nappes phréatiques, la destruction de la forêt tropicale, que je lus la liste, de plus en plus longue chaque jour, de plantes et d'animaux en voie d'extinction, que je découvris le fait que les populations, en Arctique, ne peuvent plus manger les mammifères et les poissons de leur région, car ils sont bourrés de toxines rejetées par les nations industrielles.

C'est à ce moment que chez Patagonia, nous avons pris conscience que des batailles pour la défense de l'environnement, menées par de petites associations déterminées, donnaient des résultats significatifs. Notre première

Des gars du coin avec leur prise de truites arc-en-ciel pêchées dans le fleuve Ventura. 1920.
Avec l'autorisation de Patagonia.

leçon nous avait été donnée ici, devant notre porte, au début des années soixante-dix. Nous étions tout un groupe d'amis qui étions allés ensemble voir un film de surf au cinéma. À la fin de la projection, un jeune surfer avait demandé à l'auditoire d'assister à une réunion de la mairie pour s'opposer au projet de canalisation et de développement de l'embouchure du fleuve Ventura, un des meilleurs spots de surf de la région, à moins d'un kilomètre de nos bureaux.

Plusieurs d'entre nous sont allés à la réunion pour protester contre l'éventuelle destruction de notre surf break. Nous savions vaguement qu'autrefois, le Ventura était peuplé de nombreuses truites arc-en-ciel. En fait, dans les années quarante, quatre à cinq mille truites de mer arc-en-ciel remontaient chaque année le fleuve pour frayer. Puis, deux barrages furent construits et l'eau fut détournée. En dehors des pluies d'hiver, la seule eau restant à l'embouchure était celle déversée par la station d'épuration. Au cours de cette réunion de la mairie, divers experts affirmèrent que le fleuve était mort et que le canaliser n'aurait aucune incidence sur les oiseaux et autre faune sauvage qui restaient encore, non plus que sur le surf break.

Puis Mark Capelli, un jeune thésard, nous fit une présentation de diapositives prises le long du fleuve – des oiseaux vivant dans les saules, des rats musqués, des serpents d'eau, des anguilles qui venaient pondre dans l'estuaire. Lorsqu'il montra une photo de smolt de truite arc-en-ciel, tout le monde se leva et applaudit. Oui, quelques dizaines de truites arc-en-ciel venaient encore frayer dans notre fleuve « mort » !

Le projet de développement fut abandonné. Nous laissâmes à Mark un espace dans nos bureaux, une boîte aux lettres et un peu d'argent de temps en temps, pour l'aider à se battre pour le Ventura. Au fur et à mesure que des projets de développement apparaissaient, les Amis du fleuve Ventura s'employaient à les faire échouer, à rendre l'eau plus propre et à accroître son débit. La vie sauvage reprit ses droits et quelques truites de plus vinrent frayer. Mark nous apprit deux choses : le militantisme de terrain pouvait faire la différence et un habitat naturel dégradé pouvait être restauré à force de volonté. Inspirés par son engagement, nous commençâmes à donner régulièrement des subventions à de petites associations qui s'appliquaient à préserver et à restaurer les habitats naturels, plutôt qu'à de grosses ONG avec un personnel et des frais généraux trop importants, et trop liées aux entreprises. En 1986, nous nous engageâmes à reverser chaque année 10 % de nos bénéfices, somme que nous avons ensuite augmentée en la transformant en 1 % de nos ventes ou 10 % de nos bénéfices avant impôt, selon le montant le plus élevé. Depuis, nous avons toujours tenu cet engagement les années fastes comme celles de vaches maigres.

En 1988, nous avons conduit notre première campagne environnementale nationale, en soutenant un projet alternatif de désurbanisation de la vallée du Yosemite. Nous avons sollicité des textes d'écrivains que nous avons publiés dans notre catalogue et avons consacré de l'espace à ce projet dans nos magasins. Au fur et à mesure de notre engagement, nous avons mené des campagnes en faveur des saumons et de la préservation des rivières, contre l'Accord général des tarifs douaniers et du commerce (le GATT) et les accès aux marchés, contre les organismes génétiquement modifiés, pour le projet des Wildlands qui milite pour la conservation des espaces sauvages du Canada jusqu'au Mexique et, en Europe, contre le trafic routier international à travers les Alpes.

Nous avons compris aussi qu'en plus d'agir vers l'extérieur, il nous fallait balayer devant notre porte et réduire la pollution que nous générions en tant qu'entreprise. En 1984, nous avons commencé à recycler tout notre papier et à rechercher un fournisseur qui produirait un papier à fort pourcentage recyclé. Comme nous étions les premiers aux États-Unis à utiliser du papier recyclé pour notre catalogue, le résultat, la première année, fut catastrophique. Le papier expérimental ne retenait pas correctement l'encre ; les photos étaient floues et les couleurs brouillées. Mais pour cette seule année, cela économisa 3,5 millions de kilowatts-heures d'électricité, 22 millions de litres d'eau, 23 tonnes de polluants aériens et 1 190 m^3 de déchets non réductibles en décharge, sans compter les quelque 14 500 arbres qui échappèrent à l'abattage. L'année suivante, la qualité fut bien meilleure. Nous effectuâmes par ailleurs des recherches et innovâmes dans le recyclage et l'utilisation de matériaux moins toxiques pour la construction ou la rénovation de nos bâtiments. Nous travaillâmes aussi avec les filatures Malden et Wellman pour développer un polyester recyclé que nous utilisons depuis pour fabriquer nos polaires Synchilla.

La croissance se maintenait. Notre réussite, dans les années quatre-vingt, était telle que nous avons commencé à croire qu'elle durerait toujours. Nous avons alors décidé de continuer ainsi.

Il ne faut pas imaginer que c'était du tout-cuit. Il était difficile de gérer ce taux de croissance rapide. Nous dépassions constamment les capacités de nos bureaux, de nos fournisseurs, de nos banquiers, de nos systèmes d'information internes et de nos responsables. Il semblait que tous les deux ans, nous devions changer notre système informatique pour quelque chose de plus puissant. Je n'utilise pas d'ordinateur, même aujourd'hui, et je ne suis pas du tout intéressé par l'électronique, mais un jour je me dis que je devrais tout de même aller jeter un coup d'œil à notre salle informatique et voir ce nouveau système IBM 38 que tout le monde appelait Roscoe. Je regardai ce gros truc en métal et m'exclamai : « J'ai payé un quart de million de dollars pour ça ? » « Non, répondit le directeur, ça, c'est l'air conditionné, Roscoe est là-bas ! »

Malinda et moi discutions âprement avec nos directeurs pour une croissance contrôlée, plus « naturelle », surtout dans la vente en gros. Mais nous poussions ces mêmes directeurs à développer la vente au détail et par correspondance, dans le but de garder une relation plus directe avec nos clients et de développer nos marchés internationaux qui pourraient contrebalancer des saisons où les ventes domestiques seraient plus faibles. Nous poussions aussi à l'extension de gammes de produits spécifiques pour de nouvelles activités sportives ; c'est ainsi qu'en 1989, nous étions en mesure de proposer des vêtements techniques pour la montagne, le ski, le kayak, la pêche et la voile, ainsi que des vêtements chauds et des sous-vêtements destinés à toute sorte d'activités de plein air.

What does an outdoor clothing company know about genetic engineering?
Not enough, and neither do you.
Even the scientists working on genetic engineering admit they don't know the full story. But despite the fact that we know so little about the impacts, a salmon has already been engineered that grows at twice the rate of normal salmon, a strain of corn has been created with pesticide in every cell, and trees have been engineered with less lignin to break down more easily in the pulping process. What will be the impact on our health, and the health of the ecosystem, once these new species make it out into the wild or into our food supply? No one knows.
Let's not repeat the mistakes we've made in the past with such inadequately tested technologies as DDT and nuclear energy. We don't know enough about the dangers of genetic engineering. Let's find out all the risks before we turn genetically modified organisms loose on the world, or continue to eat them in our food.
Find out more at
www.patagonia.com/enviroaction
patagonia®
Photo: Topher Donahue © 2001 Patagonia, Inc.

Pub anti-OGM.

Que connaît une entreprise de vêtements de plein air sur les OGM ?

Pas assez et vous non plus !

Même les scientifiques qui travaillent sur le génie génétique admettent qu'ils ne maîtrisent pas complètement la question. En dépit du fait que nous en connaissions aussi peu sur les méfaits éventuels, un saumon est pourtant né de cette technologie et grossit deux fois plus vite que la normale, une variété de maïs a été conçue avec du pesticide dans chacune de ses cellules et des arbres ont vu le jour avec moins de lignine pour faciliter le procedé de mise en pâte. Quels seront les impacts sur notre santé et sur la santé des écosystèmes, une fois que ces espèces se seront essaimées dans la nature ou arriveront dans nos assiettes ? Personne ne le sait.

Ne répétons pas les erreurs du passé avec des technologies testées de manière inadéquate comme le DDT ou l'énergie nucléaire. Nous ne connaissons pas suffisamment les dangers potentiels que représente le génie génétique. Réalisons d'abord une évaluation des risques avant de les mettre sur le marché et de les retrouver dans nos aliments.

Cependant, notre croissance venait essentiellement de nos vêtements non techniques, comme le sportswear, dont une grande partie à travers la vente en gros. Avec nos nouvelles lignes de produits spécifiques à différents sports, nous rencontrions de nombreux problèmes de qualité, de livraison et de ventes. Dans l'ensemble, la période de mise en marché d'un produit s'était étendue à deux années au lieu d'une.

Notre première grande crise survint à la suite d'un problème judiciaire et non d'un effondrement des ventes. À la fin des années quatre-vingt, Chouinard Equipment, qui nous appartenait encore, devint la cible de plusieurs procès. Aucun n'impliquait un matériel défectueux ou un grimpeur. Nous avons été poursuivis par un laveur de vitres, un plombier, un machiniste et une personne qui s'était cassé la cheville dans une lutte de traction à cordes en utilisant notre matériel. Chaque fois, le plaignant invoquait une information incomplète : nous n'avions pas averti ces clients d'une façon adéquate sur les dangers inhérents à l'utilisation de notre matériel, pour des tâches que nous ne pouvions prévoir. Puis arriva un procès plus sérieux, de la part de la famille d'un avocat qui s'était tué car il avait mal attaché la corde à son baudrier au début d'un stage d'escalade.

Les plaignants pensaient que Chouinard Equipment et Patagonia étaient la même entreprise et comme Patagonia était prospère, ils voulaient en profiter. Notre compagnie d'assurances refusa de se battre et paya les indemnités. Notre prime augmenta de 2 000 % en un an. Finalement, Chouinard Equipment put bénéficier de la loi « Chapitre 11 », le droit à la restructuration, le temps pour les salariés de réunir le capital nécessaire au rachat. Ils rachetèrent les actifs, déménagèrent à Salt Lake City dans l'Utah et renommèrent l'entreprise Black Diamond. Aujourd'hui encore, elle continue à fabriquer le meilleur matériel d'escalade et de ski de randonnée du monde.

De 1985 à 1995, nous avons fabriqué de magnifiques vêtements de bateau pour gros temps, destinés à la navigation sportive, mais nous n'avons pas réussi à créer un véritable marché. Le modèle destiné à la vente en gros ne marchait pas car les magasins d'accastillage traditionnels n'étaient pas très enthousiastes pour proposer des vêtements. Nous avons alors essayé de les vendre par correspondance à travers un catalogue spécifiquement dédié à la mer. Nous avons fini par comprendre qu'il existait peu de marins sportifs et les navigateurs du dimanche n'avaient pas besoin de nos vêtements chers, de gros temps. La ligne bateau a disparu à l'époque des vaches maigres de 1991.

Photo : Onne Van der Wal.

Quand nous n'avions pas maille à partir avec les tribunaux, c'étaient nos opérations internationales qui nous donnaient des insomnies. Nos débuts en Europe furent chaotiques et coûteux. Nos relations avec les sous-traitants et les distributeurs échouèrent, tout comme avec les directeurs pour nos filiales en Europe et au Japon. Lorsque Kris McDivitt prit conscience que nos opérations devenaient de plus en plus complexes, elle estima que nous devions embaucher un vrai P.-D.G. avec plus d'expérience dans les affaires. C'est ce que nous fîmes et elle continua à s'occuper de notre image et de notre marque.

Nous décidâmes que la présence de magasins de détail était indispensable dans certaines villes-clés et régions à forte concentration d'activités de loisirs, afin de pouvoir garder une relation exclusive avec nos clients, aussi bien à l'étranger que chez nous. Nous ouvrîmes notre premier magasin européen à Chamonix, capitale mondiale de l'alpinisme, en 1987 ainsi qu'un autre à Tokyo en 1989. Aux États-Unis, les ouvertures s'effectuaient à la cadence de deux par an, à partir de 1986, juste après que nous nous étions hasardés à sortir de Ventura pour San Francisco. La plupart de ces magasins ont très bien marché dès le départ.

La vente par correspondance fut plus délicate à mettre en place parce que nous refusions les stratégies traditionnelles qui consistent à louer des fichiers prospects et à envoyer de « nouveaux » catalogues aux mêmes clients alors que seule la couverture a changé. Nous avons géré toutes ces contraintes pendant plus de dix ans sans parvenir à trouver de réelles alternatives efficaces. Nous avons aussi souffert du fait que nous ne savions pas gérer correctement le stock destiné à la vente par correspondance. Nous le conservions jusqu'à la fin de la saison puis le surplus était retourné à la vente en gros qui devait se débrouiller pour s'en débarrasser en organisant des soldes devant le siège social. Chaque année, ces soldes devenaient de plus en plus importants.

Avec la vente en gros, nous réussîmes à éviter les plus épineux écueils inhérents à cette forme de commerce. Nous déclinâmes l'offre des grands magasins et des enseignes de matériel de sports et réduisîmes de moitié nos revendeurs pour ne garder que les plus loyaux et les plus engagés. Pourtant, l'augmentation des ventes était toujours liée aux produits les moins techniques. Nos vêtements pour le kayak, la voile et la pêche à la mouche avaient du mal à se vendre, car nous étions en concurrence directe avec des marques très spécialisées qui avaient déjà fait leurs preuves. Nous craignions que notre image ne s'affadisse et ne s'oriente trop sur le sportswear.

Pour recréer l'atmosphère entrepreneuriale de Chouinard Equipment, nous décidâmes de scinder la gamme en huit catégories et embauchâmes huit chefs de produit. Chacun était responsable du développement de ses propres produits, du marketing, de l'inventaire, du contrôle qualité et de la coordination avec les trois canaux de distribution – la vente en gros, la vente par correspondance et le détail. En 1990, nos plans de financement et de production prévoyaient une nouvelle année de croissance à 40 %. Pour éviter d'avoir à trouver des solutions de dernière minute, nous anticipâmes ce mouvement en embauchant cent personnes ; pour leur faire de la place, une partie du vieil abattoir fut investie.

Lancer de ligne à Lago Fagnano,
Terre de Feu, Argentine.
Ne tentez pas l'expérience avec un dentier !
Photo : Doug Tompkins.

Quand j'y repense, je me dis à présent que nous avons commis toutes les erreurs d'une entreprise en pleine croissance. Nous n'avons pas réussi à former correctement les nouveaux directeurs ; de plus, gérer une entreprise avec huit divisions autonomes et trois canaux de distribution était bien trop difficile pour nous. Nous n'avons jamais vraiment réussi à créer des mécanismes qui les auraient encouragés à travailler ensemble dans un objectif d'entreprise commun.

Plusieurs plans organisationnels ont échoué ; personne n'arrivait à résoudre le puzzle qui consistait à essayer de faire fonctionner en synergie le développement de produits spécifiques par marché et un mélange complexe de distribution. Les graphiques organisationnels ressemblaient à des planches de mots croisés du dimanche et étaient changés au moins aussi fréquemment. L'entreprise était restructurée cinq fois par an et rien ne fonctionnait mieux que la fois d'avant.

À un moment, nous nous sommes dit que nous avions besoin d'un avis extérieur. Malinda et moi, avec notre P.-D.G. et notre directeur financier, avons décidé de prendre rendez-vous avec Michael Kami, le consultant qui s'était occupé de l'organisation stratégique d'IBM et qui avait également remis Harley-Davidson sur les rails. Nous sommes partis en Floride pour le rencontrer. Kami était un petit homme dans les soixante-dix ans, très nerveux, avec une voix aiguë, un très fort accent et une barbe fournie. Il nous reçut sur son énorme yacht où il vivait, il portait une casquette de capitaine et une chemise à épaulettes ouverte.

Avant de décider s'il pouvait ou non nous aider, il voulait savoir pourquoi nous étions dans les affaires. Je lui racontai l'histoire de l'entreprise et pourquoi je me considérais comme un artisan qui s'était juste retrouvé à la tête d'une entreprise prospère. Je lui dis que j'avais toujours ce rêve, pour le jour où j'aurais assez d'argent, de voyager à la voile dans les mers du Sud à la recherche de la vague parfaite et du plus extraordinaire platier à bonefish. Nous lui confiâmes que nous n'avions pas vendu pour partir à la retraite parce que nous étions pessimistes quant à l'avenir de la planète et que nous nous sentions obligés d'utiliser les ressources de l'entreprise pour agir dans le bon sens. Nous évoquâmes notre programme de donations. L'année précédente, nous avions réparti un million de dollars entre deux cents associations. La raison première pour rester dans les affaires était de gagner de l'argent que nous pouvions redistribuer.

Kami réfléchit un moment et nous répondit : « Je pense que tout cela, ce sont des foutaises. Si vous pensez sérieusement donner de l'argent, alors, vendez votre société dans les cent millions, vous gardez deux ou trois millions et vous faites gérer le reste par une fondation. Ainsi, une grosse partie sera investie et chaque année, vous pourrez donner six à huit millions de dollars. En plus, si vous vendez aux bonnes personnes, elles continueront sans doute votre programme de donations parce que c'est une bonne publicité. »

Mes directeurs protestèrent.

« Qu'est-ce qui *vous* inquiète ? » demanda Kami, en se tournant vers eux. « Vous êtes jeunes, vous retrouverez du travail ! »

Je lui confiai que j'étais inquiet de ce qu'il adviendrait de l'entreprise si nous la vendions.

« Peut-être que vous vous trompez, répondit-il, sur les vraies raisons qui vous poussent à être dans les affaires ! »

C'était comme si le maître zen venait de me frapper la tête avec un bâton mais au lieu de trouver la lumière, nous repartîmes plus troublés que jamais.

J'étais toujours en train de me demander pourquoi j'étais *réellement* dans les affaires, quand en 1991, après toutes ces années de croissance annuelle de 30 à 50 % où nous essayions de tout avoir, Patagonia alla droit dans le mur. Les États-Unis entraient dans une période de récession et la croissance sur laquelle nous escomptions, avec tout le stock en conséquence, s'arrêta net. Notre effondrement ne consistait pas en une régression des ventes mais en une croissance qui s'affaissait à… 20 % ! Néanmoins, ce manque de chiffre de 20 % faillit bien nous achever. Les revendeurs annulaient leurs commandes et nos entrepôts commencèrent à déborder. Ni la vente par correspondance ni les divisions internationales ne purent atteindre leur budget prévisionnel, et ils nous renvoyèrent également leur stock. Nous réduisîmes notre production des collections d'été et d'hiver. Nous décidâmes de geler les embauches et tous les voyages qui n'étaient pas impératifs. Nous laissâmes tomber tous les nouveaux produits ainsi que ceux qui ne réalisaient que des ventes épisodiques.

La crise s'accentua. Notre principal bailleur, la banque Security Pacific se retrouva elle-même dans la crise et réduisit de manière drastique nos crédits – deux fois en quelques mois. Pour réduire nos emprunts, nous devions restreindre radicalement nos dépenses. Nous décidâmes de fermer nos bureaux et showrooms de vente à Londres, Vancouver et Munich. Nous laissâmes partir notre P.-D.G. et notre directeur financier pour reprendre Kris McDivitt. Notre directeur européen, Alain Devoldère, fit même office pendant un temps de directeur d'exploitation chez nous.

Nous n'avions jamais licencié de personnel pour réduire nos frais généraux. En fait, nous n'avions jamais renvoyé qui que ce soit pour quelque raison que ce soit. L'entreprise n'était pas seulement comme un prolongement de la famille mais pour beaucoup, c'était la famille, parce que nous avions toujours embauché des amis, des amis d'amis et leurs parents. Maris et femmes, mères et fils, frères et sœurs, petits cousins travaillaient ensemble ou dans différents services. Licencier n'est une perspective agréable pour aucune entreprise mais pour nous, c'était impensable et la tension monta lorsque nous comprîmes que des licenciements seraient inévitables.

Nous avions pensé réduire les salaires et la durée du travail mais finalement, nous décidâmes que seuls des licenciements pourraient résoudre le problème que nous avions nous-mêmes créé ; avec cette croissance démesurée, nous avions embauché trop de gens qui n'avaient pas assez à faire. Le 31 juillet 1991, un mercredi noir, nous laissâmes partir 120 employés – 20 % de notre force de travail. Ce fut certainement le pire jour que l'entreprise ait jamais vécu.

Je compris que la crise que nous vivions n'était qu'un microcosme de ce qui se passait dans le monde. L'institut World Watch constate dans son rapport annuel de 1991 que : « Avec une production annuelle de vingt mille

Voyage en Patagonie. 1991.
Avec l'autorisation de Patagonia.

milliards de dollars, l'économie mondiale génère en 17 jours ce que nous produisions en une année en 1900. Les activités économiques ont déjà dépassé leurs capacités au niveau local, régional et mondial et les conséquences en sont l'intensification de la désertification, de l'acidification des lacs et des forêts et l'augmentation des rejets de gaz à effet de serre. Si la croissance se maintient au même rythme que ces dernières décennies, il n'y en aura pas pour longtemps avant que tout le système s'effondre sous la pression. »

Notre entreprise avait outrepassé ses capacités et ses propres limites ; nous étions devenus dépendants, comme l'économie mondiale, d'une croissance que nous ne pouvions maîtriser. Mais comme petite entreprise, nous ne pouvions ignorer le problème en espérant qu'il allait disparaître et nous devions repenser nos priorités et instituer de nouvelles pratiques. Il fallait briser les règles.

Je décidai donc de partir dans les montagnes de Patagonie balayées par les vents, avec une douzaine de mes principaux directeurs. Errant dans ces espaces désolés et sauvages, nous nous demandâmes ce qui nous avait poussés vers le monde de l'entreprise et ce que nous voulions que Patagonia devienne. Une société qui pèse un milliard de dollars par an ? Peut-être, si nous étions capables de continuer à fabriquer des produits dont nous pouvions être fiers. Nous discutâmes des solutions possibles pour enrayer les dommages que nous provoquions sur l'environnement en tant qu'entreprise. Nous parlâmes des valeurs que nous partagions et de ce qui nous avait réunis au sein de Patagonia et pas dans une autre société.

Lorsque nous revînmes aux États-Unis, nous constituâmes notre premier conseil d'administration avec des amis de confiance et des conseillers. L'un d'eux était l'écrivain et partisan d'écologie profonde, Jerry Mander. Au cours de l'une de nos réunions alors que nous nous démenions pour mettre en mots nos valeurs et notre charte de conduite, Jerry s'éclipsa pendant le déjeuner et revint avec un texte parfaitement rédigé *(voir double page suivante)*.

Nous savions que la croissance incontrôlée avait mis en péril les valeurs qui faisaient le succès de notre entreprise. Pour autant, ces valeurs ne pouvaient être réduites à de simples questions-réponses comme un mode d'emploi bien ficelé. Il nous fallait avoir des directives philosophiques et des sources d'inspiration qui nous permettraient de toujours nous poser les bonnes questions et d'y apporter les bonnes réponses. Nous parlions d'une ligne de conduite philosophique pour chacune des activités et fonctions les plus importantes.

Tandis que nos directeurs se creusaient la tête pour trouver des solutions à la crise des ventes et des liquidités, je me mis à diriger des séminaires d'une semaine avec mes employés pour présenter notre nouvelle philosophie. Nous partîmes en groupe dans le Yosemite ou les Marin Headlands, situés au nord de San Francisco, pour camper et discuter ensemble sous les arbres. Le but était d'enseigner à chaque employé l'éthique et les valeurs de notre entreprise et de notre engagement envers l'environnement. Quand l'argent finit par trop manquer et que nous ne pouvions plus payer le transport, nous partîmes camper à côté de chez nous, dans le parc national de Los Padres, mais nous continuâmes.

Je réalise maintenant que j'essayais d'insuffler à mon entreprise, qui vivait des moments difficiles, les leçons que j'avais moi-même apprises en tant qu'individu – comme grimpeur, surfeur, kayakiste ou pêcheur à la mouche. J'avais toujours essayé de vivre le plus simplement du monde mais depuis 1991, lorsque j'ai pris conscience de l'état de notre environnement, j'ai commencé à essayer de moins peser sur notre chaîne alimentaire et à réduire ma consommation de biens matériels. Pratiquer des sports à risque m'avait enseigné une autre leçon importante : ne jamais dépasser ses limites. Vous poussez la machine et vous vivez pour ces moments où vous allez vous retrouver sur le fil, mais ne faites jamais le grand saut. Il faut être honnête avec soi-même ; connaître ses forces et ses limites et ne pas chercher à vivre au-dessus de ses moyens. La chose est vraie dans le monde de l'entreprise. Dès qu'une entreprise essaie d'être ce qu'elle n'est pas, qu'elle essaie de « tout avoir », elle disparaît.

J'ai étudié la philosophie zen pendant des années. Le tir à l'arc, en accord avec cette philosophie, demande par exemple que vous oubliiez l'objectif – faire mouche – et ne vous concentriez que sur la série de gestes qui va déclencher le départ de la flèche. Il faut pratiquer la posture en se penchant en arrière pour tirer une flèche doucement du carquois, placer l'encoche sur la corde, contrôler son souffle et laisser la flèche se relâcher d'elle-même. Si vous perfectionnez chacun de ces mouvements, il vous sera impossible de rater le centre de la cible. La même philosophie s'applique à l'escalade en montagne. Quand on se concentre sur la manière de grimper, on finit au sommet. En l'occurrence, le meilleur endroit que j'aie trouvé pour appliquer cette philosophie zen est le monde de l'entreprise.

Bien que faisant participer les salariés de Patagonia à des classes philosophiques, je ne savais pas encore comment nous allions sortir l'entreprise de ce désastre. Mais je savais que nous avions outrepassé nos capacités et nous devions regarder vers la nation iroquoise, qui planifie l'existence de sept

NOS VALEURS

Voici le texte que Jerry Mander nous a présenté ce jour-là :

La vie sur Terre fait face aujourd'hui à une étape critique, où la question de survie se trouve au centre des préoccupations de l'homme. Si notre survie n'est pas la question, alors la qualité de la vie humaine en est peut-être une, tout comme la dégradation de la nature qui se traduit par la perte de la biodiversité, de la diversité culturelle et de tous les systèmes de vie sur cette planète.

L'origine de ce problème se trouve dans les valeurs fondamentales de notre système économique y compris celles du monde de l'entreprise. La principale valeur des entreprises qui pose problème est véhiculée par la priorité donnée à la croissance et aux profits à court terme, qui prévalent sur des considérations comme la qualité, la durabilité, la santé humaine et environnementale et le bien-être des communautés.

L'objectif premier de notre entreprise est de travailler de manière à être parfaitement conscients des problématiques mentionnées ci-dessus, et d'essayer de réorganiser la hiérarchie des valeurs qui régissent l'entreprise en fabriquant des produits qui améliorent aussi bien la qualité de vie que l'environnement.

Pour favoriser ce changement, nous nous fonderons sur la liste de valeurs suivantes pour prendre toutes les décisions concernant la gestion de notre entreprise. Elles ne sont pas présentées par ordre d'importance. Elles sont toutes de même importance. C'est une « écologie » de valeurs qui doit être prise en compte dans nos activités économiques et qui pourra atténuer un peu la crise sociale et environnementale que nous vivons aujourd'hui.

- Toutes les décisions de l'entreprise sont prises dans le contexte de la crise environnementale. Nous devons faire des efforts pour éviter de causer des dommages. Nos activités dans ce domaine seront constamment réévaluées et reparamétrées pour chercher une amélioration.
- Une attention maximum sera donnée à la qualité, qualité définie par la durabilité du produit, l'utilisation minimum de ressources pour sa fabrication (incluant tissu, énergie brute et transport), son multifonctionnalisme, le fait qu'il ne se démode pas et une esthétique

qui corresponde parfaitement à sa fonction. Les critères éphémères de la mode ne sont absolument pas les valeurs de l'entreprise.

- Le conseil d'administration et la direction reconnaissent que le bien-être des communautés fait partie du développement durable. Nous nous considérons comme partie intégrante de ces communautés, y compris nos employés, les communautés dans lesquelles nous vivons, celles de nos fournisseurs et de nos clients. Nous reconnaissons notre responsabilité dans toutes ces relations et prenons nos décisions en considération du bien-être général. Cela entre dans notre politique d'employer des gens qui partagent ces valeurs fondamentales, tout en gardant leurs spécificités ethniques et culturelles.
- Sans lui donner primauté, nous cherchons la rentabilité à travers nos activités. Cependant, la croissance et l'expansion ne sont pas des valeurs fondamentales de notre entreprise.
- Pour pallier les conséquences environnementales négatives des activités de notre entreprise, nous nous imposons une taxe annuelle de 1 % de notre chiffre d'affaires ou 10 % de nos bénéfices avant impôt, selon le montant le plus élevé. La totalité de cet impôt est reversée à des communautés locales ou à des associations militantes.
- À tous les niveaux de nos opérations – administrateurs, direction et salariés – Patagonia encourage les prises de position actives en accord avec nos valeurs. Cela peut impliquer des activités qui permettent d'influencer le monde de l'entreprise en général afin de l'aider à réfléchir aux valeurs et aux comportements qui sont les leurs, d'apporter un soutien moral et financier à des associations militant sur le terrain ou à des militants nationaux qui travaillent à résoudre la crise environnementale et sociale actuelle.
- Au sein de l'entreprise, les membres de la direction générale travailleront main dans la main et avec un maximum de transparence. La politique du « livre ouvert » permettra aux salariés d'avoir accès aux informations concernant les décisions, dans les limites du respect de la vie privée et des « secrets commerciaux ». À tous les niveaux de l'entreprise, nous encourageons la communication franche, une atmosphère de collaboration et un maximum de simplicité, tout en recherchant dynamisme et innovation.

générations, et non prendre exemple sur les entreprises américaines comme modèle de gouvernance et de durabilité. Dans leur système décisionnel, les Iroquois avaient une personne qui représentait la septième génération à venir. Si Patagonia devait survivre à cette crise, il faudrait que nous commencions à prendre toutes nos décisions comme si nous allions encore exister dans cent ans. Nous ne devrions grandir qu'à un rythme qui pourrait nous y mener.

Classe philosophique. Marin Headlands, San Francisco.
Avec l'autorisation de Patagonia.

Organiser ces classes philosophiques m'a donné la réponse à la question de Kami. Je savais enfin, au bout de trente-cinq ans, pourquoi j'étais dans les affaires. C'est vrai que je voulais donner de l'argent pour aider les causes environnementales. Mais plus encore. J'ai voulu créer Patagonia comme un modèle auquel d'autres entreprises pourraient se référer dans leurs propres recherches pour une gestion et un développement durables au niveau écologique, exactement comme nos pitons et nos piolets, qui étaient devenus des modèles pour d'autres fabricants de matériel. Les classes philosophiques m'ont rappelé comment j'étais devenu chef d'entreprise, comment j'étais redescendu des montagnes la tête remplie d'idées sur la manière d'améliorer les vêtements et le matériel que j'utilisais. Cela m'a aussi permis de réaliser combien la vocation de Patagonia comme entreprise était de respecter ses principes de qualité élevés et de suivre ses modèles de design classique. Chaque produit que nous fabriquions, chaque caractéristique d'une chemise, d'une veste ou d'un pantalon devait être absolument nécessaire.

Le revirement, en 1991, a été plutôt rapide. En un rien de temps, nous sommes devenus une entreprise beaucoup plus concentrée sur ses objectifs et beaucoup plus modérée, capable de limiter sa croissance pour rester viable, de dépenser avec prudence et de mener une gestion plus réfléchie. En trois ans, nous avons supprimé plusieurs niveaux hiérarchiques, consolidé nos stocks en un seul système de gestion et réuni tous les canaux de ventes sous un contrôle central. Le fait d'avoir mis nos philosophies noir sur blanc – et d'avoir partagé une expérience intellectuelle à travers les classes philosophiques – a joué un rôle crucial dans ce changement. J'ai entendu dire que des investisseurs et des banquiers malins ne font pas confiance à une entreprise en pleine croissance jusqu'à ce qu'elle ait pu prouver qu'elle était capable de survivre à sa première grande crise. Si c'est vrai, nous y sommes parvenus.

Je suis content de ne pas avoir suivi le conseil de Michael Kami. Si nous avions vendu l'entreprise pour investir en Bourse, je n'aurais peut-être plus grand-chose à donner aujourd'hui aux associations de défense de la nature. Si je n'étais pas resté à la barre, jamais je n'aurais compris – de la plus dure manière, certes – le parallèle entre l'impulsion de croissance non durable de Patagonia et celle de l'ensemble du monde économique.

En 1992, le magazine *Inc.*, dédié aux PME, a publié un très mauvais article sur Patagonia. L'article concluait en se demandant quelles seraient nos chances de survie dans les années quatre-vingt-dix : « Yvon Chouinard érige son entreprise en modèle pour le futur quand en réalité, son temps est peut-être déjà passé. »

Eh bien, nous avons survécu à l'entrée dans le nouveau millénaire et nous nous portons bien. Avec une croissance contrôlée d'environ 5 % par an, non seulement nous tirons des profits de notre travail mais nous recevons de nombreux prix pour nos choix d'entreprise. Nous avons été élus par le magazine *Working Mother* comme « l'une des 100 meilleures entreprises pour les mères qui travaillent » et dans le magazine *Fortune*, comme « l'une des 100 meilleures entreprises où il fait bon travailler ». Notre catalogue et notre site web ont reçu vingt médailles d'or ou d'argent, récompenses du magazine *Catalog Age*. En 2004, Patagonia s'est placé au quatorzième rang dans le Top 25 des entreprises moyennes par l'institut Great Place to Work® et par la Société des directeurs de ressources humaines.

En 1994, nous avons réalisé notre premier audit environnemental interne et une étude sur le cycle de production et de vie des quatre principales fibres que nous utilisons le plus – le coton, la laine, le polyester et le nylon. Nous avons appris que la fibre qui causait le plus de dommages était le coton cultivé de manière industrielle. Dès le printemps 1996, tous nos vêtements en coton étaient fabriqués avec du coton 100 % biologique. Et en 1997, nous avons établi la société Beneficial T's pour créer une ligne de tee-shirts en coton biologique, dépourvus de motif. En 1993, nous étions les premiers à fabriquer nos vestes polaires en Synchilla à partir de bouteilles plastiques recyclées.

C'est aussi en 1997 que nous avons lancé notre filiale Water Girl USA, qui produit des vêtements pour les femmes, inspirés du surf et de l'eau. Nous avons également démarré la ligne Rhythm pour l'escalade. Les ventes de ces deux dernières marques en plus du Capilene sont celles qui croissent le plus rapidement.

En 2004, nous avons commencé à travailler sur ce que nous avons appelé « l'Initiative Océan ». Nous envisageons dans le futur d'atteindre un équilibre entre les produits et les activités de montagne/plein air et eau/océan.

En 2004, nous possédions à peu près une vingtaine de magasins aux États-Unis et une quinzaine en Europe et au Japon. La plupart de ces magasins sont des bâtisses qui ont échappé à la démolition. Nous avons construit un

Kim Bennet s'entraîne à retenir son souffle.
Baie de Waiamea, Hawai.
Photo : Crystal Thornburg.

entrepôt à Reno dans le Nevada, qui est une référence en matière d'efficacité énergétique, et un immeuble de bureaux de trois étages à Ventura qui a été conçu avec 95 % de matériaux recyclés.

Plus que tous les chiffres de ventes ou même que toutes les gammes de vêtements, ce dont nous sommes le plus fiers est d'avoir pu distribuer, depuis 1985, vingt-cinq millions de dollars en cash ainsi que des donations en nature à des associations militant sur le terrain pour la préservation de l'environnement. Nous mesurons nos réussites par les menaces qui ne se sont pas concrétisées : des forêts anciennes qui ont échappé à l'abattage, des mines qui n'ont pas été creusées dans des régions vierges ou des pesticides dangereux qui n'ont pas été pulvérisés sur les cultures. Nous voyons le résultat tangible de nos efforts : des barrages préjudiciables démolis, l'habitat naturel de rivières réhabilitées, des territoires classés comme sauvages ou pittoresques et la création de parcs et d'espaces naturels protégés. Nous ne pouvons nous attribuer seuls tous les mérites de ces victoires, car nous nous contentons souvent de n'apporter que des fonds à ceux qui se trouvent en première ligne. Cependant, il faut reconnaître que Patagonia se trouve quelquefois à l'origine d'initiatives et de réussites notoires.

L'histoire de Patagonia, depuis la crise de 1991-1992 jusqu'à aujourd'hui, n'est pas très intéressante pour le lecteur, heureusement. Par « intéressante », je me réfère à une malédiction chinoise : « Puissiez-vous vivre une époque intéressante. » La plupart des gros problèmes ont été résolus et nous ne connaissons pas vraiment de crise, à part celles mises en place par la direction pour tenir l'entreprise à l'affût c'est-à-dire, en terme de fauconnerie, que le faucon reste aux aguets, affamé mais pas affaibli et prêt à chasser. La vérité, c'est que nous essayons réellement d'appliquer notre charte de conduite, qui est : « Fabriquer le meilleur produit, avec le moindre impact possible sur l'environnement et utiliser notre entreprise pour inspirer et trouver des solutions à la crise environnementale. »

Le barrage Edwards avant sa démolition.
En 1989, quatre associations environnementales ont créé la Coalition Kennebec afin de convaincre la Commission fédérale à la réglementation de l'énergie de démolir le barrage Edwards et de réhabiliter les populations de poissons qui remontent la rivière. Patagonia a aidé à ce projet par des donations mais aussi en diffusant l'information à travers des publicités dans des journaux nationaux et locaux.
Le barrage a été démoli en 2000 et déjà, des gaspareaux des bars d'Amérique, des aloses, des esturgeons et des saumons sont revenus sur la frayère la plus longue (27 km) au nord de l'Hudson. Les prochains sur la liste sont le barrage Matilija, Lower Granite, Ice Harbor, Lower Monumental, Little Goose, Veazie, Great Works, etc.
Photo : Scott Perry.

PRINCIPES PHILOSOPHIQUES
PRINCIPES PHILOSOPHIQUES

Les principes philosophiques sont l'expression de nos valeurs qui s'appliquent à différents secteurs de l'entreprise. Nos principes philosophiques de la conception des produits, de la production, de la distribution, de l'image de marque, des ressources humaines, des finances, du management et de l'environnement ont été rédigés spécifiquement pour donner les grands axes que Patagonia doit suivre pour concevoir, fabriquer et vendre nos vêtements. Mais ils sont applicables à n'importe quelle entreprise. Par exemple, nous prenons les critères qui définissent la conception d'un produit comme base pour notre philosophie de l'architecture et la construction.

Quels sont les bienfaits qu'apportent des principes écrits quand le monde de l'entreprise n'est que mouvement ? Comment Patagonia arrive-elle à appliquer ces principes face à l'explosion du marché de l'internet, aux effets de l'Accord de libre-échange nord-américain ou du GATT, aux dizaines d'innovations technologiques qui affectent l'univers du design et la production, aux nouvelles données démographiques affectant le monde du travail, aux styles de vie et modes vestimentaires changeants de nos contemporains ?

La réponse à ces questions est que nos principes philosophiques ne sont pas des règles : ce sont des orientations générales. Ce sont les clés de voûte de notre approche sur n'importe quel projet et même si elles sont gravées dans le marbre, leur application dans chaque situation ne l'est pas. Dans une entreprise qui dure, les méthodes opératoires sont sujettes aux changements mais les valeurs, la culture et la philosophie restent constantes.

Chez Patagonia, ces principes philosophiques doivent être communiqués à tous les secteurs de l'entreprise. Ainsi, chacun de nous sait quel chemin emprunter sans avoir à suivre une stratégie rigide ou les ordres d'un « chef ».

Vivre ces valeurs et connaître la philosophie de chaque secteur de notre entreprise nous permet d'aller tous dans la même direction, d'être plus efficaces et d'éviter le chaos que provoque un manque de communication.

Nous avons commis de nombreuses erreurs par le passé, mais jamais au point de nous perdre réellement. Nos principes philosophiques sont comme une carte tracée à grands traits, la seule qui soit utile dans le monde de l'entreprise, dont les contours, à l'opposé de ceux des montagnes, changent constamment, sans prévenir.

La fabrication d'un piton.
Avec l'autorisation de Patagonia

PHILOSOPHIE DE LA CONCEPTION DES PRODUITS

Fabriquer le meilleur produit avec le moindre impact environnemental.

La première partie de notre charte de conduite, « Fabriquer le meilleur produit », est la raison d'être de Patagonia et la pierre angulaire de notre philosophie d'entreprise. S'efforcer de parvenir à la meilleure *qualité* possible est la principale raison qui nous a poussés à créer notre propre affaire. Notre vocation est le produit ; sans lui, notre entreprise n'existerait pas et notre charte de conduite n'aurait aucun fondement. Des produits de qualité, ayant une utilité reconnue, ancrent Patagonia dans le monde réel et nous permettent de réaliser les objectifs que nous nous sommes donnés en accord avec notre raison d'être.

QUALITÉ ET PLANCHES DE SURF

Quand mon fils, Fletcher, était adolescent, je lui ai dit qu'il serait libre de choisir son métier à condition qu'il apprenne à travailler aussi de ses mains. Il décida de façonner des planches de surf, ce qui était une bonne idée car il est légèrement dyslexique et l'on sait que les dyslexiques ont un grand sens des proportions. Ce sont généralement de bons sculpteurs.

Quelques années plus tard, après qu'il eut décidé de se consacrer à la fabrication de planches de surf, j'essayai de l'encourager pour qu'il élabore les meilleures du marché.

« Ce n'est pas possible, répondit-il. Je ne peux pas fabriquer de meilleures planches qu'Al et Rusty. Ce sont eux qui font ce qu'il y a de mieux. »

Je lui objectai : « Mais si des surfeurs pros partent en voyage à Tahiti ou en Indonésie, ils doivent emporter six à dix planches avec eux parce qu'ils en casseront au moins la moitié. Tu appelles cela de la qualité ? »

« Toutes les planches cassent », me répondit-il.

Nous avions mis le doigt sur un point, la solidité n'était pas prise en compte dans les critères de qualité pour fabriquer les planches de surf. En réalité, les planches de surf n'étaient que des objets de mode parce que des « fashion victims » naïves insistaient pour acheter la même planche que les champions du monde du moment. Je vous laisse imaginer comment le surf marchait pour ces jeunes !

Lorsque je pus enfin convaincre Fletcher de fabriquer une meilleure planche de surf, il se mit à lister tous les paramètres importants pour les concevoir.

Dans la qualité, il devait inclure les aspects liés à l'esthétique et à la finition, pas d'aspérité sur le finish du glaçage, pas de bulles d'air, ni de rayures, etc. Ensuite, il devait se pencher sur la question de la longévité, la résistance à la rupture, à la compression (pression des talons qui heurtent), à la dégradation due aux ultra-violets, à l'infiltration de l'eau dans la mousse, à la solidité du boîtier des ailerons, etc. Pour les performances, il ne devait pas oublier des éléments de première importance comme l'aérodynamisme de la coque, la maniabilité, la facilité de rame. Il y avait d'autres critères plus difficiles à déterminer comme la vitesse « de réactivité », la résonance et l'élasticité.

Fletcher dut ensuite expérimenter toute sorte de pains de mousse existants, un bon nombre d'essences de bois et autres matériaux qui constituent les stringers d'une planche ; il dut tester différentes toiles en fibre de verre et de résines pour la stratification. Puis, il fabriqua des centaines de panneaux qui furent testés pour leur solidité, leur légèreté, leur élasticité et leur résistance au délaminage. Enfin, il façonna des milliers de planches pour être certain que son habileté de shaper (personne qui façonne les planches de surf) ne pouvait être mise en cause dans la qualité de ses planches.

Au final, il apparaît que ses planches sont plus légères, plus solides, durent plus longtemps et sont aussi performantes que les autres planches de surf. Même si le surfeur moyen n'est pas encore en mesure de bien comprendre ni d'exiger une telle qualité pour sa planche, Fletcher, lui, sait pourquoi il le fait.

Le shaper de planche de surf Fletcher Chouinard.
Photo : Amy Kumler.

Avec notre expérience antérieure dans la fabrication du meilleur matériel d'escalade du monde, matériel dont la vie dépend, nous ne pouvions nous satisfaire de concevoir un habillement de piètre qualité. Nos vêtements – des shorts Baggies aux chemises en flanelle, des sous-vêtements aux anoraks – sont les meilleurs de leur catégorie. Essayer de fabriquer les meilleurs produits nous a d'ailleurs inspirés pour fonder la meilleure crèche pour enfants, avoir le meilleur service de production et être les meilleurs dans notre travail.

« Fabriquer les meilleurs produits » est un objectif difficile. Cela ne veut pas dire « parmi les meilleurs » ou « les meilleurs dans un domaine précis », mais « être les meilleurs », point barre.

Comment reconnaît-on le meilleur produit de sa catégorie ? Au tout début de notre histoire, notre directrice du design qui l'est restée de nombreuses années, Kate Larramendy, me lança un défi. Elle me dit que nous ne fabriquions pas les meilleurs vêtements du monde et que si nous le faisions, nous n'allions pas exister bien longtemps.

« Pourquoi ? » demandai-je.

« Parce que la meilleure chemise du monde est italienne, répondit-elle. Elle est tissée de façon artisanale, les boutons et boutonnières sont cousus à la main et les finitions sont parfaites. Elle coûte 300 dollars. Nos clients ne payeraient jamais ce prix-là ! »

Je lui demandai alors : « Que se passerait-il si tu mettais cette chemise à 300 dollars dans ta machine à laver et ton sèche-linge ? »

« C'est impossible de faire ça ! Elle rétrécirait. Il faut la nettoyer à sec. »

Pour moi, une chemise que l'on doit traiter avec autant de délicatesse perd de sa valeur car je pense que la facilité d'entretien est un critère important de qualité. Jamais je n'achèterais une chemise comme celle-ci. Je la fabriquerais et la vendrais encore moins !

Si ma directrice du design et moi-même avions un avis si différent sur la question, il était clair que nous devions définir quelles étaient les notions de qualité pour Patagonia. Le dictionnaire définit la qualité comme « un degré d'excellence », bien évidemment la meilleure qualité serait le degré le plus élevé. Certaines personnes pensent que la qualité est une idée subjective, que l'excellence pour l'un serait la médiocrité pour un autre. Dans ce cas, pourtant, il ne s'agit que d'une affaire de goût ou de « préférence personnelle ». Avec ma directrice du design, nous sommes finalement tombés d'accord sur le fait que la qualité est une notion complètement objective et définissable ; sinon, nous n'aurions jamais pu spécifier les caractéristiques de qualité pour nos propres créations.

Nous avons donc constitué pour nos concepteurs une liste de critères à respecter, mais qui pouvait s'appliquer également à d'autres entreprises. Avec des normes de qualité clairement déterminées pour chaque étape de la conception d'un article, il était devenu très facile de juger quels étaient les meilleurs vêtements – ou voitures, vins ou pizzas. Voici donc les principales questions que doit se poser un designer chez Patagonia pour savoir si un produit correspond à nos normes.

Est-il fonctionnel ?

Il se peut qu'un jour, les historiens de la mode attribuent à Patagonia le mérite d'avoir donné aux hommes l'envie de porter autre chose que des sweats gris et d'avoir imposé la couleur dans le monde du plein air. J'espère cependant que l'on retiendra que nous avons été dans les premiers à appliquer les règles du design industriel au vêtement.

Le premier précepte du design industriel dit que la fonction d'un objet doit déterminer sa forme et sa matière. Chaque création, chez Patagonia, part d'une nécessité. Un ensemble de sous-vêtements thermiques doit évacuer la transpiration, être respirant et sécher rapidement. Une veste de kayak ne doit pas uniquement protéger de l'humidité et éviter que l'eau s'infiltre mais permettre également une grande amplitude de mouvement au niveau des bras. La fonction doit dicter la forme.

Dans le monde de la mode, le design commence très souvent par le choix d'un tissu ; ensuite, on lui attribue une fonction. Chez nous, le tissu est généralement le dernier élément à être choisi, même si une nouvelle matière est quelquefois à l'origine d'une innovation. Par exemple lorsque j'ai remarqué ces maillots en polyester utilisés dans le football et pensé qu'ils pouvaient représenter un potentiel intéressant pour des sous-vêtements. Les aspects superficiels d'un tissu ne sont pas importants ; nous sommes plutôt intéressés par la matière en elle-même.

Même dans le sportswear, nous commençons toujours par des considérations pratiques. Est-ce que nous avons besoin de cette chemise pour un climat tropical et chaud ou un climat sec et chaud ? Quelle sorte de drapé ou de coupe doit-elle avoir ? Le tissage doit-il être de préférence lâche pour sécher rapidement ou dense pour résister aux trompes acérées des moustiques ? Ce n'est qu'après avoir déterminé la fonction d'un vêtement que nous commençons à rechercher les matières. Dans le même temps, notre département des tissus est toujours à la recherche des étoffes qui provoquent un moindre impact sur l'environnement, comme le chanvre, le bambou, le polyester recyclé, qu'ensuite nous incorporons dans notre ligne.

Créer en ayant pour principe de répondre à un réel besoin concentre le processus de design et permet d'élaborer un produit fini de qualité supérieure. Sans une demande concrète sérieuse, nous aboutirions à un produit peut-être génial en apparence mais que nous aurions du mal à justifier dans notre gamme car nous ne pourrions répondre à la simple question : « Qui en a besoin ? »

Est-il multifonctionnel ?

Pourquoi acheter deux vêtements lorsqu'un seul suffit ? Fabriquer des produits aussi polyvalents que possible tient à nos origines comme alpinistes, lorsque nous devions porter tout notre matériel sur le dos au lieu de le transporter dans le coffre d'un 4x4. En outre, porter le moins possible en montagne est tout autant une considération pratique qu'un dogme sacré pour de nombreux passionnés du genre. John Muir, célèbre pour ses explorations en tout genre et à l'origine de nos parcs nationaux, aimait limiter « ses vivres et son couvert » à une tasse en fer-blanc, une miche de pain sec et un pardessus.

Aujourd'hui, c'est aussi une question écologique. Toutes les choses que nous possédons sont fabriquées, vendues, transportées, stockées, nettoyées et finalement jetées. Elles ont un impact sur l'environnement à chacune de ces étapes, impact dont nous sommes directement responsables ou qui se fait avec notre consentement. L'une des questions principales que nous devrions nous poser lorsque nous projetons d'acheter quelque chose, que ce soit comme fabricant ou comme consommateur est : « Cet achat est-il nécessaire ? Ai-je vraiment besoin d'une nouvelle tenue pour le yoga ? N'ai-je pas déjà quelque chose qui fera l'affaire ? En aurai-je l'utilité pour une autre activité ? »

Pendant de nombreuses années, nous avons fabriqué un petit sac à dos destiné à l'escalade rocheuse ; il était conçu avec un fin matelas dorsal qui le rendait plus confortable. Ce matelas était amovible, ainsi pouvait-on le retirer et s'asseoir dessus pour bivouaquer dans le froid. Un jour, dans les Rocheuses, mon compagnon d'escalade se cassa un bras au cours d'une chute et je pus, avec ce petit matelas et quelques sangles d'accessoires, lui confectionner une attelle idéale.

Plus vous avez de connaissances, moins vous avez de besoins. Un pêcheur à la mouche expérimenté attrapera plus de poissons avec une seule canne, une seule ligne et une seule sorte de mouche qu'un néophyte avec tout un bazar de matériel. Je n'oublie jamais la phrase de Thoreau : « Je me méfie de toutes les aventures qui requièrent de nouveaux vêtements… »

Il arrive de temps en temps qu'un article destiné à une certaine activité fonctionne étonnamment bien pour une autre. Bon nombre de nos vestes d'escalade finissent sur les pistes de ski plutôt que dans les parois granitiques, même si nos efforts de marketing sont allés vers les grimpeurs. Nous essayons de garder ce genre de paradoxe en tête. Les meilleurs produits sont multifonctionnels quelle que soit la manière de les commercialiser. Si la veste d'escalade que vous avez achetée pour skier peut être portée pour se protéger du mauvais temps à Paris ou à New York, cela vous aura évité d'acquérir deux vestes dont l'une restera dans un placard neuf mois de l'année. Acheter moins, acheter mieux. Fabriquer moins de modèles pour un meilleur design.

Cependant, nous fabriquons aussi des produits de niche très spécifiques pour des sports comme l'escalade et le ski (vestes), la pêche à la mouche (gilets, vestes, cuissardes, bottes), le surf (shorts) et le kayak (vestes de notre filiale Lotus Design, vestes étanches et gilets de sauvetage). Nous le faisons pour deux raisons. Premièrement, pour les sports qui nous inspirent, nous désirons équiper nos clients de la tête aux pieds, cela fait partie de notre engagement envers eux. La seconde raison est notre crédibilité. Pour être respectés comme équipementier de ski ou de pêche à la mouche, nous devons concevoir les produits les plus pointus, qui démontrent que nous savons ce que nous faisons – les meilleures vestes de ski, les meilleurs gilets de pêche.

Est-il durable ?

Cette question tient aussi à nos origines dans le matériel d'escalade, matériel qui doit résister à une utilisation exigeante et dans la durée. Elle est également un élément de notre philosophie environnementale. Parce que la longévité d'un produit ne peut se mesurer qu'à son composant le plus faible, l'objectif ultime est de concevoir un produit dont chaque partie s'userait à la même vitesse et seulement après une longue durée de vie. Vous avez peut-être remarqué qu'un bon vêtement comme un jean Levis commence à se trouer aux genoux en même temps qu'à l'assise et aux poches. Inversement, les pires exemples d'un vieillissement prématuré vont de l'équipement électronique qui est devenu un bien virtuellement jetable lorsque l'un de ses composants ne fonctionne plus, à des maillots de bain onéreux dont l'élastique à la taille se détend à cause du chlore des piscines, alors que le reste du tissu semble encore neuf. Techniquement, ce maillot et cet équipement électronique seraient réparables, mais le prix de la réparation est bien trop élevé, comparé à leur prix d'achat ; ces produits finissent donc généralement à la poubelle.

Quelqu'un a dit une fois que les pauvres ne sont pas en mesure de s'offrir des articles bon marché. Vous pouvez vous acheter un mixeur à bas prix qui vous lâchera dès la première fois que vous essaierez de concasser des

Parmi mes équipements favoris se trouve un piolet fabriqué par Gränsfors Bruks, une entreprise suédoise qui fabrique des piolets depuis 1902. Ce texte est repris de la page de couverture de leur catalogue.

RESPONSABILITÉ TOTALE

Ce que nous prenons, ce que nous fabriquons et de quelle manière, ce que nous gaspillons, est en réalité une question d'éthique. Nous avons une responsabilité illimitée. Une responsabilité pour laquelle nous essayons de nous engager en tant qu'entreprise, bien que nous ne réussissions pas toujours à le faire. Une partie de cette responsabilité se trouve dans la qualité et la longévité du produit.

Fabriquer des produits de qualité est une façon de montrer notre respect et notre responsabilité à l'acheteur et à l'utilisateur du produit. Un produit de bonne qualité, dans les mains de celui qui a appris à l'utiliser et à en prendre soin, durera bien plus longtemps. C'est bien pour son propriétaire, l'utilisateur. Mais c'est bien aussi pour nous tous qui faisons partie d'un tout : plus de longévité signifie que nous prenons moins (une consommation moindre de matériaux et d'énergie), que nous avons moins besoin de produire (ce qui nous donne le temps pour faire d'autres choses qui nous semblent importantes et agréables) et que nous détruisons moins (moins de déchets).

Gränsfors Bruks AB
S-820 70 Bergsjö, Suède
Téléphone : + 46 652 71090
Fax : +46 652 14002
E-mail : axes@gransfors.com

Certains de nos clients ne se résignent à se séparer de leurs vieux vêtements Patagonia que lorsqu'ils ne peuvent plus décemment les porter, comme un vieux jean qu'on adore !
Photo : Kathy Metcalf.

cubes de glace ou vous pouvez attendre, pour l'acheter, le moment où vous serez à même d'en avoir un de qualité. Ironiquement, plus longtemps vous attendrez et moins vous dépenserez ! À mon âge, il est devenu plus facile d'acheter uniquement des produits qui dureront « toute une vie » !

Afin que les composants d'un vêtement Patagonia durent à peu près également dans le temps, nous les testons aussi bien en laboratoire que sur le terrain. Nous les testons jusqu'à ce qu'un élément cède, nous renforçons cet élément et observons la prochaine défaillance, renforçons encore, etc., jusqu'à ce que nous soyons sûrs que la longévité du produit sera effective pour toutes ses parties. Il est pourtant certain que nous aurons toujours besoin d'effectuer des réparations, c'est pourquoi nous nous assurons qu'elles seront réalisables ; une fermeture éclair doit pouvoir se remplacer sans avoir à découdre entièrement le vêtement.

Correspond-il aux mensurations de nos clients ?

Ceux qui ne travaillent pas dans le monde du vêtement peuvent s'estimer heureux de ne pas avoir à gérer les problèmes de tailles. La manière dont nous choisissons de tailler nos vêtements (par exemple « small » ou « medium »), qu'ils soient conçus pour des personnes athlétiques ou pas, contentera toujours une partie des clients, en décevra ou en dissuadera toujours une autre. Chez Patagonia, nous taillons nos patrons sur le modèle du « noyau dur » de nos clients, qui sont actifs et en meilleure forme que les adeptes de motoneige ou de pêche à la ligne. Cela signifie que nous prenons le risque de perdre des clients potentiels afin que nos clients habituels soient satisfaits. C'est ainsi.

Les tailles doivent être cohérentes pour toute notre ligne. Quelqu'un qui porte un medium dans un certain style de chemise doit s'attendre à porter du medium dans un autre modèle. Chaque vêtement doit avoir la bonne taille dès l'achat, sans lavage préalable et ne devrait pas rétrécir pendant toute sa durée de vie.

Les vêtements pratiques posent d'autres problèmes pour les tailles, qui doivent être mûrement réfléchis. Est-ce que ce produit sera porté sur d'autres vêtements ou à même la peau ? Un vêtement à la coupe ajustée, destiné à l'escalade, sera peut-être porté par un snowboarder ou un skieur qui désire une coupe plus ample. Dans ce cas, le grimpeur étant dans le noyau dur, se retrouve « gagnant » (le snowboarder ou le client qui désire un article de loisir peut choisir une plus grande taille s'il le désire).

Est-il aussi simple que possible ?

Simplifiez, simplifiez.
H.D. Thoreau

Un seul « simplifiez » aurait suffi.
Réponse de Ralph Waldo Emerson

Koshun Miyamoto complimenta un jour l'épouse de son professeur d'escrime sur la beauté de son jardin minéral, un carré de sable grossier agrémenté de trois pierres trouvées dans un ruisseau proche et qui donnait « une atmosphère puissante et évocatrice d'espace et d'équilibre ». Elle protesta que le jardin n'était pas terminé et qu'il ne le serait pas tant qu'elle ne pourrait pas « donner la même impression avec une seule pierre au lieu de trois ».

Une conception dictée par la fonction est logiquement minimaliste. Comme Dieter Rams, directeur du design chez Braun, l'affirme, « un bon design, c'est aussi peu de design que possible ».

La complexité est souvent le signe que le critère de la fonction n'a pas été suffisamment pris en compte. Comparez une Ferrari et une Cadillac des années soixante. Les lignes épurées de la Ferrari correspondaient à des critères de performance élevée. La Cadillac n'avait pas de fonction particulière. Elle n'a jamais eu de direction, de suspension, de démarreur, d'aérodynamisme ou de freins appropriés à l'incroyable puissance de ses chevaux. Rien à propos de son design n'a été vraiment pensé. Tout ce qu'elle devait suggérer était une idée de puissance, d'aisance matérielle, comme un salon flottant sur l'autoroute, qui se dirige vers un terrain de golf. À son horrible aspect initial, on a rajouté un tas de chromes prétentieux, des ailerons à l'arrière, des rondeurs à l'avant. Quand on perd de vue la fonction, l'imagination se déglingue. Une fois que vous avez conçu un monstre, il a tendance à devenir un monstre.

Une bonne veste de montagne ne ressemble en rien à l'équivalent d'une Cadillac de 1960 en tissu. Aujourd'hui, des matières plus solides et plus légères éliminent le besoin de renforts aux épaules et aux coudes. Plus modernes, plus respirantes, elles nous évitent de nous embarrasser d'ouvertures aux aisselles, aux fermetures zippées compliquées et laides, autrefois nécessaires à l'aération. Avoir des fermetures éclair frontales résistant suffisamment à l'humidité dispense du poids et de l'épaisseur d'un rabat coupe-vent.

La gamme est-elle simple ?

Certains choix sont faciles. Voulez-vous votre fromage de chèvre nature ou avec de la ciboulette ? La plupart du temps, pourtant, choisir pour le consommateur n'est pas si simple que ça. Peu d'entre nous ont le temps, la patience et les compétences pour commander un plat, dans une carte de douze pages dans certains restaurants chinois ou pour trouver la paire de skis adéquate parmi des centaines dans un magasin spécialisé.

Aujourd'hui, les gens ont trop de choix. Ils sont fatigués d'avoir à décider constamment de ce qu'ils veulent ou non, surtout lorsqu'il s'agit de prendre des décisions *intelligentes* – par exemple en connaissant les différences existant entre tous les tissus respirants/imperméables disponibles ! Pour la plupart des consommateurs, distinguer un modèle homme d'un modèle femme est déjà compliqué. Les meilleurs restaurants du monde proposent une carte restreinte et les meilleurs magasins de skis ont déjà sélectionné les skis qui vous conviendront le mieux, selon votre niveau.

Puisque chez Patagonia, notre premier critère est utilitaire, nous évitons le foisonnement. Nous ne copions pas systématiquement les pantalons les plus appréciés de nos concurrents, pour proposer vingt modèles de pantalon différents qui serviront au final tous à la même chose. Il arrive pourtant que, de temps à autre, notre gamme soit bien trop importante et que la différence entre les produits s'amenuise. Quand c'est le cas, nous savons que nous n'avons pas appliqué nos propres règles.

Lorsque nous faisons correctement notre boulot, chaque modèle de pantalon de ski a un usage bien déterminé. Nous le proposons dans un bon choix de tailles (pour hommes et pour femmes) et de coloris. Ensuite, nous travaillons sur le long terme avec un sous-traitant qui, chaque année, produira ce pantalon le plus efficacement possible. Dans le même temps, nous procédons petit à petit à des améliorations pour rendre le produit plus simple, plus léger, plus solide, plus respirant et plus souple. Notre constance révèle à nos clients que nous croyons en nos produits et qu'ils sont les meilleurs que nous sachions fabriquer.

Quand nous dévions de notre philosophie, nous en payons le prix fort. À l'automne de 1991, nous avons proposé des chemises de flanelle en vingt-cinq motifs et couleurs différentes. L'idée était de fabriquer en quantité égale chacun de ces produits et de laisser le client décider lequel il préférait. On devait alors passer rapidement une nouvelle commande pour les meilleurs produits et les mauvais seraient soldés. Mais nous avions négligé de prendre en compte le coût du design, de la production, du stockage, des pages supplémentaires dans le catalogue que demandaient 125 unités de plus. Nous n'avions aucun précédent en la matière, qui nous aurait montré la quantité de travail exponentielle que chaque motif requérait.

Si la multiplication des coloris et des motifs réduit les marges, imaginez donc ce que pléthore de modèles peut provoquer. Nous sommes arrivés à un résultat très intéressant en étudiant la question. Chacun des produits que nous décidons d'ajouter à notre ligne (sans en supprimer un autre) demande un surcroît de travail à deux personnes et demie.

Les entreprises les plus florissantes proposent un nombre limité d'articles bien fabriqués. Il faut aussi savoir que les meilleures firmes conçoivent des produits avec 50 % de composants en moins que leurs concurrents moins performants. Moins de composants, cela signifie une fabrication plus simple et plus rapide. Cela implique également qu'il y a moins de chances de se tromper : la qualité s'impose d'elle-même. Bien que ces entreprises aient moins besoin de personnel pour leur contrôle qualité, elles génèrent également bien moins de produits défectueux et moins de gaspillage.

Au paradis des entrepreneurs, nous devrions tous avoir une affaire qui ne commercialise que des produits simples comme le dégrippant miracle ou de l'eau en bouteille, que nous pourrions vendre deux à quatre fois plus cher que de l'essence.

Est-ce une innovation ou une invention ?

Il y a deux sortes de créativité :
la créativité qui consiste à élaborer de zéro à un
et la créativité qui consiste à élaborer de un à mille.

KAZUHIKO NISHI,
le « Steve Jobs » du Japon

Lorsque je mourrai et que j'irai en enfer, le diable m'obligera à devenir directeur marketing d'une société fabriquant du cola. Je serai chargé de faire la promotion d'un produit dont personne n'a besoin, qui est identique à celui des concurrents et qui ne peut se vendre pour ses mérites. Je me retrouverai bille en tête dans la guerre du cola, à me battre sur les prix, la distribution, la publicité et la promotion des ventes ce qui sera pour moi un véritable cauchemar ! Rappelez-vous l'enfant que j'étais et que je vous ai décrit, incapable de participer à un seul jeu de compétition. Je préfère de loin concevoir et vendre des produits uniques et d'une telle qualité qu'ils ne souffrent d'aucune concurrence.

Au milieu d'une vague à Ventura Overhead, 1998. Au début des années soixante-dix, mon shaper de planche de surf Greg Liddle et moi-même, avons mis au point ce kayak de surf. Nous sommes partis de l'idée que nous étions des surfeurs qui avaient envie de glisser sur les vagues dans un kayak plutôt que le contraire, c'est-à-dire des kayakistes qui voudraient surfer. Aborder la conception d'un tel engin du point de vue d'un surfeur a abouti à un résultat unique : un surf/kayak de deux mètres quarante de long, avec trois ailerons et un deck fermé.
Photo : Rick Ridgeway.

Le micro-piton, que nous avons baptisé le RURP (Realized Ultimate Reality Piton) fut l'une de nos rares et réelles inventions. Fabriqué dans un solide acier de forge, il est destiné à s'insérer dans des fissures à peine formées.
Avec l'autorisation de Patagonia.

Les inventions couronnées de succès demandent une incroyable quantité d'énergie, de temps et d'argent. Les grandes inventions sont si rares que même les génies les plus brillants ne parviennent qu'à quelques réalisations commercialisables au cours de toute leur vie. Cela peut prendre trente ans pour inventer un nouveau produit mais dans les quelques années ou quelques mois qui suivent, des milliers d'innovations auront vu le jour à partir de cette idée initiale. L'innovation peut en effet être alors réalisée bien plus rapidement parce que l'on démarre avec une idée de produit ou de design déjà existante.

Certaines sociétés fonctionnent sur le principe de brevets protégés mais celles qui réussissent le mieux sont fondées sur l'innovation. Comparez la réussite entre le pays classique d'inventeurs, les États-Unis, et l'innovateur ultime, le Japon. Dans le monde de la mode, il n'y a tout simplement pas de temps pour la recherche pure qui est bien trop longue. Patagonia n'a pas inventé la polaire. L'idée nous est venue un jour par l'intermédiaire de Doug Tompkins qui portait un pull Fila en laine grattée. Comme on ne pouvait le nettoyer qu'à sec, il était impensable de l'utiliser pour des activités de plein air, mais cela fit germer une idée qui mena au polyester, au Synchilla et à toute une série de micropolaires.

Nous avons créé notre short Stand Up à partir d'un short anglais en velours côtelé à double fond. L'idée de nos célèbres Baggies vient tout simplement d'un short en nylon que j'avais repéré dans un grand magasin. Mais les modèles que nous fabriquons sont d'une qualité supérieure ; ils sont bien plus pratiques et plus solides que les modèles dont nous nous sommes inspirés, surtout parce qu'ils sont destinés à être portés pour des activités sportives.

Comme des cuisiniers créatifs, nous utilisons une idée de départ comme inspiration, comme si nous suivions une recette, puis nous fermons le livre pour fabriquer notre propre plat. Les influences pour créer nos meilleurs modèles sont un peu comme le mélange de plusieurs recettes des meilleurs chefs.

Est-ce une création globale ?

Vous ne savez pas réellement que vous fabriquez les meilleurs produits jusqu'à ce qu'ils soient vendus et utilisés dans le monde entier. Cela crée un vrai défi.

Imaginez deux entreprises, Tomates-en-Folie et Acmé Tomate. Les deux vendent des tomates dans le monde entier. Tomates-en-Folie fait pousser ses tomates dans d'immenses serres près de son siège. Ses produits sont calibrés et fermes, ils voyagent très bien et dès leur arrivée dans un port étranger, ils supportent aisément un mûrissement artificiel avec du gaz éthylène, juste avant de se retrouver dans l'assiette du consommateur. Cette entreprise est très compétitive sur les prix dans le monde entier, car elle utilise une technologie de pointe, des graines hybrides, des produits chimiques, des comptables qui travaillent à réduire les coûts. En plus, elle perçoit d'énormes subventions de différents ministères.

A contrario, Acmé préfère cultiver ses tomates dans les pays où elles seront vendues : tomates rondes pour le marché italien des pâtes et tomates grappe, juteuses et mûres à souhait pour le délicat palais des Français.

Pour moi, Tomates-en-Folie est tout simplement une société qui fait des affaires à l'international. Acmé, par contre, est une société globale parce qu'elle connaît l'importance d'adapter ses produits à chaque marché.

Patagonia est une société californienne. Notre culture d'entreprise, notre style de vie et notre sens créatif sont purement californiens. C'est une force dans un certain sens, parce que la Californie offre une immense diversité linguistique, raciale et culturelle. Où ailleurs qu'ici trouveriez-vous des enchiladas sichuanaises ?

Mais je ne pourrai pas affirmer que Patagonia est une entreprise globale jusqu'à ce que nous sachions penser, concevoir et produire au-delà des limites qui sont les nôtres aujourd'hui. Lorsque nous deviendrons une entreprise globale, pas uniquement en traitant des affaires au niveau international mais en adaptant nos produits, leurs tailles et leurs couleurs aux marchés locaux en fonction de leurs besoins, nous serons alors capables de nous décentraliser pour produire plus régionalement. Le plus important dans le fait de penser et d'agir globalement est l'ouverture d'esprit qui amène une infinie possibilité d'idées nouvelles dont certaines seront applicables à notre marché intérieur.

L'endroit le plus branché du moment, pour la mode du surf, est l'Australie. Pendant de nombreuses années, je suis allé chercher l'inspiration au Japon pour toute sorte de choses. Les Japonais importent ce qu'il y a de meilleur dans la culture occidentale. Les meilleurs blues, la mode italienne et les vins français se trouvent tous à Tokyo.

Est-il facile à entretenir et à nettoyer ?

Lorsque nous avons étudié les impacts environnementaux d'un vêtement pendant toute sa durée de vie (conception du tissu, teinture, fabrication, distribution, entretien par le consommateur et poubelle), nous avons été surpris de nous rendre compte que les plus grandes sources de pollution étaient le transport et le nettoyage ; particulièrement pour l'entretien des vêtements après leur achat, dont l'impact sur l'environnement est quatre fois supérieur à tout le processus de fabrication.

En même temps, entretenir ce que l'on a acheté est une véritable corvée et rien que pour cette raison, le peu d'entretien devient un critère de qualité élevé. Chez Patagonia, il n'y en a aucun qui aime repasser ou se prendre la tête avec des visites chez le teinturier et nous partons du principe qu'il en est de même pour nos clients. Nous devrions pouvoir laver nos vêtements de voyage dans un évier ou dans une casserole, les faire sécher sur un étendage à l'intérieur d'un refuge et avoir pourtant l'air convenable en reprenant l'avion pour rentrer à la maison. Mais les préoccupations environnementales priment sur le reste. Repasser est une utilisation vaine de l'électricité, laver à l'eau chaude gaspille de l'énergie et le nettoyage à sec nécessite des produits toxiques. Le séchage en machine, plus encore que de porter le vêtement, réduit la durée de vie des tissus – regardez donc le tas de « bouloches » dans votre filtre !

La manière la plus responsable pour un consommateur et un bon citoyen de se procurer des vêtements serait de les acheter d'occasion. De toute façon, il faut éviter d'acquérir des vêtements qui se nettoient à sec et se repassent. Lavez-les à l'eau froide. Séchez-les sur un étendage si possible. Portez votre chemise plus d'une seule journée avant de la laver. Et pour vos vêtements de voyage, pensez à des matières qui sèchent plus rapidement que le coton.

A-t-il une valeur ajoutée ?

Une étude menée à l'université du Montana montre que seuls 10 à 15 % de l'argent dépensé par les Américains en biens et services sont nécessaires à leur survie. On n'a pas besoin de manger du filet mignon pour être en bonne santé, on n'a pas besoin de vivre dans une maison de 400 m^2 pour être à l'abri ; nul besoin non plus d'un short de surf à 50 dollars pour aller à l'eau. Les gens dépensent les 85 ou 90 % restants pour avoir de la meilleure qualité. Ils ne rechignent pas à payer plus, pour la valeur ajoutée de 500 g de filet mignon plutôt que pour 500 g de viande hachée, même si les deux remplissent les mêmes besoins nutritionnels.

À la différence de ceux qui promettent la lune dans la guerre du coca, nous apportons une réelle valeur ajoutée à nos produits. Nous réalisons des vêtements solides, de bonne facture, qui sont adaptés aux activités d'extérieur. Ce que nous concevons et fabriquons est le meilleur du genre et tout ce qui n'est pas à la hauteur retourne sur la table à dessin. D'ailleurs, nous définissons rigoureusement, au lieu d'imposer arbitrairement, ce qui détermine qu'un produit est le meilleur dans son genre. La longévité et un faible impact sur l'environnement figurent sur notre liste ; l'éphémère de la mode et l'illusion du luxe n'y sont pas.

Nous nous sommes de plus engagés à traiter nos clients avec respect. Les services aux clients par téléphone sont devenus aujourd'hui assez terribles – cela est dû aux quotas de temps imposés à passer avec chaque client, au temps d'attente intentionnellement long et à l'indifférence des équipes managériales – et il serait déjà facile d'y briller sans trop d'efforts rien qu'en ne délocalisant pas ces services à New Delhi. Nous avons pourtant décidé de franchir une étape supplémentaire.

Nous avons mis en place une « garantie absolue » et nous nous y tenons – même si cela nous entraîne quelquefois assez loin. Ainsi, un jour, une cliente nous a renvoyé un pantalon vraiment usé, espérant que nous pourrions le réparer. Il n'était pas réparable et nous avons commis l'erreur de le jeter. La cliente était très mécontente et voulait absolument récupérer son vieux pantalon préféré, en dépit de son état. Nous lui avons proposé de le lui remplacer (par un nouveau, mieux coupé) sans coût supplémentaire, mais elle voulait le même, de la même couleur que celui qu'elle nous avait envoyé. D'accord ! Nous avons donc exhumé de nos archives le patron initial puis avons réussi à mettre la main sur un morceau du même tissu, dans la même couleur. Peu de temps après, notre cliente avait retrouvé son vieux pantalon mais il était flambant neuf.

Toutes les opérations de notre service clients ne nous coûtent pas aussi cher et ne nous demandent pas autant d'engagement, mais nous savons que chaque effort envers un client en vaut vraiment la peine. Saison après saison, nous constatons que le taux de renouvellement des commandes par catalogue, de la part de nos clients, dépasse de loin toutes les statistiques de l'industrie de vente par correspondance. En réalité, nous sommes hors classement.

Tout comme ce pantalon que notre cliente ne voulait pas voir disparaître, la valeur de nos produits semble souvent augmenter avec le temps. À Tokyo, il existe des magasins qui ne revendent que des produits vintage Patagonia.

IRONCLAD GUARANTEE

IRONCLAD GUARANTEE

Tous nos produits sont garantis. si vous n'êtes pas satisfaits au moment de la réception ou si l'un de nos produits ne vous donne pas entière satisfaction, rapportez-le au magasin où vous l'avez acheté ou téléphonez à l'un de nos 4 magasins européens pour toute réparation, remplacement ou remboursement. Nous vous offrons de réparer tout dommage dû à l'usure pour une somme modique.

TOUS NOS PRODUITS SONT GARANTIS

Après avoir réussi l'ascension du Denali (Alaska), Rick Ridgeway et moi-même avions décidé de nous rendre à Homer (un pittoresque petit port où boire et pêcher est difficilement conciliable) pour célébrer l'événement en allant pêcher à pied des couteaux. Après la parution de cette photo dans notre catalogue, nous reçûmes un courrier de Robert Mondavi qui avait remarqué que le vin que nous étions en train de boire était le sien. Il aurait pu nous envoyer un courrier de protestation mais au lieu de cela, il nous remerciait et nous invitait à une visite privée de son vignoble.
Photo : Peter Hackett.

En 1998, j'étais à la fête d'ouverture de notre magasin dans le quartier de Shibuya, à Tokyo, où nous avions invité deux à trois cents de nos meilleurs clients qui dégustaient les sushis et les boissons de notre buffet. Soudain, le silence se fit dans la pièce, hormis les bruits de succion de bouche qui indiquent, au Japon, que les gens ressentent un choc ou du plaisir. Un jeune homme venait de faire une entrée remarquée : il portait une ancienne veste Patagonia. Tout le monde savait que c'était une polaire Borglite de 1979 et qu'il l'avait payée une fortune.

Le logo Patagonia est évocateur et possède une valeur marchande. Mais nous ne l'utilisons pas pour vendre un design de piètre qualité. Un produit doit pouvoir s'affranchir de son logo et exister pour ses qualités propres. Ce n'est pas pour le logo qu'on doit lui porter de l'intérêt. Il doit posséder une valeur intrinsèque. Un vêtement Patagonia doit être reconnaissable, même à distance, par la qualité de sa fabrication et de sa finition. Le maître zen dirait qu'un vrai produit Patagonia n'a pas besoin de logo.

Est-il authentique ?

Un jour, j'ai vu quelqu'un qui portait un sweatshirt avec le mot « authentique » inscrit sur la poitrine et rien d'autre. L'industrie de la mode a tellement perverti cette idée d'authenticité que le terme a été totalement vidé de son sens. Toutefois, nos clients s'attendent à ce que nous fabriquions de vrais produits. Comme une veste de chasse doit posséder une poche à gibier étanche dans le dos, un pantalon de travail doit être conçu pour de vrais charpentiers, de vrais couvreurs, de vrais maçons et si nous proposons un maillot de rugby, il doit servir à jouer au rugby.

En 1975, nous avons commis une erreur en sous-traitant nos maillots de rugby à un fabricant de vêtements de mode de Hong Kong. Nous avons commis une autre erreur avec ces mêmes maillots en 2002. Cette fois-ci, nous avions conçu des maillots tout à fait authentiques – dans un tissu lourd et résistant, avec boutons en caoutchouc et coutures renforcées – excepté que nous les avions fabriqués dans des coloris à rayures, à la mode. Il se sont mal vendus. Ce n'étaient pas les vraies couleurs des maillots de rugby. Finalement en 2005, nous avons réussi.

Est-ce de l'art ?

Répondre à une fonction bien déterminée ne doit cependant pas systématiquement être la raison première pour concevoir un vêtement, surtout dans la gamme sportswear. Nous ne sommes pas toujours obligés de nous prosterner aux pieds du dieu de la pure fonction. Créer des vêtements doit

ZEN

L'air froid de la vallée remonte le long des parois. C'est presque l'aube et j'ai progressé toute la nuit dans le Nose au El Capitan, concentré sur le rocher devant moi, à la lueur pâle de ma frontale. Soudain, je réalise toute la fatigue que je ressens et l'exposition dans laquelle je me trouve, seul et sans corde, ayant depuis longtemps dépassé le point de non-retour. Un vent de panique me parcourt l'échine. J'essaie de penser au sommet mais cette idée aussi est dangereuse. Une image flotte dans mon esprit. Je suis en train de suivre mon père, de bon matin, à travers champs dans le massif des White Mountains, dans le New Hampshire. Il avance tranquillement en direction de Moosebrook, son endroit de pêche favori. Je ne fais même pas la moitié de sa taille et l'herbe gelée me fouette presque jusqu'au torse.

Nous atteignons la rivière. Mon père sautille de rocher en rocher en direction du premier trou en aval puis se retourne pour jeter un regard dans ma direction. L'eau est glacée et les rochers sont recouverts de vase. J'ai peur de tomber. Alors, je me fraie péniblement un chemin à travers des fourrés de buissons épineux et des marais grouillant de mouches noires tandis que mon père m'appelle. Les insectes me repoussent sur le bord de la rivière dans laquelle j'entre timidement, essayant de le rattraper. Tendu et anxieux, je glisse et tombe à l'eau. Je hoquette pour reprendre mon souffle dans cette eau glacée, puis je me hisse sur un rocher où je hurle jusqu'à ce que mon père revienne me chercher. « Je déteste la pêche, je veux rentrer à la maison ! »

Mon père secoue la tête, ses yeux pétillent. « Dean, calme-toi. Il n'y a rien dont tu devrais avoir peur, ce n'est qu'un peu d'eau glacée. Essaie de te concentrer sur le prochain pas que tu dois faire. C'est tellement bon de courir sur ces rochers, avec le soleil qui se reflète à la surface de l'eau ; c'est le corps qui décide de là où il doit aller ! À la limite, on ne pense même plus. On ne fait que réagir à ce qui se passe devant soi. »

Il s'arrête de parler et repart vers l'aval. Tranquillement, nous nous frayons un passage dans les rochers, attrapant quelques truites arc-en-ciel et fario. La journée s'écoule rapidement et je me sens à nouveau en confiance. Très vite, je me mets à jouer et à courir dans les rapides, les yeux grands ouverts, les sens en alerte, ne sachant pas que je viens de recevoir ma première leçon zen.

Je sens l'air glisser sur mon corps. Je saisis l'instant. J'atteins la prochaine prise.

DEAN POTTER

Dean Potter, en solo
et en libre dans Astroman,
Colonne Washington,
Yosemite.
Photo : Eric Perlman.

être aussi un plaisir et quelquefois de l'art. La mode est éphémère tandis que l'art est intemporel. La mode, en réalité, se décline toujours au passé parce qu'elle répond à un événement du passé. Elle peut se recycler mais sera sûrement morte demain.

Lorsque je pense à l'habillement comme forme artistique, j'imagine un manteau de laine des Indiens navajo, porté par une femme de quatre-vingts ans. Sa chevelure blanche est maintenue en chignon. Elle pourrait être riche ; elle pourrait être pauvre. Elle aurait pu acheter ce manteau en 1940 ou il aurait pu, aussi, appartenir à sa mère. Ce manteau est authentique et classique, ce n'est pas la copie récente d'un ancien modèle. C'est une œuvre d'art. Elle pourrait donner ce manteau à sa petite-fille qui pourrait le porter pendant cinquante ans encore, sans être démodé. C'est un bien sans prix.

La différence entre la mode et l'art, c'est comme la différence entre une chemise hawaiienne de 1950 que vous avez achetée un dollar dans une brocante et un modèle pour lequel vous allez débourser plus de 3 000 dollars dans un magasin de chemises vintage. La première est trop colorée et possède un « style hawaiien » tandis que l'autre a des qualités esthétiques remarquables comme un col et une poche assortis, un imprimé artistique, le drapé et le toucher d'un bon tissu. L'une est de la camelote, l'autre de l'art. C'est comme la différence entre l'illustration et la peinture artistique. Un illustrateur devient un artiste lorsqu'il peut donner la même émotion avec moins d'effets de pinceau.

Cherchons-nous à rattraper la mode ?

À cause de notre engagement pour la qualité, nous avançons très lentement et sommes comme des tortues dans la course à la mode. Notre calendrier pour la conception et la réalisation d'un produit s'étend normalement sur dix-huit mois, un temps bien trop long pour prétendre devenir un concurrent sérieux pour n'importe quelle nouvelle lubie. Nous achetons rarement des tissus existants et encore moins des imprimés déjà prêts, c'est pourquoi nous devons travailler avec des artistes et des ateliers de stylisme pour produire nos originaux. Avec nos vêtements en coton biologique, il nous faut souvent commencer le processus avec la balle de coton brut. Puis, nous conduisons des tests de vérification à toutes les étapes de l'élaboration du produit, du laboratoire de tissu au terrain. Nous avons besoin de temps pour accomplir ce « travail préparatoire » que nous proposons ensuite, en prototype, au noyau dur de nos clients, à nos revendeurs et aux employés de nos magasins afin de savoir ce qui sera susceptible de se vendre ou ce qui n'aura pas à être fabriqué. Chaque fois que nous avons essayé de rattraper la mode, nous sommes arrivés avec six mois de retard – et nous avons vraiment eu l'air idiot.

Concevons-nous des produits pour le noyau dur de nos clients ?

À nos yeux, tous nos clients ne sont pas égaux. En fait, nous avons nos favoris qui constituent le « noyau dur » pour lequel nous concevons nos vêtements. Pour mieux comprendre cette image, il faut considérer nos clients comme s'ils formaient des cercles concentriques. Au centre, le noyau dur, se trouvent nos clients concernés. Ce sont ceux que nous appelons les *dirtbags* qui, souvent, ont même du mal à s'offrir nos vêtements. Quelques exemples vous aideront à comprendre.

Audrey Sutherland est une incroyable grand-mère hawaiienne. Elle a consacré sa vie à de longs voyages en solo en kayak pneumatique. Elle a parcouru, la plupart du temps seule, plus de treize mille kilomètres le long des côtes de l'Alaska et de la Colombie britannique. Elle a également effectué des milliers de kilomètres autour des îles grecques, en Écosse ou à Hawai. À propos de ses aventures en kayak, elle raconte : « Vous devenez comme une composante de la nature ; vous vous sentez rocher, buisson ou poisson. Vous faites partie intégrante de ce qui vous entoure. » Audrey donne également quelques conseils : « Ne dépensez pas d'argent dans votre matériel. Dépensez-le pour acheter vos billets d'avion. » À quatre-vingts ans, elle navigue toujours dans le Pacifique Nord.

Lorsque Dean Potter a gravi le Nose au El Capitan dans le Yosemite, en Californie, il n'a pas eu besoin de s'embarrasser d'une veste de pluie puisqu'il était de retour au camp de base pour le déjeuner. Cependant, comme testeur pour nos produits, il nous fait part de commentaires intéressants sur les vêtements qu'il utilise. Des gens comme Dean ou d'autres grimpeurs, surfeurs, kayakistes ou autres ambassadeurs et les centaines de professionnels qui font partie de notre programme pro – un programme qui permet de fournir des vêtements à des prix préférentiels à des athlètes au talent exceptionnel ou à des professionnels du plein air – font partie des meilleurs du monde dans leur spécialité. Ce sont des novateurs et, dans leur pratique sportive, ils accomplissent ce qu'il y a de plus avancé dans leur domaine.

Avons-nous bien fait notre boulot ?

Certains pensent que nous sommes une entreprise florissante parce que nous sommes prêts à prendre des risques ; je dirais pourtant que ce n'est que partiellement vrai. Ce qui n'est pas visible est le travail en amont. Il y a quelques années, nous sommes passés du jour au lendemain du polypropylène au Capilene, pour tous nos sous-vêtements. Nous avions développé ce nouveau tissu, nous l'avions testé en laboratoire ; nous avions également fabriqué des tee-shirts et des caleçons constitués pour une moitié en Capilene et pour l'autre moitié en polypropylène et les avions intensivement testés sur le terrain. Nous étions sûrs de notre marché et de notre démarche.

Chez Patagonia, nos concepteurs de produits se hasardent constamment dans l'inconnu ; mais nos recherches n'apportent pas de réponse à toutes les questions que nous nous posons et il faut quand même, à un moment donné, prendre une décision. Il y a quelque temps, nous avons pris le risque d'importer du Japon vingt mille paires de Reefwalkers – ce sont des tabis composés d'une semelle en feutre, qui permettent de se déplacer sur des rochers glissants – ils nous sont tous restés sur les bras. D'un autre côté, lorsque nous sommes passés du polypropylène au Capilene, ce fut avec succès. Rater ou réussir, l'esprit du design Patagonia encourage l'initiative individuelle. Prendre des

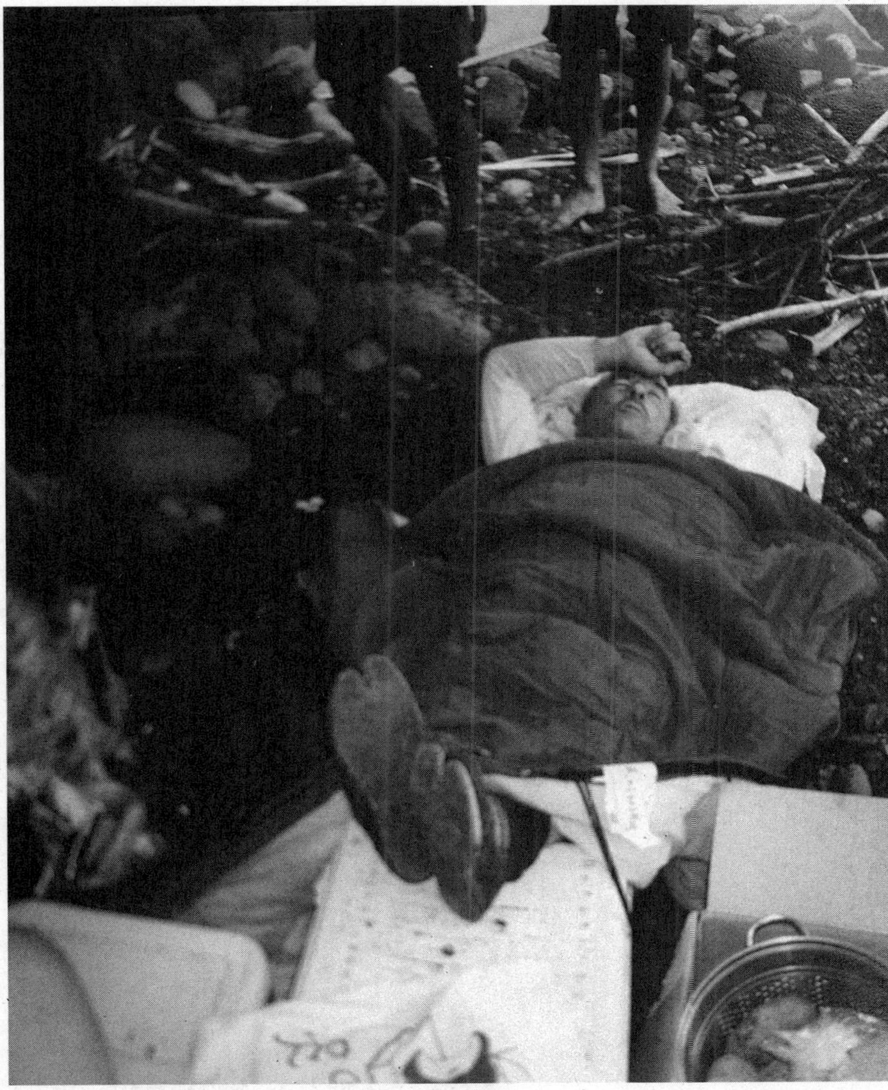

C'est à Hawai que j'ai vu pour la première fois des « chaussons de récifs » (les Reefwalkers) qui sont vendus dans les magasins de pêche. J'ai alors pensé qu'ils pourraient parfaitement s'adapter à toute sorte de sports d'eau. Étrangement, personne d'autre à Patagonia n'était vraiment convaincu par cette idée. Kris McDivitt écrivit avec un stylo indélébile sur l'une des poutres du bureau : « Mon patron m'a obligée à commander vingt mille paires de Reefwalkers » et me demanda de signer ! Des années plus tard, lors d'un voyage en kayak sur la côte nord de Molokai à Hawai, je fis une chute en faisant du bloc, me cassai un coude en trois morceaux et dus être secouru. Ce jour-là, je portais des Reefwalkers !
Photo : Rell Sunn.

Test-produit dans de « vraies » conditions, Écosse. Vers 1969.
Photo : Doug Tompkins.

risques, que ce soit pour gravir une montagne, s'endetter pour réaliser un rêve ou concevoir un produit qui surprend, fait partie des valeurs de la culture Patagonia en général et de l'esprit du design en particulier. Les tendances du marché sont moins importantes pour nous qu'une forte intuition.

Même si, chez Patagonia, nous encourageons les avant-gardistes et ceux qui prennent des risques, nous n'avons aucune envie de devenir des martyrs. On peut considérer les martyrs comme des victimes ou comme des gens bien trop en avance sur leur temps. Le problème, avec la prise de risque, c'est qu'elle est évidemment risquée ! Les Reefwalkers ne furent pas une réussite financière mais le Capilene le fut. Nous pouvons minimiser les risques en menant des recherches approfondies et surtout en faisant le plus de tests possible. Les tests font partie intégrante du processus de la conception d'un produit et ils doivent être pratiqués à chaque étape de cette réalisation. Cela implique aussi de pouvoir évaluer les produits de nos concurrents, de réaliser des sondages ad hoc, de tester nos tissus, de « vivre » avec un nouveau produit pour mesurer son potentiel, de contrôler les échantillons de production pour vérifier qu'ils remplissent bien la fonction déterminée et savoir s'ils sont suffisamment solides, enfin de réaliser des tests marketing afin d'apprécier si les gens sont susceptibles d'être intéressés par un produit.

Est-ce le moment opportun ?

Si tout le monde pense que c'est une bonne idée,
il est trop tard.

PAUL HAWKEN

Le commerce est une course qui permet de déterminer qui sera le premier à proposer un certain produit aux consommateurs. Les inventions et les idées naissent souvent simultanément dans le monde entier, chez des gens qui n'ont aucune relation les uns avec les autres. C'est presque comme si chaque idée devait arriver à une époque déterminée.

En 1971, Chouinard Equipment a introduit les modèles Hexentric dans sa gamme de coinceurs. Ce fut un énorme investissement pour nous, en matrices et en usinage, car ces coinceurs étaient proposés en dix tailles. Quelques mois après la mise sur le marché, un de nos amis, Mike Sherrick, nous suggéra une manière de les adapter pour qu'ils soient plus polyvalents. Dans les deux semaines qui suivirent, un grimpeur de Norvège nous écrivit pour nous soumettre la même idée. Nous avons alors mis tout notre outillage au rebut puis avons investi dans de nouvelles matrices et, en 1972, nous sortions les nouveaux poly-Hexcentrics. Ironie du sort, dans le même mois, un concurrent sortait une copie exacte de nos anciens coinceurs Hexcentric, déjà obsolètes.

En 1980, la durée moyenne d'un bien de consommation durable était de trois ans. Aujourd'hui, elle n'excède pas trois mois voire moins.

Nous n'avons plus le temps pour l'usinage. On fabrique une maquette que l'on introduit dans une fraiseuse ou un tour contrôlé par ordinateur et l'on peut fabriquer des éléments de machine en quelques heures et non plus en quelques mois voire des années. Être le premier offre des avantages commerciaux non négligeables dont l'un, qui n'est pas des moindres, est de ne pas encore avoir de concurrent.

Arriver en deuxième position, même avec un meilleur produit moins cher, ne remplace jamais le fait d'arriver tout bonnement le premier sur le marché. Cela ne signifie pas que nous devons courir après les tendances ou les produits, mais que nous devons toujours nous attacher à rechercher de nouveaux tissus ou de nouveaux procédés de fabrication. Encore une fois, le mot clé est *découvrir* et non pas *inventer*. Il n'y a vraiment plus de temps pour l'invention.

Entretenir un sentiment d'urgence à tous les échelons d'une entreprise est l'un des défis les plus difficiles dans ce milieu. Le problème est encore plus compliqué lorsque l'on dépend de fournisseurs extérieurs qui n'ont peut-être pas la même perception des choses. J'entends continuellement les gens donner des excuses fallacieuses sur le fait qu'une chose est impossible à réaliser ou pour un travail qui n'est pas fait à temps. Voici quelques exemples :

« *J'aimerais vous aider, mais…* » Combien de fois entendons-nous cela de personnes qui ne sont pas sincères et qui trouvent ce prétexte simplement par paresse ?

« J'aimerais bien changer votre riz contre des pommes de terre, mais la cuisine ne peut pas. » Ou encore : « J'aimerais le faire, mais notre police d'assurance ne l'autorise pas. » Pourquoi ne pas passer outre ? Changez d'assurance ou, tout simplement passez-vous-en !

« On en peut plus avoir ce tissu (ou aluminium ou peu importe)… » Substituez-lui une autre matière ; essayez une autre filature ou même cinquante autres. Essayez les filatures d'autres pays, appelez un concurrent et demandez-lui où il trouve son tissu, lui !

« J'ai appelé jusqu'à épuisement mais je n'arrive pas à les avoir. » Combien de fois avez-vous réellement essayé d'appeler ? Trois ou quatre fois ? Appelez vingt fois. Envoyez un télégramme, une lettre recommandée ou appelez chez la personne à cinq heures du matin et réveillez-la.

« Mon ordinateur a planté. » Au moins, il y a cinquante ans, les gens n'avaient pas ce genre d'excuse. Les ordinateurs ne plantent pas, les gens se plantent. *« Tout le système informatique est en panne. »* Cela est certainement vrai, mais peut-être que vous auriez pu réaliser le travail avec une machine à écrire ou un stylo-bille tout bête.

« Je n'ai pas eu le temps » ou *« j'ai été trop occupé »* pour répondre à votre lettre, vous rappeler, écrire le rapport hebdomadaire, nettoyer mon bureau. C'est une excuse malhonnête. Ce que la personne veut vraiment dire, c'est que le travail n'a pas été fait parce que ce n'est pas sa priorité ou qu'elle ne vous rappellera pas parce qu'elle n'en a pas envie. Les gens ont leur libre arbitre.

Enfin, *« impossible »*. La plus fallacieuse de toutes les excuses ! Difficile peut-être, irréalisable ou trop cher, mais rarement impossible.

Pour rester en tête de la compétition et concevoir des produits techniques, nos idées doivent être au plus près de la source – la source étant notre noyau dur, nos fameux *dirtbags*. Ce sont eux qui utilisent nos produits et qui savent ce qui fonctionne ou pas et ce dont ils ont besoin.

Au contraire, les représentants, les propriétaires de magasins, les vendeurs et les gens qui fonctionnent en groupe ne sont généralement pas visionnaires. Ils peuvent rapporter ce qui se passe au moment présent : ce qui se fait dans la mode, ce que les concurrents mettent sur le marché et ce qui se vend. Ce sont de bonnes sources d'information si vous participez à « la guerre du coca », mais ces informations sont déjà trop anciennes pour des produits qui se veulent « à la pointe ».

Est-il fabriqué avec le moindre impact environnemental ?

La qualité de nos vêtements est d'abord de la responsabilité des concepteurs. Pareillement, la deuxième partie de notre charte de conduite : « Fabriquer le meilleur produit avec le moindre impact environnemental », est largement du ressort des designers et des directeurs de production.

L'évaluation en continu de l'impact environnemental de nos matériaux et de nos processus de fabrication nous donne des informations sur les effets réels que génère notre entreprise. Souvent, ces informations nous poussent à nous poser certaines questions mais quelquefois, nous sommes tiraillés entre l'idée de « la meilleure qualité » et celle du « moindre impact environnemental ». Par exemple, la qualité de notre catalogue en a pris un coup lorsqu'en 1990, nous avons décidé de l'imprimer sur du papier recyclé. Mais le catalogue suivant fut bien meilleur et maintenant, le papier recyclé que nous utilisons est parfaitement adéquat.

Bien sûr, nous ne fabriquerons plus jamais de vêtements avec du coton industriel. Nous essaierons toujours de ne pas utiliser de teintures toxiques, de recycler les matières et de ne travailler qu'avec des entreprises responsables. Pourtant, nous ne sommes jamais pleinement satisfaits de nos avancées. Faire pousser du coton, même biologique, n'est toujours pas la manière la plus fructueuse de gérer une exploitation agricole. Recycler certains de nos déchets et fabriquer des vestes Synchilla à partir de bouteilles de soda recyclées n'est pas suffisant.

Nous devons assumer la responsabilité pour les produits que nous fabriquons, de leur naissance à leur fin de vie et, après cette fin, à leur renaissance ; ce que l'architecte, designer et auteur, Bill Mc Donough appelle « du berceau au berceau ». Cela signifie fabriquer un pantalon à partir d'un polyester ou d'un nylon polymère 6 recyclable à l'infini : quand il est trop usé pour être porté, on peut le transformer en résine et refaire un pantalon à partir de cette même matière et ainsi de suite.

Si à l'avenir, nos clients doivent nous renvoyer leur pantalon usagé pour le recycler, l'entrepreneur intelligent se dira alors qu'il vaut mieux s'attacher à fabriquer des pantalons qui durent le plus longtemps possible pour éviter de les voir revenir trop vite !

Finalement, le meilleur moyen de limiter notre impact sur l'environnement est de faire des produits de la meilleure qualité possible. Des produits durables, fonctionnels, beaux et simples.

Pas d'OMG ou de graines brevetées ici !
Un villageois sépare les graines du chaume
pour la prochaine plantation.
Province du Shanxi, Chine.
Photo : Jill Vlahos.

COMMENT FAIRE POUSSER UNE ROBE

Nous conduisons depuis plusieurs heures sur les routes en lacet des montagnes de la province du Shanxi, en Chine. Je suis ici pour visiter les champs où est cultivé notre chanvre. La culture du chanvre est assez complexe et difficile à comprendre pour quelqu'un qui ne l'a jamais vue.

Au bout de cette longue route isolée, je m'attends à ne rencontrer qu'un seul paysan dans son champ. Quelle n'est pas ma surprise de trouver un village entier qui grouille de vie. La plupart des champs ont déjà été moissonnés il y a trois semaines sauf un petit, qui a été gardé intact pour ma visite. Cette année, la sécheresse a sévi dans cette région isolée de Chine et la taille des plantes s'en ressent. Le chanvre cultivé ici n'est arrosé que par la pluie. Il n'y a pas d'irrigation et l'on n'utilise pas de produits chimiques ainsi que cela a toujours été. On fertilise la terre à l'aide des poules et des vaches qui déambulent librement dans les champs. Ces paysans n'ont pas besoin d'herbicides ni d'insecticides.

La plupart des villageois s'activent à préparer les plantes pour les envoyer à la filature qui fabrique notre tissu. Des bottes de chanvre sèchent encore dans les champs. On sépare les graines du chaume que l'on transporte à la rivière et que l'on plonge ensuite dans l'eau pour le rouissage (processus qui consiste à faire décoller la fibre de la pulpe ligneuse). J'observe un vieil homme qui, manifestement, accomplit ces gestes depuis de nombreuses saisons. Il choisit avec soin un endroit dans la rivière où l'eau pourra glisser facilement sur du chaume, mais pas trop profond, afin de pouvoir au moment voulu le retrouver sans problème. La rivière est basse cette année et il lui faut du temps pour déterminer l'emplacement idéal. Plus tard, lorsque le rouissage sera terminé, les fibres les plus solides seront séparées du chaume et expédiées à la filature.

Je suis ébahie de voir tout un village occupé à donner le jour à la robe que je porte aujourd'hui – à partir d'une seule graine.

JILL VLAHOS

PHILOSOPHIE DE LA PRODUCTION

Pendant des siècles, en Irlande,
les femmes ont tricoté les pulls
de leur mari pêcheur.
La laine, épaisse et torsadée,
était travaillée pour résister
aux rigueurs de la mer.
Chaque femme utilisait
un motif reconnaissable et spécifique
à la famille, qui servait
aussi bien à manifester l'amour
et la fierté, que pour identifier
l'homme s'il venait à périr en mer
et que l'on retrouve son corps échoué sur la côte.

AUTEUR INCONNU

Il est évident que Patagonia peut fabriquer bien plus de pulls qu'une seule personne qui tricote à la lumière d'une lampe, dans une chaumière installée sur une falaise surplombant la mer. Pourtant, cette personne possède un gros avantage sur nous : une paire d'yeux et de mains qui lui permet de déterminer la qualité de son chandail. Le défi, pour Patagonia ou toute autre entreprise sérieuse qui désire élaborer la meilleure qualité possible, est de recréer à l'échelle industrielle le dévouement d'une personne qui tricote à la main et qui ne perd jamais de vue les critères de qualité du produit final – une tâche répartie aujourd'hui sur plusieurs continents et dans une demi-douzaine d'entreprises différentes.

Si vous voulez que chaque vêtement soit le meilleur de sa catégorie, vous ne pouvez accepter les offres des sous-traitants les moins chers et espérer obtenir un produit qui semble même se rapprocher du modèle initial. Lorsqu'un article porte votre nom ou votre logo – qui est, en quelque sorte, la signature spécifique et reconnaissable de votre marque – vous devez travailler en étroite collaboration avec vos fournisseurs et vos sous-traitants afin de reproduire parfaitement le modèle.

Il existe à mon sens six principes fondamentaux à mettre en œuvre pour permettre une exécution fidèle de nos projets.

Impliquer le concepteur dans la production

À l'époque où j'avais encore mon atelier pour forger mon propre matériel d'escalade, je travaillais avec un sous-traitant de Burbank, à Los Angeles, Harold Leffler, afin de réaliser une partie de mon outillage et de ma production. Leffler avait une expérience de plus de cinquante ans comme dessinateur industriel et fabricant d'outillage et de machines-outils. Le Génie était le surnom qui avait supplanté son prénom ! Il ne dirigeait qu'une petite fabrique mais sa réputation était telle que même les compagnies d'aviation de tout le pays lui demandaient de participer à certains de leurs projets.

Harold avait l'habitude de plaisanter sur les idées que lui soumettaient les ingénieurs. Souvent trop complexes, il en aurait coûté, pour les produire, dix ou vingt fois plus que ce qu'il était nécessaire et parfois, elles étaient tout simplement impossible à mettre en œuvre. Comme je n'avais aucune expérience en ingénierie, lorsque j'avais besoin d'un mousqueton ou d'une broche à glace, je lui proposais une ébauche – sur papier ou sculptée dans le bois – ou je lui exposais tout simplement l'idée qui me trottait dans la tête et nous travaillions ensemble pour concevoir quelque chose de réalisable. Même après que Tom Frost, ingénieur et dessinateur industriel talentueux, fut devenu mon partenaire, nous continuâmes à demander l'avis d'Harold Leffler à tous les stades de réalisation d'une nouvelle pièce.

Ma relation avec Leffler m'a appris combien il est important pour un concepteur de travailler dès le départ avec son fabricant. Ceci s'applique à tout. La construction d'une maison est bien plus simple et coûte moins cher lorsque l'architecte et l'entrepreneur se concertent sur les plans afin de résoudre les problèmes bien avant que les premiers camions ne viennent livrer le ciment pour bâtir les fondations. Tout comme une veste de pluie est de bien meilleure qualité lorsque le fournisseur comprend dès le début la fonction du produit, que de même, le designer comprend quelle sera la procédure de fabrication et qu'au final, chaque personne se sent concernée pour travailler en équipe jusqu'à la réalisation complète du produit.

Michael Kami fait référence à ce travail d'équipe comme « approche concordante », à l'opposé d'une chaîne industrielle où la responsabilité pour chaque partie du processus est échelonnée d'une étape à l'autre. Une approche concordante permet de réunir tous les intervenants dès le début du projet. Comme

Harold Leffler, surnommé « le Génie ». Vers 1970.
Photo : Tom Frost.

Kami le fait remarquer, 10 % des coûts d'un produit sont dépensés pendant la phase de conception mais les 90 % restants sont irrémédiablement engagés dès le début de la production. Le suivi de fabrication est une étape tout aussi critique. Les constructeurs de maisons sont bien connus pour effectuer des changements intempestifs pendant un chantier, surtout quand ils ne connaissent pas les intentions réelles de l'architecte ; une usine de confection peut aussi compromettre les performances d'une veste de pluie en altérant la réalisation d'une couture par certaines habitudes ou pratiques de travail.

Engager des relations à long terme avec les fournisseurs et les fabricants

Patagonia n'a jamais possédé de filatures ou d'usines de confection. Pour fabriquer une veste de ski, par exemple, nous achetons le tissu à une filature et les pièces comme les fermetures éclair et les parementures à d'autres fournisseurs, puis nous sous-traitons l'assemblage du vêtement. Travailler efficacement dans une même logique avec tant d'entreprises différentes, sans faire de compromis sur la qualité, requiert un engagement commun bien plus important qu'une simple relation d'affaires. Ce genre d'engagement demande persévérance et confiance, ce qui signifie du temps et de l'énergie.

Par conséquence, nous essayons de réaliser des affaires avec aussi peu de fournisseurs et sous-traitants que possible. Le côté négatif, c'est que nous prenons le risque de devenir extrêmement dépendants des performances d'une autre entreprise. Pourtant, c'est exactement ce que nous recherchons, dans la mesure où ces entreprises sont également dépendantes de nous. Nos réussites mutuelles sont liées. Nous devenons comme des amis, une famille, des partenaires réciproquement attentifs à nos affaires ; ce qui est bon pour eux l'est aussi pour nous.

Bien entendu, il faut accomplir ce genre de partenariat avec précaution. La première chose que nous recherchons chez un fournisseur ou un fabricant est la qualité de son travail. Si leur niveau d'exigence n'est pas suffisamment élevé, nous ne nous faisons pas d'illusions en espérant qu'il fera mieux pour nous, quelle que soit l'attractivité des prix. Cela n'a aucun sens qu'un sous-traitant puisse fabriquer des shorts pour un grand distributeur comme Costco un jour et pour Patagonia un autre jour. Les sous-traitants qui travaillent à bas prix n'engagent pas des opérateurs avec les compétences requises et n'apprécient pas notre regard critique sur les conditions de travail ou le respect de l'environnement.

Par ailleurs, les fournisseurs et les manufacturiers qui produisent de la qualité trouvent que nous sommes des partenaires intéressants. Ils savent que nous reconnaîtrons l'excellence de leur travail, les compétences de leurs employés et les bonnes conditions de travail et que nous paierons le juste prix. Ils savent aussi, à cause de notre réputation, que nous ferons de notre mieux pour établir des relations sur le long terme, que nous nous engagerons sur nos achats de tissu et que nous garderons un même rythme de travail sur les chaînes de production.

Lorsque nous trouvons la relation adéquate avec un fournisseur ou un fabricant, la communication doit s'effectuer aussi étroitement qu'entre deux départements au sein de notre propre entreprise. Notre service de production est en charge de faire appliquer les principes Patagonia et la fonction de chaque article doit être communiquée et comprise par la filature comme à la « couture ». Les directeurs de fabrication doivent devenir les représentants de Patagonia, dans tous les sens du terme, afin de transmettre clairement notre niveau d'exigence de qualité, nos préoccupations en matière sociale et environnementale, notre éthique des affaires et même notre image comme entreprise de plein air.

Je pense à Patagonia comme à un écosystème, avec ses vendeurs et ses clients qui en sont une composante. Un problème rencontré n'importe où dans le système et c'est l'ensemble qui est affecté, ce qui donne à chacun une responsabilité particulière sur la santé de tout l'organisme. Cela signifie aussi que chacun, en bas ou en haut de l'échelle, dans l'entreprise ou à l'extérieur, peut contribuer de manière significative à la santé de l'entreprise, à l'intégrité et à la valeur de nos produits.

La qualité plus importante que les délais de livraison et les bas prix

Chaque service de fabrication d'une entreprise est mandaté pour livrer un produit de qualité, dans un délai et à un prix raisonnables. Bien que ce soit du ressort de l'équipe managériale de traiter ces objectifs comme complémentaires et non comme contradictoires, que fait une entreprise lorsqu'il faut faire un choix ?

Pour Patagonia, la qualité est le principe qui prime, point barre. Une entreprise qui serait davantage focalisée sur son chiffre d'affaires pourrait sacrifier un certain degré de qualité pour arriver à effectuer les livraisons dans les délais impartis, un grand distributeur pourrait sacrifier la qualité et les délais de livraison pour avoir le plus bas prix. Mais si vous vous êtes engagé à fabriquer les meilleurs produits du marché, vous ne pouvez tolérer qu'un tissu décolore sur vos étagères, que des fermetures éclair rendent l'âme ou bien encore que des boutons lâchent.

Évidemment, si vous choisissez la qualité au détriment des délais de livraison et sans essayer de payer un prix raisonnable, il n'est pas question de s'autocongratuler : vous vous êtes planté. Il faut donc toujours s'évertuer à réunir ces trois conditions, sachant que la qualité est la donnée qui prévaut.

Mettre le paquet mais faire le boulot en amont

En 1968, au cours d'un voyage en voiture pour rejoindre la Patagonie, nous nous arrêtâmes en Colombie, près d'une rivière, afin de nous rafraîchir. Je fus le premier à plonger depuis un pont dans une eau couleur café – et me tapai la tête sur une bande de sable à moins de trente centimètres sous l'eau. Je sentis comme une fêlure et me retrouvai paralysé, incapable de respirer pendant un moment, jusqu'à ce que je reprenne enfin conscience. Il s'avéra que je m'étais fracturé le cou par compression. C'était là un comportement idiot et risqué. Bien sûr, il aurait été possible de plonger en toute sécurité depuis un promontoire élevé, en allant d'abord sonder la profondeur de l'eau à l'endroit où l'on voulait sauter.

Laissez-moi vous exposer un scénario hypothétique. Jane Smith, qui est directrice de production pour la ligne sportswear décide, par exemple, que nous devons saisir l'opportunité de gagner un dollar sur le coût unitaire de notre short Baggies sans altérer sa qualité. Le service de production prend donc la responsabilité de retirer la fabrication à l'usine avec laquelle nous travaillons depuis des années pour les faire fabriquer dans une nouvelle usine au Panama. C'est vraiment prendre de grands risques de produire 154 000 shorts Baggies dans une usine avec laquelle nous n'avons jamais travaillé auparavant. En vérité, c'est vraiment stupide, à moins d'effectuer un travail en amont. C'est pourquoi nous envoyons des émissaires pour contrôler cette usine, les compétences des opérateurs et voir comment ils sont traités, vérifier la fiabilité de son équipe de direction, constater si elle possède les machines adéquates et s'assurer enfin qu'elle comprend notre niveau d'exigence. Puis, nous mandatons notre propre contrôleur dans l'usine pendant la durée entière de la production. Dans ces conditions, diriez-vous que les chances d'économiser 150 000 dollars sur un produit ne valent pas les risques encourus ? Je répondrais que si. Encore une fois, comme dans l'approche zen du tir à l'arc, il faut identifier les objectifs puis les oublier pour ne se concentrer que sur le processus.

Mesurer deux fois, couper une fois

Observons de près ce qui peut se passer lorsqu'un bouton d'un de nos vêtements lâche et les conséquences éventuelles selon la personne devant qui cela arrive. Par exemple, le bouton reste dans la main du client au moment où il sort son pantalon de la machine à laver. C'est un fiasco pour l'entreprise tout entière et l'ensemble de ses partenaires. Le client que vous aviez réussi à convaincre ne vous croira plus jamais vraiment quand vous prétendrez faire de la qualité.

Vous avez plutôt intérêt à ce que soit votre contrôleur de qualité qui s'aperçoive du problème pendant la vérification d'un lot, à l'arrivée des marchandises du port. On effectuera alors d'autres contrôles et tous les pantalons dont les boutons lâchent seront retirés des emballages et expédiés à l'atelier de couture, où tous les boutons seront recousus correctement, puis ils seront stockés avant d'être réemballés. C'est une situation un peu meilleure que la précédente, mais elle coûte cher et ne permet pas de respecter les délais de livraison.

Mieux encore, pour éviter dès le départ tout problème avec ce bouton, il suffit d'être vigilant sur place et de passer un accord avec le sous-traitant pour que tous les opérateurs passent le fil deux fois dans la couture afin de le fixer parfaitement, parce que les machines sur lesquelles ils travaillent ne nouent pas automatiquement les points. La chaîne ira un peu plus lentement mais c'est un moindre mal.

Mais la meilleure solution, et de loin, est d'anticiper ce problème durant des essais de production. À ce stade, vous avez encore le choix. Vous pouvez décider, par exemple, d'acquérir cinq anciennes machines à point noué pour votre sous-traitant, qu'il vous remboursera petit à petit sur chaque unité. C'est exactement ce que nous avons finalement décidé de faire en 1991, bien que nous ayons souffert en passant par les autres étapes auparavant. Cela nous a montré que prendre les mesures nécessaires dans la gestion d'une production initiale coûte beaucoup moins cher que d'avoir à faire face aux problèmes une fois la production lancée. Lorsque vous vous êtes engagé à fabriquer les meilleurs produits, il faudra de toute façon prendre la décision à un moment ou à un autre. Autant qu'elle soit prise au départ.

Ainsi que le montre cet exemple, si vous voulez que tout se passe bien dès le début, il ne suffit pas d'avoir un cahier des charges très détaillé, il faut devenir un partenaire à part entière. Il faut s'assurer que fournisseurs et fabricants possèdent tous les outils et les connaissances nécessaires pour faire le travail au niveau d'exigence que vous requérez. Atteindre ce niveau n'est pas un problème dès l'instant où vous et vos partenaires avez pris les mêmes engagements de qualité.

Il est évident que nous consacrons énormément d'efforts à sélectionner des usines qui entretiennent des relations saines avec leurs salariés. Nous vérifions la manière dont nos éventuels partenaires traitent leur personnel, nous interrogeons les ouvriers pour savoir ce qu'ils pensent de leur usine et effectuons des enquêtes afin de vérifier si l'usine est irréprochable en matière d'emploi. Quelquefois, pourtant, cela n'est pas suffisant. Il arrive qu'une usine réunisse un certain nombre de critères positifs mais qu'il lui en manque d'autres que nous considérons comme légitimes, soit parce qu'ils lui sont étrangers, soit parce que tel avantage social pour le salarié ou tel outil de management, lui est nouveau ou inconnu. Il est bien sûr essentiel d'engager un partenariat avec des usines qui répondent ou essaient de répondre à nos exigences de respect du travail, mais nous avons conscience que certaines ont besoin de notre aide. En tant qu'acheteur, nous pouvons avoir une certaine influence, surtout sur un partenaire de longue date, avec lequel nous avons investi beaucoup de temps et d'énergie pour produire un travail de qualité ou développé une certaine technologie de production. Nous devons user de ce poids et de ces relations pour améliorer les conditions de travail des salariés tout comme la qualité des produits. En agissant ainsi, nous faisons du bien à tout « l'écosystème » ; c'est bon pour les salariés, c'est bon pour les usines et c'est bon pour nous. C'est un processus de développement qui doit sans cesse évoluer. Les choses que nous avons l'habitude de réaliser, comme la présélection de nouvelles usines, peuvent nous amener sur d'autres chemins, par exemple, organiser des formations pour les directeurs des ressources humaines de ces usines afin qu'ils acquièrent les mêmes compétences que celles de nos propres équipes.

En tant que membres d'une association qui milite pour promouvoir le travail équitable, nous avons l'occasion de dialoguer avec d'autres entreprises sur les différentes manières de travailler. Nous demandons également à nos usines – et à leur personnel – de nous informer de ce dont elles ont le plus besoin. Plus important encore, nous essayons d'enseigner à tous ceux avec qui nous travaillons notre manière de penser ; que toute la chaîne de fournisseurs et de sous-traitants fonctionne dans un système d'interconnexion.

Emprunter des idées à d'autres disciplines

Parce que le monde est en perpétuelle évolution, nous ne pouvons jamais être certains que la façon dont nous avons accompli les choses par le passé sera adéquate dans le futur. Il faut constamment expertiser les idées actuelles afin d'améliorer les systèmes opérationnels – de la gestion des matériaux (processus *materials resources plan*-MRP) à la méthode du juste-à-temps, du réapprovisionnement rapide aux équipes de management autodirigées – et s'interroger sur le fait de savoir si ces approches peuvent nous permettre de concevoir de meilleurs produits, livrés à temps et à des prix raisonnables.

L'effort pour la qualité dans la production de n'importe quelle entreprise doit aller au-delà du produit lui-même. Il s'étend à la manière dont nous nous organisons pour définir le cadre du travail réalisé, comment nous sollicitons, empruntons et nous approprions les bonnes idées d'autres entreprises ou cultures et à la manière dont nous questionnons notre fonctionnement d'aujourd'hui pour l'améliorer. Il faut adopter une attitude positive envers le changement plutôt que de résister. Pas seulement changer sans se poser de questions et sans peser les mérites éventuels d'une nouvelle idée, mais en acceptant l'idée qu'en se penchant sérieusement sur un sujet, on trouvera sûrement de meilleures méthodes.

Nous devrions emprunter et adapter des idées venant même de sources inattendues. McDonald's est fort éloigné de Patagonia, que ce soit en terme d'image ou sur le plan des valeurs. Pourtant, il y a quelque chose chez eux que je respecte. Jamais personne chez McDonald's ne dira à un client : « Désolé, mais aujourd'hui nous n'avons plus de laitue. » Tout est parfaitement organisé pour que chaque jour de la semaine, les livraisons se fassent en temps et en heure. Je pense que Patagonia pourrait apprendre de chez McDonald's, de la relation quasi symbiotique qu'il entretient avec ses fournisseurs.

PHILOSOPHIE DE DISTRIBUTION

Si une entreprise de vêtements de la taille de Patagonia ne diversifie pas ses produits et ses méthodes, elle prend autant de risques qu'une ferme qui ne cultive qu'une seule variété de plantes. Seuls les « parasites » sont d'un autre ordre. Pourtant très peu d'entreprises, en dehors de Patagonia, vendent leurs produits à la fois aux revendeurs, dans leurs propres magasins et sur internet, et ceci dans le monde entier. Cette diversité de distribution est un atout incroyable pour nous. Dans une période de récession, lorsque les ventes en gros déclinent, nos secteurs de vente directe se portent bien parce que la demande de la part de nos clients fidèles ne baisse jamais. Dans le passé, les récessions ont fait du mal à nos concurrents mais nous ont ramené des clients, car les gens étaient devenus moins frivoles dans leurs achats. Ils n'hésitaient pas à payer plus pour des articles indémodables et d'une qualité telle qu'ils pouvaient les garder longtemps.

PATAGONIA AU JAPON

Mon intérêt pour la société japonaise remonte à 1964, lorsque je traversai le pays, à mon retour de la guerre de Corée. La plupart des Japonais sont passionnés par l'Occident et adoptent sa culture et ses idées ; ce que j'ai fait, moi, avec les leurs. C'est une société très futuriste, dans le sens où les Japonais sont toujours en avance de plusieurs années sur la manière dont ils doivent s'adapter et se débrouiller dans le monde moderne. Étudier le Japon m'a permis d'entrevoir l'avenir de toutes nos sociétés, qui auront à faire face à la surpopulation, à des ressources de plus en plus limitées et à la globalisation.

La quasi-totalité des livres de management nous apprend qu'une entreprise étrangère qui veut s'établir au Japon est obligée de créer un partenariat ou un joint-venture avec une entreprise japonaise. Cela peut s'expliquer par le fait qu'il est effectivement difficile de pénétrer dans le système de distribution japonais et d'appréhender dans toute leur complexité les relations entre les sociétés de commerce international, les banques et les prestataires intermédiaires.

Chouinard Equipment a fait un peu de commerce au Japon avant 1975, mais nous avons réellement décidé de nous y implanter, avec Patagonia, en 1981. Nous avons cherché à nous établir de la manière la plus classique, par l'intermédiaire de diverses sociétés de distribution internationales qui diffusaient des articles de sport. Cela s'est soldé par un échec. Une société qui vend des battes de base-ball et du matériel de pêche peut difficilement se sentir concernée par la vente de pitons et de mousquetons.

Puis nous tentâmes un partenariat pour nos premiers sacs à dos, mais cela ne fonctionna pas non plus lorsqu'ils décidèrent d'apposer mon nom et ma signature sur une ligne de sacs bas de gamme. Plus tard, nous fîmes une nouvelle tentative avec un fabricant-distributeur qui proposait une ligne similaire à la nôtre et dont l'intérêt était manifestement de contrôler notre entrée sur le marché japonais afin d'éviter de nous avoir comme concurrent direct.

Finalement, c'est en 1988 que nous avons décidé de ne plus nous préoccuper des théories classiques et de nous implanter sur le marché japonais à notre manière. Nous savions qu'il existait une demande pour nos vêtements à cause de leur qualité et de nos valeurs en accord avec la clientèle japonaise. Nous avons donc tenté de monter notre propre filiale. Ce serait une entreprise américaine qui allait faire du commerce à la californienne au Japon ! Nous avons engagé des « dirtbags » japonais impliqués dans l'escalade et le kayak, nous avons recruté des femmes à des postes de direction, que nous n'avons pas mises à la porte dès qu'elles se sont retrouvées enceintes et nous avons institué les règles de « Libre de surfer », notre politique de liberté du temps de travail. IBM Japon nous a confié qu'à cette époque, nous étions la seule entreprise américaine dans le pays, à se débrouiller seule.

J'ai trouvé que le Japon était le pays le plus facile du monde pour y faire des affaires : les lois y sont claires ; le gouvernement est pro-entreprise ; les inspecteurs des douanes sont intelligents et honnêtes. Les sociétés étrangères ont souvent des difficultés pour s'y implanter parce qu'elles appliquent les règles conventionnelles à la lettre, mais aussi parce que leurs produits ne sont pas, en terme de qualité, à la hauteur des exigences du marché japonais.

Un jour, dans un grand magasin japonais, j'ai observé un jeune homme qui s'intéressait à des chemises. Dès qu'il eut décidé quel modèle et quelle taille il lui fallait, il en examina une pile entière, inspectant les coutures de chacune d'elles jusqu'à ce qu'il trouve celle de la meilleure qualité. Il était important pour lui de sortir du magasin en sachant qu'il avait acheté la meilleure chemise du lot.

Nous avons adapté nos critères de qualité à nos clients les plus exigeants : les Japonais. Si les entreprises automobiles américaines avaient compris cela, elles seraient aujourd'hui en mesure de vendre leurs voitures au Japon – en installant, bien sûr, leur volant à droite.

Les employés du siège japonais à Kamakura.
Pas de costume-cravate en vue ! 2004.
Avec l'autorisation de Patagonia.

Vendre au Japon, en Europe et au Canada nous protège des récessions économiques de chacun de ces marchés. Lorsque l'économie japonaise était au plus bas dans les années quatre-vingt-dix, l'Europe se portait bien. Chaque canal de distribution requiert un savoir-faire particulier et souvent des exigences spécifiques en contradiction avec les autres secteurs. La vente par correspondance demande une gestion optimale de l'inventaire pour satisfaire les commandes au mieux, une connaissance approfondie de la présentation des produits sur catalogue ainsi qu'une analyse précise du rendement des fichiers d'adresses. Vendre sur internet impose des mises à jour constantes sur le site. La vente au détail exige une très bonne présentation des produits dans les rayons, une excellente gestion et formation des vendeurs. Le travail comme grossiste traditionnel fonctionne généralement comme un réseau de distribution classique : vous réceptionnez la marchandise dans votre entrepôt et vous l'expédiez.

Peu d'entreprises ont suffisamment confiance en elles pour essayer de maîtriser quatre méthodes de vente différentes mais lorsque l'on y parvient, ces quatre secteurs réunis représentent un potentiel impressionnant. Nous considérons chacun d'entre eux comme essentiel dans notre relation avec nos clients.

La vente par correspondance

Nous avons toujours vendu par correspondance. Cela a commencé dans les années cinquante quand j'envoyais par la poste à mes amis, pendant les mois d'hiver, les pitons que je fabriquais dans ma forge quand ils ne pouvaient pas venir les acheter directement dans le coffre de ma voiture au parc du Yosemite ou dans les Rocheuses. Il y avait peu de frais généraux, pas d'intermédiaire et pas de promesses non tenues. La plupart du temps, la commande arrivait et le piton était aussitôt forgé. Gestion optimale des commandes à 100 % !

Notre catalogue de vente par correspondance a toujours été un instrument de communication qui nous permet de transmettre des informations concernant nos produits et l'éthique de notre entreprise ; informations qui arrivent directement chez les gens ou dans leur entreprise, partout dans le monde. La vente par correspondance est étroitement liée à l'activité de nos magasins, à celle nos détaillants et à notre réseau international pour soutenir les efforts de développement de l'entreprise et conserver les clients fidèles.

Mon premier principe concernant la vente par correspondance affirme que « vendre » notre éthique et notre façon de faire – raconter l'histoire de Patagonia, sensibiliser les clients au système de superposition des vêtements, aux questions environnementales et à l'entreprise elle-même – est tout aussi important que de vendre nos produits. Cela entraîne évidemment certaines considérations pratiques sur la manière dont nous quantifions le succès d'un catalogue, comment nous présentons les informations et accordons de l'espace pour chaque produit et sujet traité. En dehors de son intérêt comme outil de vente, notre catalogue est d'abord une vitrine pour notre image, qui présente les valeurs et les devoirs de notre entreprise.

La vente au détail, sur internet et aux détaillants bénéficie de l'apport de la vente par correspondance et ces quatre secteurs fonctionnent en synergie pour satisfaire nos clients. Le catalogue apporte chez les gens, aux employés de nos magasins ou chez les détaillants qui sont en rapport direct avec nos clients, les messages éducatifs que nous souhaitons faire passer.

Dès que les catalogues sont expédiés chez les clients, il faut que nos produits soient disponibles. La vente par correspondance se doit de répondre aux commandes, surtout en début de saison, car les clients ne comprendraient pas pourquoi ils ne peuvent disposer de tel ou tel produit et iraient s'approvisionner ailleurs, là où on *peut* les livrer. Une fois qu'un client est allé acheter chez un concurrent, il est difficile de regagner sa confiance.

L'achat du stock pour la vente par correspondance de Patagonia et sa gestion pour une saison est calculé pour satisfaire de 93 à 94 % des commandes. Ce taux « idéal » a été déterminé par L.L. Bean et d'autres spécialistes de la vente par correspondance. Un taux de satisfaction des commandes moindre ferait perdre trop de ventes et de clients. Essayer d'atteindre un taux plus important aurait pour conséquence une gestion de stock inefficace. En fait, pour atteindre les 98 %, il faudrait presque doubler ce stock.

La mission de la vente par correspondance (et bien sûr celle de nos magasins de détail) est d'obtenir un taux de satisfaction des clients de 100 %. Ce qui signifie donner au client ce qu'il désire dans 100 % des cas. Si l'article ne figure plus dans le stock de la vente par correspondance, le service client bénéficie du fait que nous avons une activité diversifiée et peut rechercher dans les autres secteurs l'article demandé, afin de contenter le client. Les directeurs des magasins et le personnel du service client ont le choix entre toutes ces options :

1. Trouver l'article dans l'un de nos propres magasins qui l'acheminera directement au client.
2. Trouver l'article dans le stock de la vente au détail, en gros ou en liquidation.
3. Trouver l'article chez l'un de nos détaillants et lui demander de faire la vente – dans ce cas, nous rendons deux clients heureux.

Un client ne doit appeler qu'une seule fois. Tout comme notre philosophie de production requiert la livraison des produits par nos fournisseurs dans les délais, Patagonia doit expédier sa marchandise dans les délais à ses clients, autrement dit *quand le client le désire.*

L'archétype de notre service client serait le propriétaire d'une quincaillerie à l'ancienne qui connaît tout son outillage par cœur et à quoi il sert. Il serait aux petits soins avec ses clients pour les aider à trouver exactement l'article qu'ils recherchent, quel que soit le temps passé. À l'opposé se trouve l'employé laxiste, comme l'illustre la lettre ci-après. Elle nous a été envoyée par notre directeur japonais en 1989 et explique comment il a dû procéder pour rattraper une bévue commise par l'un des membres de son service client.

« Une femme nous avait fait une demande de catalogue et nous avait envoyé 600 yens (environ quatre dollars) pour le payer mais le personnel du service de vente par correspondance avait égaré l'adresse et le numéro de téléphone dans le désordre du bureau. Au bout de deux semaines, le mari appela, il fumait comme un volcan. Il refusa les excuses du personnel. Il voulait une discussion-règlement de compte avec Monsieur le Responsable de Patagonia au Japon ! Il hurlait : "Vous êtes une bande de menteurs, vous prenez notre argent et vous n'envoyez jamais de catalogue. C'est ainsi que vous agissez ? Je vous jure que je vais porter plainte à l'administration publique et que je ferai fermer votre entreprise ! »

Je décidai alors de prendre le train pour Tokyo depuis Yokohama afin de lui apporter le catalogue en mains propres et de m'excuser directement auprès de lui. Pourtant, notre client-aussi-furieux-qu'un-volcan m'avait prévenu : « Même si vous venez nous voir, moi et ma femme, je n'arrêterai jamais la procédure et je détruirai votre affaire !" Une fois chez lui, il me demanda de me prosterner pour m'excuser (la pire humiliation dans le code des samouraïs). Il fut quand même impressionné par mon attitude et me dit : "Merci pour le catalogue et votre état d'esprit " Heureusement, nous n'avons pas beaucoup de clients de ce genre au Japon et pourtant il ne s'est pas comporté d'une manière tellement différente que le ferait un autre client mécontent ! »

Katsumi Fujikura

Un bon service client aurait expédié le catalogue à la cliente le jour-même de sa demande.

Bien que la vente par correspondance soit le secteur le plus scientifique ou le plus méthodique de tous nos canaux de vente, notre première règle est d'enfreindre les procédures classiques quand il le faut. La plupart des préceptes qui régissent la vente par ce canal traditionnel s'appliquent aussi chez

LE COÛT ENVIRONNEMENTAL DU TRANSPORT

Notre suivi du bilan environnemental montre que la consommation d'énergie la plus importante, pendant toute la durée de vie d'un produit, est celle dépensée pour le transport. Par exemple, une chemise Patagonia requiert 118 MJ d'énergie pour sa réalisation, depuis l'acquisition de la matière première à la fabrication du tissu, de la couture jusqu'au produit fini. Expédier cet article par avion depuis la Californie jusqu'au Massachusetts, par exemple, dans un lot de 18 chemises demande 53 MJ supplémentaires ; autrement dit, transporter cette chemise demande la moitié d'énergie fossile qu'il a fallu pour la fabriquer.

Cela amène quelques réflexions. La première est que nous devons produire localement autant que possible.

Deuxièmement, les clients devraient éviter de commander des articles expédiés par avion, simplement par commodité, surtout lorsqu'il s'agit de se faire livrer des homards frais du Maine ou une salade de Californie. Les prix n'augmenteront peut-être pas de manière significative mais le coût environnemental, lui, est énorme.

Troisièmement, il semble évident qu'une économie globale ne peut être durable car elle dépend entièrement des énergies fossiles à bas prix. Expédier des marchandises par le rail ou par bateau demande environ 0,42 MJ par tonne pour chaque kilomètre effectué. Le transport routier demande plus de 3,5 MJ par tonne et le fret par avion 23 MJ pour le même poids et la même distance.

Lorsque l'on achète par correspondance ou sur internet, il faut bien réfléchir au fait de savoir si l'on veut vraiment se faire livrer du homard frais et s'il est vraiment indispensable de recevoir ce pantalon par avion le lendemain ou si cela peut attendre un peu.

nous, bien sûr, mais il y en a certains que *nous ne suivons pas*. En voici quelques exemples :

1. Effectuer une analyse des ventes par centimètre carré d'une page de catalogue.
   Ce serait hors de propos et même dommageable pour notre image.
2. Organiser des entretiens de groupe afin de prévoir ce qui se vend ou pas.
   Nous nous consultons nous-mêmes.
3. Donner plus de place aux articles chers.
   Nos chaussettes prennent quelquefois autant de place qu'une veste « Guide ».
4. Écrire des textes qui font appel à la vanité, à l'avidité ou à la culpabilité.
   Nos textes restent très factuels ou parlent de notre philosophie.

Depuis la première sortie, en 1972, de notre catalogue Chouinard Equipment dans lequel était publié un essai intitulé « Escalade propre », nous nous sommes aperçus que le premier objectif de notre catalogue était de communiquer avec nos clients – que ce soit pour essayer de changer l'éthique en escalade ou pour les inciter à s'inscrire sur les listes électorales afin de voter en faveur de l'environnement, comme nous l'avons fait en 2004, ou tout simplement pour raconter des histoires. Ensuite seulement, nous présentons nos produits.

Avec le temps, nous avons réussi à trouver un juste équilibre : 55 % du contenu est attribué aux produits et les 45 % restants sont réservés à notre message – essais, histoires et photos. Chaque fois que nous avons tenté de transformer cet équilibre afin d'augmenter le nombre de produits, nous avons observé une chute de nos ventes.

Vente sur internet

Étant opposé depuis bien longtemps aux nouvelles technologies et n'utilisant pas d'ordinateur, je n'aurais jamais pu imaginer qu'internet prendrait une telle ampleur dans notre activité. C'est un outil que nos clients utilisent de plus en plus pour chercher des renseignements sur notre marque, nos produits, notre histoire, nos services et notre image. La vente sur internet est régie par les mêmes valeurs et philosophie que notre vente par correspondance. La différence est une réaction plus rapide face aux besoins de l'entreprise et des clients. Par exemple, en fin de saison, on peut proposer des soldes sur notre site et les vendre le même jour. Si une crise environnementale grave survient, il est possible de demander rapidement le soutien de nos clients.

C'est ce qui s'est passé en 2003-2004 quand, sur notre initiative, quinze mille lettres ont été envoyées au président des États-Unis pour lui demander la destruction des quatre barrages de la rivière Snake, une décision primordiale pour permettre aux saumons de reconquérir leur territoire.

Notre site web est un outil efficace pour s'adresser au plus grand nombre et qui peut être personnalisé quand c'est nécessaire. Par exemple, les courriels que nous envoyons dans les différentes parties du pays tiennent compte des conditions climatiques pour proposer aux clients des vêtements différents.

Internet est également distinct de la vente par correspondance, dans la mesure où il demande une participation plus active de la part de la personne qui consulte un site, en cliquant pour obtenir certaines informations, alors que l'on peut regarder un catalogue d'une manière plus passive.

Nos ventes sur internet sont maintenant plus importantes que nos ventes par correspondance et cette réussite peut s'expliquer par la synergie de Patagonia dans les trois autres canaux de distribution. Les clients peuvent voir la qualité de nos produits chez un revendeur ou dans l'un de nos magasins ou la remarquer dans notre catalogue et se sentir rassurés sur ce qu'ils commanderont depuis l'écran un peu flou de leur ordinateur.

Vente dans nos magasins

Plusieurs raisons historiques expliquent le fait que Patagonia se soit lancé dans l'arène de la vente au détail. Le marché spécialisé du plein air, dans les années soixante et soixante-dix, proposait essentiellement du matériel d'escalade et la quasi-totalité des efforts et de l'argent étaient engloutis pour le promouvoir. Les propriétaires de magasin qui se risquaient dans le vêtement le faisaient chichement, en sélectionnant quelques articles ciblés dans une gamme. Personne ne prenait le risque de proposer une ligne entière à ses clients, on choisissait quelques produits que l'on espérait être tendance. Aucun des détaillants Patagonia ne proposait plus de 25 % de la gamme. Le merchandising était alors un concept inconnu et on disposait les vêtements sur une flopée de portants en chrome. Il n'y avait rien de plié et nos vêtements étaient éparpillés dans tout le magasin, mélangés avec ceux d'autres marques. Quelquefois, nos sous-vêtements étaient même proposés en tas, dans d'immenses cartons posés à même le sol. Nos détaillants, qui étaient de petites boutiques spécialisées en matériel d'escalade, étaient encore réticents sur le fait d'acheter des vêtements ou de choisir des couleurs qui sortaient du traditionnel bleu et rouge.

Il fallait un changement, mais nous ne voyions personne qui pouvait mettre de l'ordre dans ce chaos. En 1973, nous avions déjà un petit magasin de détail à Ventura, mais nous n'étions pas plus au fait de la présentation et du merchandising que les autres et il était difficile d'imposer ce que nous voulions, à moins de nous forger notre propre expérience. Nous avions besoin d'une relation directe avec nos clients, d'un endroit pour expérimenter le merchandising et nos nouveaux produits.

À cette époque, la ville de Berkeley, en face de San Francisco, était au cœur du marché outdoor. Nous nous sommes alors mis en quête d'un lieu pour ouvrir un magasin dans la région. Nous imaginions que ce qui fonctionnerait ici marcherait dans le pays entier. À North Beach, à San Francisco, nous avons eu le coup de foudre pour un ancien garage construit en 1924, avec beaucoup de lumière naturelle et un jardin à l'arrière. Nos amis du coin tentèrent de nous dissuader de nous installer dans cette bâtisse, car elle ne possédait pas de parking privé et était située en dehors des zones marchandes de la ville. Mais nous pensions que nos clients viendraient à nous et qu'au lieu de payer une location hors de prix dans un quartier plus fréquenté, nous pourrions dépenser l'argent en rénovant ce vieux garage pour en faire un très beau magasin spécialisé. Nous avons créé nos propres portants et étagères, présenté nos vêtements pliés plutôt que pendus et joué sur des gammes chromatiques pour « faire péter » les couleurs. Les photos de notre catalogue ont été agrandies pour être accrochées aux murs.

Le magasin de San Francisco est toujours notre préféré. C'est une restauration qui garde l'authenticité de l'architecture et de la construction d'origine, le style californien des années vingt.

Notre magasin de San Francisco, installé dans un ancien garage.
Avec l'autorisation de Patagonia.

PHILOSOPHIE DE L'ARCHITECTURE

La philosophie de la conception des vêtements peut tout à fait s'appliquer aux autres produits, y compris à l'architecture. Les préceptes mentionnés ci-dessous sont ceux que nous nous sommes fixés lorsque nous devons ouvrir de nouveaux magasins ou de nouveaux bureaux, afin d'être certains d'optimiser l'esthétique, la fonction et notre responsabilité.

1. Ne pas construire de bâtiment neuf à moins que cela ne soit absolument nécessaire. Acheter de vieilles bâtisses, ainsi que des matériaux de construction et des meubles qui ont déjà servi est un engagement plus responsable.
2. Essayer de sauvegarder les bâtiments anciens ou historiques pour éviter qu'ils ne disparaissent. Tout changement architectural doit être effectué dans l'intégrité historique du lieu. Nous nous engageons également à rectifier toutes transformations réalisées précédemment qui altèrent la rigueur de cette architecture ; comme de démonter de « fausses » façades supposées modernes pour aboutir à un résultat dont le quartier pourra, nous l'espérons, s'enorgueillir.
3. S'il est impossible de restaurer de l'ancien, il faut bâtir de la qualité. La durée esthétique du bâtiment doit être aussi longue que la durée de vie des matériaux de construction.
4. Utiliser des matériaux recyclés, recyclables comme des poutres et des clous en acier, du bois recyclé et des ballots de paille. Employer des panneaux en écales de graines de tournesol ou en résidus végétaux pour l'agencement intérieur.
5. Tout ce qui est construit doit être réparable et facile à entretenir.
6. Les nouveaux bâtiments doivent être construits pour durer le plus longtemps possible, même si cela implique un surcoût au départ.
7. Chaque magasin doit être unique. On doit y retrouver et respecter la culture locale, les héros, les passions sportives et les caractéristiques de la nature environnante.

Après notre succès à San Francisco, nous pensâmes que Seattle devait être notre prochaine destination pour un deuxième magasin. Le marché pour nos produits était sous-exploité par des détaillants qui ne proposaient qu'un nombre limité d'articles. Les dix-neuf détaillants dans la région de Seattle vendaient moins de produits Patagonia à eux tous que notre boutique de Ventura. Il y avait beaucoup d'utilisateurs potentiels et une population suffisante pour générer un chiffre d'affaires de deux millions de dollars. Pendant les trois premières années de l'ouverture du magasin de Seattle, en novembre 1987, les ventes aux détaillants de la région augmentèrent de 21 % par an. Manifestement, nous ne leur prenions pas leur clientèle parce que le marché était sous-approvisionné ; au contraire, le fait que notre magasin soit un succès leur a donné confiance pour commander plus.

Puis, nous décidâmes de nous lancer dans l'international. Dans les années soixante, j'avais passé pas mal de temps à grimper dans les Alpes, à Chamonix, à camper dans la boue de Snell's Field (un champ prêté par Donald Snell aux alpinistes sans le sou qui pouvaient venir y camper gratuitement pendant toute la saison d'escalade) et à boire des bières au bar National. Chamonix est la plus cosmopolite des vallées alpines, avec autant de skieurs et de grimpeurs allemands, italiens, scandinaves, britanniques et américains que français. J'avais de bons souvenirs de la période passée là-bas et j'étais persuadé que c'était la vitrine idéale pour présenter nos vêtements et réaliser ainsi un lien direct avec un grand nombre de clients européens. Je voulais créer un lieu de rassemblement, avec un personnel international pur et dur de skieurs et de grimpeurs. Je voulais aussi qu'il soit un haut lieu d'activisme environnemental, impliqué dans le nettoyage des détritus qui jonchaient les glaciers et dans la lutte contre le transport routier qui pollue les vallées de part et d'autre du tunnel du Mont-Blanc.

Lorsque Roger McDivitt se rendit en vacances à Chamonix en 1986, Malinda, qui s'occupait à l'époque du secteur détail de Patagonia, lui avait demandé s'il pouvait chercher un magasin à louer. Une semaine plus tard, Roger, tout excité, nous appela pour nous dire qu'il avait trouvé l'emplacement

Notre boutique de Chamonix,
avant et après rénovation.
Avec l'autorisation de Patagonia.

idéal. Il avait même signé le bail ! Lorsque les photos arrivèrent par voie express, Malinda, qui s'était occupée des travaux de rénovation à San Francisco, a été submergée par l'émotion. Elle a agrandi les photos puis a travaillé sur l'horrible façade post-moderne des années cinquante, pour faire disparaître les persiennes orange afin d'y superposer les lignes épurées de l'architecture ancienne de la vallée de Chamonix. Finalement, nous avons agencé un magasin dont tout Chamonix pouvait s'enorgueillir. Malinda, à cheval sur les principes, insiste toujours pour que les magasins que nous occupons honorent la culture et l'histoire de leur région et qu'ils puissent exister encore dans cent ans.

Vente en gros

L'avantage principal de la vente en gros est qu'elle est beaucoup moins onéreuse que la vente par correspondance ou par nos propres magasins. Le commerce de gros, par l'intermédiaire de nos détaillants, touche des clients potentiels là où ils habitent, voyagent ou achètent leur matériel de sport et fait reposer la charge de travail et les coûts sur les épaules du détaillant. Celui-ci est l'intermédiaire direct avec le client et devient la voix de Patagonia. Comment nous assurer, alors, que la vraie « histoire » de Patagonia soit transmise ?

Pour faire connaître notre message, il faut entretenir un partenariat avec nos détaillants. Ce partenariat est similaire à celui que nos équipes de développement et de production recherchent avec les fournisseurs et les sous-traitants. La seule différence est que cette fois, Patagonia a le rôle du fournisseur. Pourquoi consacrons-nous autant d'efforts qui demandent du temps, de l'énergie et du courage pour cultiver une relation particulière avec nos détaillants existants alors qu'il serait tellement plus facile d'organiser une « chasse » annuelle, qui nous permettrait de trouver cent ou deux cents comptes par an et de nous débarrasser de ceux qui ne marchent pas ?

Il y a de nombreux avantages au fait de travailler en étroit partenariat avec quelques détaillants ciblés.

1. Nous dépensons moins d'efforts, de temps et d'argent dans la recherche de nouveaux détaillants.
2. Nous limitons les risques de mauvais payeurs.
3. Nous restreignons les procédures légales lorsque nous devons nous séparer d'un détaillant dont le mauvais service nuit à notre image.
4. Nous encourageons les détaillants fidèles qui s'engagent sur toute notre gamme ou qui commandent une large sélection de nos produits, ou les petits magasins spécialisés qui sélectionnent un assortiment ciblé.
5. Nous contrôlons mieux nos produits et notre image.
6. Nous recueillons des informations plus fiables concernant le marché et nos produits.

Nos détaillants trouvent également des avantages dans une relation de ce genre :

1. Une même gamme qui se vend année après année.
2. L'assurance que nous ne noierons pas le marché.
3. Une politique de prix stables.
4. Des conseils pour les achats, le merchandising et la présentation des vêtements.
5. Une implication dans la synergie Patagonia du programme de marketing et de distribution.

Au début de Patagonia, il nous était facile de choisir. Nous savions à qui nous voulions vendre : tous les magasins du pays qui proposaient du matériel Chouinard Equipment pour les alpinistes (magasins avec lesquels nous avions institué deux impératifs : un minimum de vente de mille dollars par an et au moins un grimpeur dans le personnel). Nous savions quoi vendre aussi : notre gamme consistait en un maillot de rugby, un polo pour la voile, le short Stand Up et le pull Chamonix Guide. Notre stratégie, que nous partagions avec nos détaillants, était simple : vendre le plus possible.

En retour, le détaillant devait considérer Patagonia comme un véritable partenaire et cela implique plus que de la confiance et de la bonne volonté. En général, nous demandons à nos revendeurs qu'ils réalisent au moins 20 à 25 % de leur chiffre d'affaires avec nos produits et/ou nous devons être son premier ou son deuxième fournisseur. Cela implique bien évidemment une relation de confiance. Même un détaillant avec un fort ego, du genre « c'est moi qui décide », devra faire des efforts pour écouter la personne qui lui fait faire 20 à 25 % de ses ventes.

Un revendeur potentiel voudra logiquement connaître pourquoi et comment mettre en place une stratégie commune qui bénéficiera à son entreprise. Il voudra savoir comment il peut améliorer ses ventes, attirer les clients et consolider la fidélité de ceux qu'il a déjà. Il faut bien insister sur le fait qu'un revendeur, en tant que partenaire, doit s'investir complètement. Il n'existe rien d'équivalent chez Patagonia à un programme de merchandising clé en main qui perd toute sa valeur et son potentiel dans la minute qui suit le départ du représentant si le détaillant n'est pas motivé par ce partenariat. Nous réussissons bien mieux avec celui qui investit du temps, de l'énergie et qui réfléchit à la manière d'appliquer notre programme dans son magasin et avec ses clients ; avec celui qui accepte que nous le soutenions activement et qui tient compte de nos conseils.

Voici le discours que j'ai fait en 1985, brossant un tableau assez noir de l'industrie spécialisée de l'outdoor.

> « Observons ce qui se passe en général dans la vente au détail aux États-Unis et son évolution. Prenons l'exemple de l'épicerie. Autrefois, pour préparer les repas, nous devions nous rendre chez le boulanger, le boucher ou le poissonnier, à l'épicerie et chez le marchand de fruits et légumes. Puis arrivèrent les supermarchés où, dans un seul et même endroit, on peut trouver du pain, de la viande, du lait et tout le reste. Le supermarché était la panacée pour l'Amérique moyenne des années cinquante aux années soixante-

dix, lorsque les gens se satisfaisaient de pain industriel, de poissons panés et de hamburgers. Les temps changent. Maintenant, les gens ont une liste de courses qui peut faire penser à une foire alimentaire internationale. Prenez la mienne de l'autre jour, par exemple : wasabe, thon albacore, riz basmati, chayotes et kimchi ! Je sais que l'on va ouvrir un supermarché bio dans la région, au nord de San Francisco, qui proposera des produits sans additifs ni produits chimiques toxiques. Il n'y aura pas de viande aux hormones, pas de conservateur dans le pain, et un chimiste sera embauché à plein temps, dans un laboratoire sur place, pour vérifier chaque produit. Une boulangerie offrira toute sorte de pains aux céréales et un traiteur bio vendra des plats à emporter. Les concepteurs de ce supermarché connaissent exactement les besoins des clients de cette région et ont décidé de les satisfaire. Pour un client éclectique moyen qui n'habite pas dans un endroit futuriste comme la Californie, acheter de la bonne nourriture implique qu'il retourne chez le poissonnier, le magasin bio, la boulangerie et la boucherie pour trouver de la viande non emballée et du poulet sans hormones.

Pourquoi suis-je en train de comparer l'évolution de la vente au détail de l'épicerie avec celle du plein air ? Les premiers magasins spécialisés de plein air ne proposaient que du matériel de montagne. Pour le ski, c'était la même chose et bien sûr pour la voile, c'étaient les magasins d'accastillage qui vendaient du vernis, des écrous et des boulons. Puis, dans les années soixante et soixante-dix, ce fut le boom de la randonnée. Aux États-Unis, on pouvait trouver ce qu'il fallait pour grimper ou marcher dans les quelque trois cents magasins de randonnée du pays. La randonnée et l'escalade furent à leur apogée dans les années soixante-douze, soixante-treize, puis le commerce de matériel spécialisé (sacs de couchage, cordes et tentes) commença à décliner. À cette époque, Chouinard/Patagonia fut l'une des entreprises d'avant-garde qui amena ses détaillants à investir dans le vêtement d'outdoor, qui était devenu un style de vie. Aujourd'hui, au milieu des années quatre-vingt, nous sommes un peu dans la situation des supermarchés de l'Amérique moyenne. Un magasin d'outdoor typique propose dans un seul et même endroit des vêtements solides pour les sports de plein air, du matériel de kayak et d'escalade et des sacs de couchage de qualité, mais ils revivent en quelque sorte le syndrome du pain industriel et du poisson pané ! Vous ne trouverez pas dans ces endroits de pagaie de kayak à manche courbe à quatre-vingts degrés pour faire du slalom, de surbottes pour partir en expédition ou pour grimper en hiver. On peut vous le commander mais vous devrez attendre six à huit semaines.

Le matériel d'escalade ? Il est fixé au mur derrière les sacs de couchage. Ils proposent une tente à cinq cents dollars similaire à celle d'Eureka, que l'on peut trouver en copie à moins de deux cents dollars dans un magasin de chasse ou de pêche. Si vous cherchez un vêtement spécifique de chez Patagonia, il y aura 10 % de chance pour qu'il l'ait en stock. Comprenez-vous ce qui est arrivé ? En proposant un peu de tout, ces magasins ne sont plus vraiment spécialisés. Ce serait parfait si le client typique d'un magasin de plein air avait des goûts moyens et une mentalité moyenne. Mais nous parlons de gens intelligents, qui ont de l'argent et peu de temps libre. S'il existe un trait commun entre toutes les personnes qui pratiquent des activités de plein air, c'est qu'elles ne perdent pas leur temps à traîner dans les boutiques. Si elles ont fait vingt minutes de voiture pour venir dans un magasin, c'est parce qu'elles ont besoin d'un produit en particulier ; elles n'y viennent pas pour s'amuser, comme ceux qui vont faire leurs courses dans les grands magasins. Je peux vous dire que ces gens seront vraiment mécontents s'ils ne trouvent pas ce qu'ils recherchent. La plupart du temps, ce type de consommateur a des demandes qui dépassent les possibilités d'offres que ce genre de magasin peut lui apporter. Il est de plus en plus obligé d'acheter par correspondance. Ou alors, il ira faire ses achats dans de grandes enseignes qui proposent un choix beaucoup plus vaste. Même les grands magasins les plus évolués font un meilleur travail de présentation et de vente pour certains articles de plein air, comme les maillots de rugby ou les doudounes, que la petite boutique spécialisée. Elle n'a pas assez de place ou de possibilité d'investissements pour proposer beaucoup de vêtements et en plus, elle a souvent perdu la technicité requise pour être un bon magasin de randonnée ou d'escalade. Dans l'ensemble, le marché est au point mort, à part pour quelques enseignes qui sortent leur épingle du jeu, mais une majorité va droit dans le mur. »

Que s'est-il passé depuis ce discours prononcé il y a vingt ans ? À mon avis, le tableau est encore plus noir pour la plupart des petits détaillants. Les grimpeurs, skieurs ou pêcheurs à la ligne qui ont monté ces petites boutiques spécialisées dans les années soixante ou soixante-dix sont usés et, pour la plupart, en passe de partir à la retraite. Leurs enfants ne veulent pas prendre leur succession et comme la croissance semble quasi nulle dans ce domaine, il n'y a pas de repreneurs en vue. Les grandes enseignes (Sportmarts aux États-Unis, ou Décathlon en France) conquièrent de nouvelles parts de marchés. Avec de grandes marques comme Ralph Lauren, Tommy Hilfiger et Nike qui fabriquent des vestes en Gore-Tex et des doudounes en duvet, on peut maintenant s'habiller dans les grands magasins pour partir pour l'Everest ; si, en plus, on n'hésite pas s'offrir, dans un hyper comme Costco, la combinaison noire et jaune spécialement conçue pour la motoneige, on sera mieux équipé qu'Edmund Hillary en 1953 !

Puisque Patagonia a décidé de ne pas distribuer ses produits dans les grands magasins ou dans les grandes chaînes d'articles de sport, nous avons perdu 40 % de nos revendeurs depuis 1985. Ce n'est pas une situation saine mais les problèmes et les solutions ne sont pas très différents de ceux que connaissent les petits magasins du monde entier qui doivent faire face à l'« hypermarchandisation » du détail.

Il existe un caviste à Portland en Oregon, qui s'appelle 750ml. Il est l'exemple parfait d'une petite boutique qui a trouvé les moyens de concurrencer les grands magasins de vins et de spiritueux. Le propriétaire sélectionne lui-même chaque bouteille qu'il vend. Un client comme moi, qui aime les vins de terroir mais ne veut pas s'offrir un grand cru de Bordeaux, peut expliquer à un vendeur avisé ce qu'il recherche. On le conseille pour qu'il trouve la bonne bouteille et on lui explique combien de temps il doit la garder en cave pour que le vin exprime tout son arôme.

L'un de mes magasins de pêche à la mouche et détaillant Patagonia favori est le Blue Ribbon Flies (« Mouches cordon bleu ») à West Yellowstone dans le Montana, une petite ville qui compte pas moins de quatre autres boutiques spécialisées de pêche. Blue Ribbon est un petit magasin qui n'offre pas un immense choix de cannes, de moulinets et de matériel, mais qui en propose suffisamment pour aller pêcher dans les eaux du Yellowstone.

Toutes ses mouches sont fabriquées aux États-Unis par trente des meilleurs monteurs du pays. Pendant la saison de pêche, deux personnes sont engagées pour nouer et personnaliser toutes les mouches que vous voulez. Je pense qu'un magasin de pêche à la mouche qui ne propose pas tout le matériel à nouer n'est pas vraiment un bon magasin. Celui-ci, non seulement dispose d'un grand choix, mais il collecte et teint lui-même ses soies et ses plumes. Il proposera même de vous teindre une barbe de faisan en violet si vous le désirez. Il reverse 2 % de ses ventes à des causes environnementales qui concernent la région du parc de Yellowstone. Il vend par correspondance dans tout le pays et les clients savent qu'en achetant une canne à sept cents dollars chez lui, quatorze dollars de cet achat seront consacrés à améliorer les sites de pêche de la région, pour la prochaine fois qu'ils viendront y pêcher. Le chiffre d'affaires du Blue Ribbon a triplé dans les sept dernières années.

Il n'y a pas de secret dans le fait de tenir un super magasin de détail. Il faut du travail et un service client irréprochable.

PHILOSOPHIE DE L'IMAGE DE MARQUE

Même si nous n'en sommes pas vraiment conscients, chacun de nous passe sa vie à créer et à faire évoluer une image personnelle qui sera perçue par les autres. Les entreprises, elles aussi, créent et font évoluer une image qui résulte du pourquoi de leur existence ou des actions qu'elles entreprennent, ou encore d'un montage d'idées issues de l'imagination d'un publicitaire. L'image d'une entreprise (ou d'une personne) peut être très différente de la manière dont elle-même se perçoit.

L'image de marque de Patagonia émane directement des valeurs, des activités de plein air et des passions de ses fondateurs et de ses salariés. Bien qu'elle possède des aspects tangibles et identifiables, on ne peut la réduire à un slogan et en fait, puisqu'elle dépend d'une réalité authentique, la réduction à un slogan la détruirait. Ironiquement, l'authenticité de Patagonia repose d'abord sur le fait de ne pas s'intéresser à cette image. Sans slogan, la seule manière de conserver une image est de la vivre. Notre image de marque est le reflet immédiat de ce que nous sommes et de ce que nous pensons.

L'ambassadrice pour Water Girl,
Maureen Drummey, au Costa Rica.
Photo : David Pu'u.

Qu'y a-t-il au cœur de notre image ? Comment sommes-nous perçus par le public ? En premier lieu, on fait souvent référence à nos origines comme forgerons qui fabriquaient le meilleur matériel d'escalade du monde. Les idées, l'attitude et les valeurs de ces grimpeurs et surfeurs à l'esprit indépendant et libre qui travaillaient dans cet atelier ont formé les bases de la culture Patagonia. Notre image est issue de cette culture : des produits authentiques, purs et durs et de qualité, réalisés par les gens qui les utilisent.

Notre image a évolué avec l'arrivée d'une nouvelle génération de grimpeurs, de kayakistes, de pêcheurs et de surfeurs qui fabriquent les meilleurs vêtements de plein air du monde, et leur passion pour la nature et les sports qu'ils pratiquent reste au cœur de cette culture. Ils conservent certaines valeurs et convictions qui sont à l'origine de notre entreprise, depuis les années cinquante, mais ils sont aussi très déterminés à prendre des positions fortes pour l'environnement.

Le fait que nous fabriquions des vêtements pour une multitude d'activités de plein air est un avantage pour nous. Cela nous donne un potentiel d'expansion plus important que si nous nous contentions d'un seul marché comme celui du départ, la montagne. Nous savons pourtant que nous ne pouvons pas tout garder sous une seule marque.

La ligne de vêtements Water Girl USA, destinée aux femmes qui pratiquent des sports d'eau, n'a pas été lancée sous la marque Patagonia parce que cela aurait dénaturé notre image de présenter une gamme de bikinis sous notre nom. C'est un peu comme si L.L. Bean, spécialiste de vêtements de loisirs et d'articles de voyage, se mettait à fabriquer des snowboards ; cela ne fonctionnerait pas. Water Girl conserve les valeurs de la maison mère Patagonia mais possède sa propre appellation et peut développer ses propres style, identité et image. Elle est d'ailleurs dirigée par des femmes actives dans ce domaine, qui conçoivent les vêtements qu'elles désirent porter.

L'image de Patagonia est humaine. Elle exprime la joie de ceux qui aiment la vie, qui sont passionnés par leurs engagements et qui veulent influer sur le cours de l'avenir. Elle n'est pas stéréotypée et refuse de compromettre son humanité. Cela signifie qu'elle peut tout autant choquer qu'inspirer.

Il est important pour nous de contrôler notre image – pas seulement à travers les choix que nous faisons, les produits que nous vendons ou la manière dont nous tenons nos promesses, mais aussi dans la façon dont nous sommes perçus à travers les canaux habituels du marketing et de la vente de nos produits. Je diviserai ce sujet en quatre parties.

Raconter toute l'histoire

La plupart des entreprises communiquent avec leurs clients à travers la publicité. Celle-ci saisit votre attention mais ne la retient pas. En un clin d'œil, vous voilà revenu à l'article que vous étiez en train de lire ou au programme que vous regardiez auparavant, à une autre publicité, ou bien vous avez tout simplement décidé de couper le son. On dit qu'une publicité doit être martelée au moins sept ou huit fois avant que le téléspectateur ne l'enregistre.

Patagonia fabrique des produits destinés à des activités qui apportent une expérience plus profonde et plus réfléchie du monde. C'est pourquoi notre image doit transmettre des valeurs refuges et offrir une alternative aux représentations et aux sons d'un monde virtuel ultrarapide qui ne mène qu'à l'appauvrissement de l'esprit (quand il ne s'agit pas d'anesthésie). Afin d'être en mesure de tout dire, nous avons besoin de l'attention inconditionnelle de nos clients, ce qui peut être fait grâce à un site internet et à un catalogue. Nous avons les deux et chacun nécessite talent artistique et maîtrise des techniques. Un site internet laisse toute latitude au client armé de sa souris d'explorer plus rapidement et plus facilement les sujets qui l'intéressent. Un catalogue a l'avantage d'être à la fois concis et complet, de pouvoir se consulter où l'on veut, de ne pas contraindre le client à la seule utilisation de l'ordinateur et de le surprendre à chaque page.

Le premier rôle de notre catalogue est de faire partager et d'encourager une certaine philosophie de la vie qui conforte notre image. Les idées de base de cette philosophie sont : une grande compréhension de l'environnement et une motivation forte pour aider à trouver des solutions à la crise écologique que nous vivons aujourd'hui ; un amour profond pour la nature ; un certain scepticisme vis-à-vis de l'autorité ; de la passion pour des activités sportives difficiles qui demandent de la persévérance et de la maîtrise de soi ; du dédain pour des sports motorisés comme la motoneige ou le jet-ski ; un sens de l'humour loufoque, surtout pour se moquer de soi-même ; un respect pour les vraies aventures (celles dont nous ne sommes pas certains de revenir vivants ou en tout cas celles qui nous font changer) et la conviction que moins, c'est mieux que plus (aussi bien dans le design que dans la consommation).

Chaque saison, notre catalogue est notre bible. Tous les autres outils que nous utilisons – du site web aux étiquettes sur les vêtements, des présentations dans nos magasins aux communiqués de presse et aux vidéos – sont construits à partir du catalogue, aussi bien dans leur aspect visuel que dans leur contenu éditorial.

Photographie

Lorsque je regarde nos premiers catalogues, je suis toujours très confus de voir à quel point nos photos sont banales. Les vêtements sont présentés sur des personnages ordinaires, et comme nous n'avions pas les moyens de nous payer de vrais modèles et des photographes professionnels, tout était réalisé par nos amis. Nous leur faisions prendre des poses stupides et nous prenions les photos. Pas vraiment génial, mais c'est à quoi les catalogues et les publicités de l'époque ressemblaient.

Un jour, alors que nous surfions avec mon ami Rick Ridgeway, j'eus soudain une idée. Je l'informai que dorénavant, nous photographierions nos vêtements sans qu'ils soient portés et que nous recueillerions auprès de nos clients des photos de personnages en action. Nous avons alors inséré un encart dans notre catalogue à l'intention de nos clients : « Immortalisez un patagoniaque ! » Nous fûmes tellement submergés de photos et de demandes de la part de photographes que nous décidâmes de créer un département photos avec comme directrice d'édition la femme de Rick, Jennifer.

Depuis que notre catalogue existe, nous essayons toujours de présenter autant de femmes que d'hommes. Lorsque nous montrons une femme qui grimpe, elle est en tête, pas en second. Cette photo de notre ambassadrice Lynn Hill, en 1983, en est la preuve.
Photo : Rick Ridgeway.

L'ambassadrice Steph Davis en train d'accomplir la première ascension féminine de Pink Flamingo dans le désert de l'Utah.
Photo : Eric Perlman.

Une photo d'une vraie grimpeuse de renom, qui ne montre qu'un peu de peau et grimpe dans une vraie paroi est souvent bien plus sexy qu'un mannequin anonyme de New York, à moitié dénudée, qui prétend grimper. C'est surtout plus authentique et l'authenticité est ce que nous recherchons dans notre marketing et à travers nos photos ; c'est pourquoi nous sommes très attentifs à leur choix. Nous en rejetons un bon paquet. Par exemple, nous n'aimerions pas montrer un chef bantu vêtu de l'une de nos polaires à moins qu'elle ne lui appartienne vraiment. Ce serait trop condescendant. Nous ne publions pas de photo de randonneur blême qui se traîne sur un chemin des Appalaches pendant un week-end d'automne. Ce serait trop convenu. Nous ne montrons pas non plus de montagnard à la mâchoire saillante qui plante son drapeau sur un sommet balayé par le vent. Ce serait trop conquérant.

Ce que nous publions et avons publié, ce sont des grimpeurs en train de pique-niquer au pied d'une voie, sur le capot d'une vieille Chevrolet rouillée ; des voyageurs qui débarquent de chaloupes genre African Queen, une cabane de pêcheur complètement délabrée au Bélize, un skieur qui se relève euphorique d'une chute tête la première dans la poudreuse, une tortue des Galapagos qui déchiquette une veste polaire tombée d'un étendage près d'une tente, une sculpture réalisée avec des déchets sur un glacier de Chamonix, des marins fatigués sous le pont d'un Transpac, un mécanicien qui graisse l'essieu d'une vieille camionnette, un biologiste qui soigne un oiseau marin au milieu d'un champ, Julia Butterfly Hill qui monte la garde sur ses séquoias, des skieurs qui bivouaquent dans une combe et qui « regardent » une télé sculptée dans la glace !

Textes

Depuis l'époque de Chouinard Equipment, nous avons toujours eu de grandes exigences en matière de textes. Dans la mesure où nous avons toujours été « différents », il est très important pour nous d'expliquer clairement notre histoire. Les textes sont des supports pour défendre aussi bien nos idées que nos produits. Nous présentons en général deux sortes de textes : des histoires personnelles qui illustrent une valeur ou soutiennent une cause, et des textes descriptifs pour vendre nos produits.

L'essai « Escalade propre » dans le catalogue de Chouinard Equipment de 1972, qui encourageait les grimpeurs à une pratique plus propre, fut le texte fondateur qui expliquait comment utiliser les premiers coinceurs. En conséquence, dès sa parution, la vente des pitons de Chouinard Equipment cessa presque immédiatement et celle des coinceurs explosa. Pour illustrer l'impact d'un tel catalogue, en dehors de son utilité commerciale, il suffit de dire que l'*American Alpine Journal* en fit une critique comme s'il s'agissait d'un livre.

En 1991, l'éditorial « Regarder la réalité en face » rappelait à nos clients que chaque produit que nous fabriquons a un impact sur l'environnement et nous les encouragions à acheter mieux et moins.

Dans les catalogues Patagonia, on trouve également des textes comme les « expériences vécues » ou de courts essais sur la pratique de la pleine nature, écrits par des écrivains et amis souvent très connus.

Certains récits sont plus faciles à faire passer que d'autres. Si vous dites à des parents que l'eau du robinet de leur région n'est pas potable pour leurs enfants, vous faites mouche instantanément. Mais si vous racontez à ces mêmes parents que des études à long terme montrent que de nombreux cancers apparaissent de manière inexplicable chez des enfants vivant au sein d'une communauté agricole qui utilise des pesticides, la réaction sera plus mitigée. Ceci est moins immédiatement frappant pour vos interlocuteurs et nécessite donc plus d'efforts et de réflexion pour être mis en valeur.

Les explications sur les produits apportent les informations nécessaires sur la technicité des tissus et leur utilisation. Quant aux photos, elles apportent généralement des indications plus subtiles quant aux activités sportives et au style de vie auxquels ces produits sont destinés. Nos exigences d'authenticité sont très élevées. Puisque cela nous est égal de prendre position ou de choquer, raison de plus pour dire la vérité.

Quant au style, nous écrivons comme si nous étions nous-mêmes des clients. De fait, comme nous sommes bel et bien nos meilleurs clients, ce n'est pas difficile ! Nous n'écrivons pas pour le plus petit dénominateur commun, nous écrivons de la manière dont nous aimerions être traités, c'est-à-dire comme des gens de confiance, engagés et intelligents.

Promotion

Nous avons trois principes concernant les efforts promotionnels de Patagonia, qui se retrouvent dans et au-delà de notre catalogue.

1. Notre engagement pour inspirer et éduquer plutôt que promouvoir à tout prix.
2. Préférer gagner la crédibilité au lieu de l'acheter. Le meilleur moyen, c'est le bouche à oreille qui se transmet par les amis ou de bons articles dans la presse.
3. N'utiliser la publicité qu'en dernier ressort.

Idéalement, chaque produit, s'il est excellent, devrait se vendre tout seul. Cela marche effectivement de cette manière pour certains d'entre eux. Nous vendons des polos depuis vingt ans et n'avons jamais fait de publicité pour eux. Pas plus que nous ne leur octroyons une grande place dans notre catalogue à part le fait de montrer, à chaque saison, le choix des nouvelles couleurs. J'aimerais bien que tous nos produits se vendent ainsi tout seuls comme nos polos ou nos shorts Baggies !

Nous supposons certaines choses sur nos clients et pas seulement qu'ils sont intelligents. Nous pensons que faire du shopping n'est pas un de leurs passe-temps et qu'ils ne cherchent pas à s'acheter un style de vie ; que ce sont des gens qui désirent une vie profonde et simple, loin de toute superficialité ; qu'ils en ont assez d'être les cibles de publicités agressives. De même, pour nos clients comme pour nous-mêmes, nous savons que les meilleurs conseils sont souvent prodigués par des amis de confiance. Nous respectons donc la parole des professionnels ou des experts comme les accompagnateurs, les guides de montagne, les équipementiers ou les guides de pêche.

Les pros vivent et travaillent tous les jours avec des vêtements adéquats. C'est pour cette raison que nous avons mis en place un programme pour vendre nos produits à un moindre coût à des personnes clés au sein des divers marchés qui sont les nôtres. Nous travaillons avec plusieurs groupes, dont les pisteurs de grandes stations comme Jackson Hole dans le Wyoming ou Telluride au Colorado, les guides de rivière du Grand Canyon, des grimpeurs prêts à affronter la tour de Trango au Pakistan, des associations environnementales qui s'occupent, par exemple, de la réintroduction du loup dans le parc de Yellowstone ou des militants de Greenpeace.

Nous fournissons des vêtements et quelquefois une rémunération à des athlètes de haut niveau en escalade, surf et endurance afin qu'ils nous donnent leur avis et leurs suggestions sur les produits que nous leur faisons porter. Ils conseillent le personnel de nos magasins sur la manière de vendre certains produits très spécifiques et participent à nos réunions de vente ; d'une façon générale, ce sont nos ambassadeurs. On se rend très bien compte de leur importance quand ils sont présents dans les salons ou les événements sportifs, leur avis se propage très vite de bouche à oreille. Néanmoins, nous avons établi des règles strictes concernant cette politique. Par exemple, ils ne sont pas rémunérés en fonction de couvertures de magazines où ils apparaissent avec notre logo.

Sponsoriser des athlètes de renom est un excellent outil de promotion lorsque l'on désire vendre à des jeunes qui rêvent de surfer un jour comme Kelly Slater ou de grimper comme Chris Sharma, mais je pense que le sponsoring a un impact négatif dans des sports qui demandent de l'intériorité comme le surf ou l'escalade. Comme je l'ai écrit dans un article paru dans le magazine *Climbing*, « Le sponsoring… pratiqué par l'industrie du plein air n'apporte aucun bienfait à l'athlète dans le long terme. Être payé pour grimper pousse le grimpeur à compromettre ses propres valeurs : cela l'encourage à gravir des voies pour faire la une et peut amener un sportif excentrique et merveilleux à jouer un rôle pour mieux se vendre dans les médias. » Je pense que le sponsoring peut aussi affecter dans le long terme l'entreprise elle-même, en liant son sort à celui de quelqu'un dont la carrière sera éphémère ou encore qui n'a pas grand chose à voir avec le produit ou le service dont il loue les mérites.

En outre, plus le sportif qui vante votre entreprise ou vos produits est indépendant et plus grande est sa crédibilité. Parler de nous-mêmes à nos parents au téléphone, c'est bien, mais un avis extérieur a davantage de poids.

Paraître dans des articles de fond est également important à nos yeux. Les consultants en relations publiques vous diront qu'un article de presse positif et indépendant vaut de trois à huit fois le même espace acheté pour une publicité. En utilisant une formule d'estimation plus conservatrice, nous avons calculé qu'en 1994, l'année où nous avons sorti la polaire Synchilla fabriquée à partir de bouteilles plastiques, nous avons généré pour l'entreprise environ cinq millions de dollars de presse gratuite.

Notre approche en matière de relations publiques est offensive : si la chance se présente, nous la saisissons. Nous dépensons beaucoup d'énergie afin que les journalistes soient au courant de ce qui se passe au sein de notre entreprise, que ce soit à propos de nos nouveautés, de nos prises de position en matière d'environnement ou de notre politique de crèche d'entreprise. Mais nous ne distribuons jamais de kit de présentation sur papier glacé et n'organisons pas de réceptions avec les médias pendant les salons. Nous pensons que la meilleure manière d'obtenir de la presse est d'avoir quelque chose à raconter.

La publicité, comme je l'ai dit plus haut, vient en dernier comme source crédible d'information. Ce qui fonctionne le mieux pour nous, ce sont des encarts dans la presse pour annoncer l'ouverture d'un prochain magasin ou mettre en garde sur certains sujets environnementaux, où nous expliquons, par exemple, pourquoi il faut démolir un barrage sur une rivière particulière. De temps en temps, nous faisons de la publicité pour soutenir la marque, mais nous choisissons de le faire uniquement dans certains magazines spécialisés à faible tirage. Au final, nous faisons beaucoup moins de publicité (moins de 1 % de nos ventes) que la plupart des autres entreprises de plein air, sans parler des entreprises de prêt-à-porter. Dans la publicité, il faut donner une impression rapide et généralement, la qualité de nos photographies et de nos textes suffit. La photo d'une pub Patagonia est bien souvent la meilleure d'un magazine.

Photo de groupe de quelques-uns de nos ambassadeurs. 2004.
Photo : Jeff Johnson.

PHILOSOPHIE FINANCIÈRE

Envers qui une entreprise est-elle véritablement responsable ? Ses actionnaires ? Ses salariés ? Ses clients ? Nous pourrions répondre : aucun d'entre eux. En réalité, l'entreprise est responsable des ressources qu'elle exploite. Sans une planète en bonne santé, il n'y a plus d'actionnaires, de salariés, de clients ni de commerce.

TEXTE ISSU D'UNE CAMPAGNE PUBLICITAIRE DE 2004

La vocation de notre entreprise est de créer des produits. Cela signifie que l'important est d'abord le produit et que l'entreprise existe pour les élaborer et les promouvoir. C'est une approche différente, par exemple, de celle d'une société de distribution dont l'intérêt du service passe avant le reste. Lorsque l'on observe attentivement les entreprises en général, on peut être surpris de remarquer que certaines d'entre elles n'existent absolument pas pour concevoir des produits ou offrir des services. Le produit véritable est l'entreprise elle-même, que l'on s'évertue à faire croître uniquement pour qu'elle rapporte un jour.

Dans une entreprise cotée en Bourse, les produits peuvent être les actions. Dans ce cas, les décisions prises par le P.-D.G., les actionnaires internes, ceux qui détiennent les stock-options ou encore les membres du conseil d'administration (également actionnaires), ne sont pas faites pour maintenir la pérennité et la bonne santé de l'entreprise mais pour garder la valeur des actions au plus haut jusqu'à ce que les intéressés puissent les revendre. Présenter favorablement les comptes est alors monnaie courante pour montrer chaque trimestre des « bénéfices » ou une augmentation du chiffre d'affaires. Au sein de ce genre d'entreprise, il n'existe pas de ligne claire sur les raisons de son existence.

La charte de conduite Patagonia ne mentionne rien sur les profits. Dans les faits, Malinda et moi considérons que notre vrai résultat est la somme annuelle de ce que nous avons accompli de bien au sein de l'entreprise. Pourtant, une entreprise se doit d'être rentable pour continuer d'exister et réaliser tous les autres objectifs qu'elle s'est fixés ; nous considérons que nos bénéfices sont le vote de confiance que nous consentent nos clients en approuvant ce que nous faisons.

La troisième partie de notre charte de conduite : « Utiliser notre entreprise pour trouver et inspirer des solutions à la crise environnementale » nous oblige à assumer notre responsabilité comme valeur d'exemple. Si nous voulons devenir un modèle pour d'autres sociétés industrielles et commerciales, il nous est nécessaire de faire des profits. Aucune entreprise ne nous respectera, quoi que nous donnions comme argent ou quoi que nous recueillions de publicité en étant dans les « cent premières entreprises » du pays si nous ne réalisons pas de bénéfices. Il est permis d'être excentrique à condition d'être riche, sinon c'est de la folie !

Pour Patagonia, faire du profit n'est pas l'objectif premier ; comme dit le maître zen, le profit arrive « lorsque tout le reste fonctionne parfaitement ». Chez nous, les finances sont bien plus qu'une gestion de l'argent. C'est d'abord l'art de l'exemple, à travers un équilibre dans une approche financière traditionnelle au sein d'une entreprise qui est tout sauf traditionnelle.

Dans de nombreuses sociétés, c'est « la queue (les finances) qui remue le chien (les décisions de l'entreprise) », c'est-à-dire que les finances priment dans les décisions de l'entreprise. Nous nous efforçons, quant à nous, de garder un juste milieu entre les fonds dépensés pour nos activités environnementales et notre volonté de continuer d'exister encore dans cent ans.

Notre philosophie ne s'appuie pas sur le principe que la finance est la raison d'être d'une entreprise. Nous reconnaissons que nos bénéfices sont liés à la qualité de notre travail et de nos produits et que la finance est un secteur complémentaire à toutes nos autres activités. Une société qui ne prend pas la qualité au sérieux sera tentée, pour augmenter sa rentabilité, de diminuer ses coûts, de créer une demande artificielle de ses produits ou de mettre plus de pression sur ses collaborateurs.

Dans la vente directe, on ne gagne pas forcément plus d'argent en surchargeant les pages de son catalogue ou ses magasins de détail. Une présentation de qualité est toujours plus vendeuse qu'un capharnaüm. Nous constatons aussi que nous réalisons nos meilleurs bénéfices avec nos clients les plus fidèles. Un client loyal achète les nouveautés avec peu d'efforts de vente de notre part et en fait la publicité auprès de ses amis. Une vente à un client fidèle vaut six à huit fois plus, pour notre vrai résultat, qu'une vente à un autre client.

Nous pensons que la qualité n'est plus un luxe. Elle est demandée par le consommateur et doit être au rendez-vous. L'Institut de planification stratégique aux États-Unis, par exemple, a collecté des données sur les performances de milliers d'entreprises et publie chaque année un rapport appelé « Stratégie de marché et conséquences sur les bénéfices ». Ce rapport commence à montrer clairement que c'est la qualité, et non le prix, qui a le plus de corrélation avec la réussite d'une entreprise. En fait, cet institut s'est aperçu que, dans la plupart des cas, les entreprises qui ont une réputation de qualité pour leurs produits et leurs services font en moyenne un retour sur investissement douze fois supérieur à celui de leurs concurrents qui proposent une moindre qualité ou des prix plus bas.

Notre engagement environnemental a également une influence sur nos décisions financières. Dans les années quatre-vingt-dix, nous avons décidé de changer l'emballage de tous nos sous-vêtements thermiques. À l'époque, ils étaient entourés d'un emballage en carton et enveloppés dans un sac plastique compact à fermeture à glissière. Avec nos sous-vêtements les plus épais, pour éviter ce conditionnement, nous avons choisi de le supprimer complètement et de les disposer comme nos autres vêtements. Pour ceux qui étaient fabriqués dans un tissu plus léger, nous les avons simplement roulés sur eux-mêmes et maintenus par des rubans en caoutchouc.

On nous avait prévenus qu'avec cette nouvelle présentation, nous devions escompter une perte des ventes de plus de 30 % car nos concurrents étaient extrêmement compétitifs avec leur emballage. L'un d'eux, par exemple, proposait ses produits dans d'amusantes petites boîtes de conserve. Nous avons tout de même décidé de le faire parce que c'était une chose juste à nos yeux. Non seulement, la première année, ce changement nous a évité de faire voyager par bateau douze tonnes de matériaux qui auraient terminé à la décharge et permis d'économiser 150 000 dollars d'emballages inutiles, mais en plus nous avons augmenté nos ventes de sous-vêtements thermiques de plus de 25 %. Puisqu'ils n'étaient plus cachés dans des emballages et qu'on les montrait dans les magasins comme des vêtements traditionnels, les gens pouvaient les toucher et apprécier la qualité des tissus. Le fait de les présenter comme des vêtements classiques nous poussa à les modifier et aujourd'hui, la plupart de nos Capilene peuvent se porter comme des tee-shirts ordinaires, satisfaisant ainsi un de nos autres objectifs qui est de fabriquer des vêtements multifonctionnels.

Les retours, ainsi que la mauvaise qualité de fabrication, coûtent des millions de dollars chaque année (nous savons depuis 1988 que la gestion de chaque retour est évaluée aux environs de vingt-six dollars et que leur nombre a augmenté). Mais quel est le coût d'un client mécontent ? Récemment, une étude mondiale a révélé qu'il y aurait seulement 14 % des Américains susceptibles de contacter une entreprise en cas de problème. En Europe, ils sont moins de 8 % et au Japon, 4 % seulement. D'autres études montrent que le tiers ou la moitié des clients qui ont rencontré une difficulté avec un produit n'achèteront plus jamais à l'entreprise concernée.

Patagonia est une société à capital privé et nous n'avons aucune intention de la vendre, de proposer des actions à des investisseurs extérieurs ou d'avoir recours à des capitaux d'emprunt. De plus, nous n'avons aucune envie de nous étendre au-delà des limites du marché spécialisé de l'outdoor. Alors comment réagit notre gestion financière à ces diktats ?

Premièrement, par un taux de croissance « naturel ». En effet, quand nos clients nous rapportent leur frustration de ne pouvoir acheter nos produits à cause d'une rupture de stock quasi permanente, nous décidons de fabriquer plus – c'est ce que j'appelle une « croissance naturelle ». Nous ne créons jamais de demande factice en plaçant des encarts publicitaires dans des magazines de mode ou dans le métro, en espérant que les ados achètent leur doudoune noire chez nous plutôt que chez North Face ou Timberland. Nous voulons des clients qui achètent nos vêtements *parce qu'ils en ont besoin* et non par caprice.

Nous ne voulons pas devenir une grosse société. Nous voulons être la meilleure et il est plus facile de l'être en étant une petite entreprise plutôt qu'une grosse. Nous devons apprendre la maîtrise de nous-mêmes. Il faut savoir sacrifier la croissance d'un secteur de notre entreprise pour en favoriser un autre. Il est également important d'avoir une idée précise de ce que sont les limites de cette expérience et de rester dans le cadre de ces limites, sachant que dès que nous les outrepasserons, le type d'entreprise que nous désirons être cessera d'exister.

Une croissance lente ou inexistante signifie que, chaque année, nos bénéfices doivent provenir de notre efficacité. Au contraire du gouvernement, il nous est impossible de tabler sur une économie en croissance pour couvrir notre inefficacité. Il est plus facile pour une entreprise de réaliser des bénéfices avec un taux de progression du chiffre d'affaires de 10 % ou 20 % chaque année. Nous avons été rentables les années où notre croissance n'était que de quelques pour cent en augmentant la qualité de nos produits, en optimisant l'efficacité de nos opérations et en évitant de vivre au-dessus de nos moyens.

Parce que nous sommes pessimistes quant à l'avenir de l'économie mondiale, fondée sur des ressources limitées, une consommation effrénée et des tonnes de marchandises mises au rebut parce qu'achetées inutilement, non seulement nous ne voulons pas avoir recours à des capitaux d'emprunt mais notre objectif est de n'avoir aucune dette.

Une entreprise avec peu de dettes ou qui possède des fonds dans sa cagnotte peut tirer avantage de toutes les opportunités qui se présentent ou investir dans une nouvelle entreprise sans avoir à s'endetter davantage ou à recourir à des investisseurs extérieurs.

À une époque où les changements sont extrêmement rapides, tous les choix stratégiques doivent être réactualisés au moins chaque année. Beaucoup d'entreprises japonaises ne travaillent pas sur un budget annuel mais le remettent à jour tous les six mois. Dans notre cas, un plan stratégique trop rigoureux, qui ne prendrait pas en compte les facteurs changeants, serait la pire des choses. Il entraînerait rigidité et bureaucratie. Un budget peut être un fil conducteur et un outil de stratégie efficace mais aussi un obstacle.

Nous devons savoir anticiper dans tous les domaines. C'est le rôle des financiers de savoir rendre compte des situations passées mais de prévoir également les mauvaises surprises. Une entreprise devrait toujours jouer au jeu des « si », imaginer les scénarios possibles, comme de se demander ce qui se passerait si toute l'équipe de direction disparaissait dans un crash aérien, si les entrepôts partaient en fumée, si le système informatique grillait ou était infecté par un virus. Ou si les affaires plongeaient de 25 % ou si les ventes au Japon explosaient au-delà des prévisions les plus folles. Nous n'avons pas besoin de prendre à l'avance des dispositions de substitution pour ce genre de situation, mais nous devons être capables d'identifier ce qui pourrait advenir afin d'être le moins à même de prendre un coup sur la tête.

La même volonté de transparence s'applique dans nos relations avec l'État. Nous ne jouons pas avec les impôts ou le commissaire aux comptes. Notre politique est de payer loyalement ce que nous devons au fisc, mais pas un centime de plus. Nous n'essayons pas, en profitant de conseils avisés, d'inventer des schémas complexes pour trafiquer ce que nous devons aux impôts. Il en est de même pour nos opérations comptables. Nous connaissons les moyens légaux pour faire dire ce que nous voulons de notre bilan, de ce qui nous reste en stock ou encore ce que nous avons comme dépenses, ce qui entraînerait, d'une année à l'autre, des résultats radicalement différents. En fait, nous pourrions, selon des pratiques comptables légales et généralement admises, comme le font tant d'entreprises cotées en Bourse, montrer des bénéfices chaque trimestre. Mais notre stratégie comptable, menée en accord avec notre directeur financier, est de n'utiliser que des techniques qui refléteront de la manière la plus juste et la plus cohérente possible notre situation financière réelle.

Presque toutes les semaines, nous sommes approchés par des acheteurs éventuels et leur intention est toujours la même. Ce qu'ils voient, c'est une entreprise sous-évaluée qu'ils pourraient rapidement faire croître pour l'introduire en Bourse. Devenir une entreprise boursière ou avoir seulement des investisseurs comme partenaires entraverait la manière dont nous fonctionnons, restreindrait ce que nous voulons faire avec nos bénéfices, nous mettrait sur le chemin de la croissance/suicide. Notre intention est de rester une entreprise privée pour continuer à nous concentrer sur l'essentiel, le seul résultat qui compte à nos yeux : faire le bien.

PHILOSOPHIE DES RESSOURCES HUMAINES

Un maître dans l'art de vivre
n'établit pas de distinction précise
entre le travail et le jeu,
le labeur et le loisir,
l'esprit et le corps,
l'apprentissage et la détente.
Il ne saurait les différencier.
Il recherche simplement l'excellence
en toute chose, laissant aux autres
le soin de déterminer
s'il est en train de travailler ou de jouer.
Selon lui, il fait toujours
les deux en même temps.

Origine inconnue

La culture du travail chez Patagonia trouve son origine chez Chouinard Equipment, notre petite entreprise qui concevait et fabriquait, pour ses employés et ses amis, le meilleur matériel d'escalade du monde. Les propriétaires, tout comme les salariés, ne considéraient pas qu'ils appartenaient au monde de l'entreprise. Travailler satisfaisait la nécessité de faire quelque chose à la fois d'utile et d'agréable – fabriquer du beau matériel que chacun utilisait pour grimper. Cette activité permettait aussi de gagner de l'argent.

Il n'y avait pas de différence entre ceux qui utilisaient les produits et ceux qui les fabriquaient. L'intérêt du client était le même que celui de l'employé. Les grimpeurs étaient totalement impliqués dans la fabrication de leur matériel. Les premiers vêtements Patagonia – comme les maillots de rugby ou le short Stand Up – ont été conçus pour grimper et l'attitude des salariés par rapport à ces produits ne fut nullement différente de celle qu'ils avaient eue pour leur matériel d'escalade en acier.

Patagonia est une entreprise évidemment bien plus importante et complexe que ne le fut Chouinard Equipement. La plupart des gens qui travaillent aujourd'hui à la réalisation de nos vêtements ne les porteront sans doute jamais. Il est cependant vrai que notre premier critère d'embauche s'appuie sur le fait que nos salariés sont autant que possible de vrais clients Patagonia. Nous aimons porter les vêtements que nous concevons, que nous fabriquons et que nous vendons, ainsi entretenons-nous une relation directe avec ce que nous produisons. Nous n'essayons pas de «penser comme un client» mais, en tant qu'utilisateurs de nos propres produits, nous sommes aussi irrités qu'eux lorsqu'un produit ne répond pas à nos attentes et sommes fiers lorsqu'il fonctionne. Je ne peux imaginer une entreprise qui cherche à fabriquer les meilleurs produits dans leur genre sans un personnel qui leur soit profondément attaché.

Si Patagonia était simplement issue d'une idée marketing ou conçue comme une opportunité d'investissement, l'ambiance au travail serait bien différente. Dans ce cas, il serait sous-entendu que le premier objectif de l'entreprise serait de pourvoir aux dividendes de ses propriétaires et de ses investisseurs, et y travailler ne serait plus une finalité mais simplement une étape dans une carrière.

D'autres valeurs se retrouvent dans nos origines de chez Chouinard Equipment. La plupart des grimpeurs des années soixante et soixante-dix, bien que blancs et issus de la classe moyenne, se sentaient décalés par rapport à une société traditionnelle et étriquée. Ils consacraient leur temps et leur vie à l'escalade et à la montagne, et préféraient prendre des risques à grimper au lieu de se lancer dans le vaste monde. La plupart travaillaient le moins possible et gagnaient à peine de quoi subsister. Intégrer le monde de l'entreprise ne les intéressait pas ; ils le considéraient comme faux, illégitime et même empoisonné.

Les salariés de Patagonia ont tous des idées politiques, sociales et religieuses différentes et c'est ainsi que ce doit être. Tous ne veulent pas changer le monde mais pour ceux qui sont dans cette problématique, nous voulons qu'ils se sentent chez eux. Les employés qui sont entrés chez Chouinard Equipment et plus tard chez Patagonia partagent ces valeurs ou ne craignent pas de travailler avec ceux qui les partagent. Même si leur univers a beaucoup changé depuis les années soixante, l'esprit reste assez similaire, principalement dans l'engagement de beaucoup d'entre eux dans l'environnement, mais aussi dans notre aversion d'une hiérarchie inutile, d'une consommation excessive et de l'inaction.

Kim Stroud, directrice de notre atelier d'échantillons, avec une buse à queue rousse qui ne peut être relâchée. Kim a ouvert un centre de réhabilitation des oiseaux de proie au sein de Patagonia pour soigner les rapaces orphelins ou blessés. Des bénévoles établissent un diagnostic et soignent les oiseaux pour les remettre ensuite en liberté. Les rapaces qui ne peuvent être relâchés sont envoyés dans un centre de rééducation. Le centre des oiseaux de proie de Ojai en recueille environ 350 par an.
Photo : Tim Davis.

Culture d'entreprise

« Le gardien est peut-être
la personne la plus importante de l'entreprise. »

DOUG TOMPKINS

Si vous désirez diriger une entreprise où les employés se font plaisir en travaillant et considèrent qu'ils sont les bénéficiaires ultimes de ce qu'ils fabriquent, alors il faut être vigilant à l'embauche, il faut vous assurer qu'ils sont bien traités et les former pour qu'ils agissent de même avec leurs collègues. Autrement, il se peut qu'un matin en venant travailler, vous vous aperceviez que ce n'est plus l'entreprise où vous preniez plaisir à être.

Pour engager de nouveaux salariés, Patagonia ne passe généralement pas d'annonces dans les journaux, ne participe pas à des salons de recrutement et ne fait pas appel à des chasseurs de têtes. Nous préférons de loin trouver des gens à travers un réseau d'amis, de collègues ou d'associés d'affaires ; nous ne voulons pas juste une personne qui peut accomplir un travail ; nous souhaitons la « meilleure » personne pour ce poste. Nous ne tenons pas non plus à avoir des « stars » en quête d'un traitement spécial et de nombreux avantages. Tout ce que nous réussissons de mieux a été effectué dans un esprit de collaboration et dans notre culture, la récompense est générale, nous tolérons difficilement celui qui cherche à tirer la couverture à lui.

Nous cherchons, comme je l'ai dit précédemment, des gens qui sont d'abord des inconditionnels de nos produits, des utilisateurs passionnés par la montagne et la nature. Après tout, nous sommes une entreprise de vêtements de plein air ! Nous n'aimerions pas être représentés dans les salons par des gens qui ne sont pas en forme et portent chemises blanches, cravates et bretelles, comme un médecin ne laisserait pas sa réceptionniste fumer à l'accueil. Nous pouvons difficilement continuer à fabriquer les meilleurs vêtements de plein air si nous nous fermons au monde. C'est pourquoi nous embauchons de préférence nos *dirtbags* qui se sentent beaucoup mieux dans un camp de base ou sur une rivière que dans un bureau. Tant mieux s'ils possèdent les compétences requises pour les postes qu'ils doivent occuper mais en fait, nous prenons souvent le risque d'engager un grimpeur plutôt qu'un banal détenteur d'un MBA. Il est beaucoup plus difficile de trouver un cadre pur jus qui se mettra à l'escalade ou à la descente de rivière que d'apprendre à un passionné de sport outdoor à faire un travail spécifique.

La grande muraille de Chine, qui s'étend sur plus de 5 000 kilomètres, fut une des premières illusions de défense à la *Star Wars*.
Construite pour protéger le pays des seigneurs mongols, elle ne résista pas à la corruption d'un seul de ses gardiens. J'ai moi-même réussi à ouvrir une brèche en l'escaladant, en 1980 ! Il faut dire que ce n'est que du 4+.
Photo : Rick Ridgeway.

Bien sûr, nous devons recruter certaines personnes pour leur expertise technique et financière. Nous avons des collaborateurs qui n'ont jamais dormi dehors et n'ont jamais fait pipi dans une forêt. Mais ce que nous partageons tous, et c'est ce qu'a constaté notre consultant en gestion des ressources humaines, c'est une passion pour une activité en dehors d'eux-mêmes, que ce soit le surf ou l'opéra, l'escalade ou le jardinage, le ski ou l'engagement citoyen.

À notre chœur se sont joints des vendeurs de matériel de plein air (ils sont nombreux), des militants environnementaux, des designers indépendants, des kayakistes spécialistes de rodéo en rivière, des journalistes, des opérateurs de lavage automobile, des accros de la pêche, des scénaristes, des artistes peintres, des professeurs de collège, un juge municipal, quelques avocats repentis, des chanteurs de gospel, des ébénistes, des moniteurs de ski, des guides de haute montagne, des joueurs de cornemuse, des pilotes de ligne, des gardes forestiers, des champions en informatique, des dingues de mode et même quelques MBA.

Comme cette liste l'atteste, nous aimons la diversité et bien plus de 50 % des postes sont occupés par des femmes.

Embaucher des gens qui possèdent des expériences diverses au lieu de clones sortant des écoles de commerce, conditionnés pour appliquer les mêmes schémas, apporte une souplesse d'esprit et une ouverture aux idées nouvelles. Une entreprise qui veut se développer d'une façon différente a besoin de talents variés.

Nous prenons notre temps pour embaucher une personne. Nous avons le choix puisque nous recevons plus de neuf cents demandes pour chaque poste à pourvoir. L'entretien du candidat se fait aussi bien avec ses futurs collègues qu'avec sa hiérarchie. Il n'est pas rare, pour un manager potentiel, d'être reçu à plusieurs entretiens auxquels assistera un groupe de quatre à six personnes et d'être convoqué deux fois voire trois en quelques semaines.

Lorsque cela est possible, nous favorisons la promotion interne afin de garder notre forte culture d'entreprise. Nous formons – et prenons le temps de bien former – car notre avenir en dépend.

De telles pratiques demandent plus d'efforts dans le court terme : laisser un poste vacant pendant que vous vous évertuez à rechercher la personne adéquate pour le combler, prendre le temps de former un rat de rivière à la fonction relations publiques ou travailler avec quelqu'un qui ne parle pas couramment notre langue. Mais à long terme, c'est une méthode qui paie si vous désirez avoir une entreprise intéressante, colorée et imprévisible, où vous avez du plaisir à passer vos journées.

Tout cela semble assez idyllique mais en réalité, nous sommes comme la plupart des autres entreprises et devons aussi recruter à l'extérieur pour répondre aux exigences des plus hautes fonctions, notamment celle de P.-D.G. Pour des raisons que j'ignore, nous ne sommes pas encore capables de former et de coacher notre propre personnel afin qu'il puisse prétendre aux postes toujours plus techniques et sophistiqués que réclame une entreprise en pleine croissance. Sans doute parce que nous sommes nous-mêmes encore en train d'apprendre comment diriger cette entreprise !

Avantages

Rappelez-vous : le travail doit être un plaisir. Nous apprécions les salariés qui ont une vie riche et bien remplie. Nous dirigeons un lieu de travail souple au niveau des horaires et cela, depuis l'époque de la forge, que nous fermions dès que des vagues parfaites atteignaient les deux mètres, pour pouvoir aller surfer. Notre politique a toujours permis à nos salariés de gérer leur temps comme ils l'entendaient, à partir du moment où le travail est réalisé sans conséquences négatives pour les autres. Un vrai surfeur ne décide pas d'aller surfer mardi prochain à quatorze heures. Il va surfer quand les vagues, la marée et le vent sont au rendez-vous. Vous allez skier en poudreuse lorsqu'il y a de la poudreuse. L'occasion fait le larron et il faut profiter de toutes les situations. C'est pourquoi nous avons mis en place la politique « Libre de surfer ». Les employés en profitent pour ne pas louper une bonne houle, faire du bloc un après-midi, prendre des cours ou aller chercher les enfants à la sortie de l'école. Cette liberté nous permet de conserver des salariés de valeur qui aiment trop leur liberté et les sports qu'ils pratiquent pour accepter les contraintes d'un environnement de travail rigide.

Les avantages consentis aux salariés sont généreux mais ils sont aussi stratégiques. Chacun d'eux a un effet positif sur l'entreprise. Nous proposons une assurance-maladie tous risques, même à ceux qui travaillent à mi-temps, ce qui permet de convaincre des athlètes de haut niveau de travailler dans nos magasins. Nous avons créé une halte-garderie dans les bureaux de Ventura parce que nous savons que les parents sont plus productifs quand ils ne s'inquiètent pas de la sécurité et du bien-être de leurs enfants.

Lorsque nous avons ouvert notre garderie d'entreprise en 1984, sous le nom de Great Pacific Child Development Center, il n'en existait que 150 autres dans tout le pays. Elle comprend une pouponnière où l'on accueille les bébés à partir de huit semaines, une crèche pour ceux qui commencent à marcher et un jardin d'enfants pour les plus grands. Le Kids Club va chercher les enfants en âge scolaire à la sortie de l'école pour les ramener à la garderie Great Pacific, ce qui évite aux parents de prendre leur voiture pour le faire et de s'inquiéter pour leurs enfants après l'école.

Le personnel engagé pour s'occuper des enfants est en nombre plus important que ce que demande la législation et nos puéricultrices sont très qualifiées. À Ventura, cette garderie a changé la vie de nombreux parents et de leurs enfants.

Cela a bien sûr une influence sur l'ambiance de l'entreprise. Les rires et les cris des enfants qui jouent sur le terrain de jeux, qui rendent visite à leurs parents dans les bureaux ou d'une classe entière qui déambule dans les locaux le jour d'Halloween, font partie du brouhaha qui règne dans nos locaux. Il n'est pas rare de voir une femme allaiter son bébé pendant une réunion, ce qui rappelle que faire un choix entre sa carrière et ses enfants n'est pas inéluctable. Cette garderie est de plus en plus au centre de toutes les attentions au niveau national et les puéricultrices qui s'en occupent sont très souvent sollicitées pour aider d'autres entreprises à mettre en place des jardins d'enfants enrichissants et sûrs.

Quelques-uns de nos salariés profitant de notre politique de liberté du temps de travail, « Libre de surfer ».
Photo : Chuck Journey.

Qu'en pensent les enfants ? Un jour où je passais dans la garderie, je demandai aux enfants de quatre et cinq ans : « Hé, les enfants ! Comment ça va, l'école ? » Un petit me corrigea aussitôt : « Ce n'est pas l'école, ici, nous sommes au travail. Ma maman travaille là-bas et moi ici. »

Quelle différence entre ces enfants et ceux dont le père ou la mère disparaît chaque jour, pendant huit heures ou plus et qui grandissent sans aucune idée de ce qu'est le travail. Cela ne m'étonne pas que des jeunes rêvent d'être « sponsorisés » par Oakley ou Nike, comme si c'était cela travailler.

Chez Patagonia, notre garderie est à l'origine de nos meilleurs « produits » : des enfants épanouis. Les bébés font l'objet de soins assidus de la part de leurs nombreuses éducatrices. Ils sont éduqués par la communauté entière et bénéficient d'une atmosphère stimulante et de nombreuses expériences pédagogiques. Si bien que, lorsqu'un étranger passe leur dire bonjour, ils ne courent pas se réfugier dans les jupes de leur mère.

Nos enfants ont le droit d'expérimenter, de grimper, de tomber et de s'égratigner. Quand ils entrent à l'école, leurs instituteurs remarquent qu'ils sont souvent plus confiants et plus polis que les autres. Nous avions l'habitude de les laisser sans chaussures – jusqu'au jour où l'école a commencé à se plaindre qu'ils refusaient aussi d'en porter en classe.

Nous avons à peu près 300 employés à Ventura et une centaine d'enfants à la halte-garderie. Nous demandons aux parents une participation financière beaucoup moins élevée que dans d'autres garderies du même genre, parce que l'entreprise subventionne une partie des coûts, à concurrence de 600 000 dollars. Ce qui pourrait apparaître comme une charge est en réalité contributeur de profits. 71 % de nos salariés sont des femmes et bon nombre d'entre elles occupent des postes à haute responsabilité. Des études ont montré que remplacer un employé – frais de recrutement, formation et perte de productivité – coûte chaque fois environ 50 000 dollars. Notre halte-garderie nous aide à retenir nos mères compétentes.

Il y a seulement un bémol quand on propose une halte-garderie au sein de son entreprise : il est absolument nécessaire d'accorder au moins soixante jours de congé maternité/paternité (ce que nous faisons). Sinon, beaucoup de jeunes parents, pas toujours conscients de ce que représente le fait d'avoir un enfant, seraient tentés de mettre rapidement le bébé à la crèche pour retourner travailler au plus vite afin de pouvoir honorer les traites de la voiture ou autres. Les premières semaines sont extrêmement importantes pour que l'enfant tisse des liens avec ses parents plutôt qu'avec les éducatrices.

Parce que nous accordons de l'importance à la santé de nos salariés et aux relations sociales au sein de nos bureaux, nous avons ouvert une cafétéria qui propose des plats biologiques, principalement végétariens. Dans la plupart des vestiaires, nous avons disposé des douches pour ceux qui aiment courir, jouer au volley-ball ou surfer pendant la pause du déjeuner.

Et bien entendu, les salariés bénéficient d'une forte remise sur l'achat de nos vêtements.

Aucun de ces avantages ne coûte vraiment cher à l'entreprise, excepté l'assurance-maladie ; les crédits d'impôts nous permettent de financer entièrement la halte-garderie et les coûts de la cafétéria sont négligeables. Et Patagonia figure toujours dans la liste des cent premières entreprises où il fait bon travailler, surtout pour les femmes qui ont des enfants. Pourquoi, sur Terre, devrions-nous diriger une entreprise où il est *difficile* de travailler ?

PHILOSOPHIE DU MANAGEMENT

Des psychologues spécialistes en développement des organisations nous ont confié que, chez Patagonia, nous avions un nombre de salariés anticonformistes bien au-dessus de la moyenne. En réalité, nos salariés ont un caractère tellement indépendant, nous a-t-on dit, qu'ils pourraient difficilement travailler dans une entreprise traditionnelle.

Nous n'embauchons jamais de gens à qui l'on peut donner des ordres comme à de bons petits soldats dans une armée, qui donnent l'assaut sans poser de questions dès que leur sergent leur ordonne « Chargez, les gars ! » Nous ne voulons pas de fourmis industrieuses qui feraient tout ce qu'on leur dirait de faire. Nous voulons des salariés capables de remettre en cause une décision, s'ils considèrent qu'elle n'est pas adaptée. Nous voulons des gens qui, une fois convaincus par la décision qui a été prise, se donnent corps et âme pour concevoir la meilleure qualité possible, que ce soit pour une chemise, un catalogue, une présentation dans un magasin ou un programme informatique. Faire cohabiter toutes ces individualités pour qu'elles travaillent dans le même but est tout l'art du management de Patagonia.

Puisque nous ne pouvons pas donner d'ordre à nos employés, il faut soit les convaincre que ce qui est demandé est juste, soit qu'ils le comprennent par eux-mêmes. Les plus récalcitrants refuseront d'exécuter une tâche à moins qu'ils ne « l'intègrent » complètement ou qu'ils s'en approprient l'idée. Le pire est celui qui donne une réponse mi-passive, mi-agressive qui peut vous laisser penser que le travail sera accompli – mais qu'au final, il n'a pas l'intention de faire – une forme de refus plus polie mais plus coûteuse !

Dans une entreprise aussi complexe que la nôtre, une seule personne ne peut détenir la solution à tous les problèmes mais chacun en possède une partie. Une démocratie fonctionne mieux quand les choix se font par consensus, quand tout le monde trouve un accord et pense que la décision prise est la bonne. En cherchant le compromis, on aboutit souvent à deux camps opposés, qui se sentent ignorés ou trompés ou au pire, comme l'exemple biblique de Salomon, où le bébé doit être coupé en deux pour faire cesser les disputes entre les deux prostituées qui le réclament. La clé pour créer un vrai consensus est une bonne communication. Le chef d'une tribu amérindienne n'était pas désigné parce qu'il était le plus riche ou qu'il avait derrière lui un parti politique puissant, mais pour ses qualités oratoires, une vertu inestimable pour établir le consensus au sein de la tribu. À l'ère de l'information, il est tentant pour les responsables de diriger depuis leur bureau, assis devant l'écran de leur ordinateur en envoyant des instructions par courriel, au lieu d'aller voir les gens pour leur parler. Les meilleurs managers ne sont jamais à leur bureau et pourtant, leurs subordonnés peuvent facilement les trouver et les aborder.

Nos bureaux sont conçus dans cette optique. Il n'y a pas de bureau individuel et tout le monde travaille dans des zones ouvertes, sans portes ni cloisons. Ce que nous perdons comme « espace de silence et de réflexion » est largement compensé par une meilleure communication et une atmosphère plus égalitaire. Les humains tout comme les animaux, quand ils vivent ensemble, apprennent beaucoup les uns des autres. Notre cafétéria, ouverte toute la journée, en dehors de servir de la nourriture saine et biologique, est l'endroit idéal pour des réunions informelles.

Vue d'ensemble de nos locaux
à Ventura, Californie.
Avec l'autorisation de Patagonia.

Lorsque vous cherchez à embaucher des responsables, il est important de faire la différence entre leaders et managers. On attend par exemple d'un responsable d'une agence bancaire qu'il évite de prendre des risques (comme d'accorder des prêts sans l'accord de sa hiérarchie). Les managers ont une vision à court terme, suivent un plan stratégique et gèrent l'entreprise comme elle l'a toujours été.

Les leaders prennent des risques, ont une vision à long terme, créent les plans stratégiques et sont à l'origine de changements.

Qui a dit que l'on travaillait mieux en « costard-cravate » ?
Le kayakiste, surfeur et maintenant également cascadeur et gréeur à Hollywood, Bob McDougal à son bureau. Vers 1995.
Photo : Rick Ridgeway.

La meilleure manière de diriger est par l'exemple. Mon bureau et celui de Malinda sont comme tous les autres, et nous essayons d'être toujours disponibles pour nos salariés. Ni nous, ni les cadres dirigeants, n'avons de place de parking réservée. Les meilleurs emplacements sont réservés aux voitures les moins polluantes, peu importe à qui elles appartiennent. Malinda et moi payons nos repas à la cafétéria, sinon cela pourrait signifier qu'il est normal de profiter de l'entreprise. Une entreprise familiale comme la nôtre est fondée sur la confiance et non sur un règlement autoritaire.

Il se peut qu'un petit nombre de nos salariés abusent de la liberté du temps de travail et de notre politique de « Libre de surfer », mais aucun de nos meilleurs employés ne voudrait travailler dans une entreprise où on ne leur ferait pas confiance. Ils savent que mon style de management, que j'appelle le MBA (*management by absence*), est autant une preuve de confiance que l'envie d'être loin du bureau.

Accepter l'idée d'une croissance naturelle nous permet de garder une entreprise suffisamment petite pour être facilement dirigée. Je crois vraiment que pour une communication optimum et pour éviter toute bureaucratie, il ne devrait pas y avoir plus de cent personnes ensemble dans les mêmes locaux. Une démocratie semble mieux fonctionner au sein de petites communautés, où les gens entretiennent le sens des responsabilités. Dans un village sherpa ou inuit, on n'a pas besoin d'éboueurs ou de pompiers ; chacun prend en charge les problèmes de la communauté. La police n'est pas nécessaire non plus. Les mauvaises actions ne peuvent échapper à la vigilance des voisins. La taille idéale pour une ville, dit-on, se situe entre 250 000 et 350 000 habitants car en étant suffisamment importante, elle possède tous les commerces et lieux culturels voulus tout en restant facile à administrer – comme Santa Barbara, Auckland et Florence.

La clé de la réussite de Patagonia est de savoir garder un équilibre entre les problèmes de gestion qui se posent avec la croissance de l'entreprise et le maintien de notre philosophie, qui consiste à engager des salariés à l'esprit indépendant, qui se sentent responsables et à qui l'on peut faire confiance. Toutes les entreprises intègrent de la même manière l'idée d'un seuil critique.

Bien que Malinda et moi soyons très concernés par la direction et le fonctionnement de Patagonia, nous avons toujours tenu à avoir un P.-D.G. Le fait d'avoir changé six fois de P.-D.G. en trente ans peut être considéré comme un échec, celui de ne pouvoir trouver et garder la personne adéquate (ou l'échec de deux propriétaires obstinés qui ont du mal à renoncer au pouvoir). Quand je regarde en arrière, je m'aperçois que chacun d'eux a apporté un ensemble de compétences particulières qui ont été précieuses pour l'entreprise, qu'ils viennent de la vente au détail, du milieu de la finance, de la biologie, de l'éducation ou des forces spéciales de l'armée.

De toute façon, il est difficile de trouver quelqu'un qui sache tout faire bien. Le spécialiste aguerri du redressement des entreprises, par exemple, que vous avez embauché pour réduire vos effectifs, ne sera peut-être pas celui dont vous aurez besoin une fois l'entreprise consolidée. Une personne chargée de mettre en place un nouveau magasin possède généralement des compétences différentes de celles du directeur qui s'en occupera. Le premier a besoin d'être très réactif et créatif et le second plus pédagogue.

Le P.-D.G. de Lost Arrow et de Patagonia, Michael Crooke, et moi-même en pleine discussion dans notre « bureau de directeurs », situé à côté de l'atelier de finition de nos planches de surf. 2002.
Avec l'autorisation de Patagonia.

Une étude réalisée sur les P.-D.G. les plus performants (pas les plus célèbres qui, périodiquement, passent d'une société à l'autre, mais ceux qui réalisent un travail sérieux sans tambour ni trompette) montre qu'ils ont tous un point commun : ils aiment travailler de leurs mains. Les plus âgés avaient eu des voitures qu'ils s'amusaient à réparer lorsqu'ils étaient étudiants (à l'époque où on pouvait encore le faire) ou possédaient un atelier de menuiserie dans leur garage. S'il y avait un joint de robinet à changer ou si une porte fermait mal, ils les réparaient. Quand ces dirigeants doivent faire face à quelque problème que ce soit, ils ont suffisamment confiance en eux pour réfléchir à la question et trouver une solution par eux-mêmes, sans avoir besoin d'aller chercher un dépanneur. La carrière d'un P.-D.G. est directement liée à ses compétences à résoudre les problèmes et à sa capacité à s'adapter et s'épanouir dans sa fonction.

Quand une difficulté survient, un P.-D.G. efficace n'engage pas immédiatement un consultant. Une personne de l'extérieur ne possède pas tous les éléments pour comprendre l'entreprise comme il sait le faire, et puis je me suis rendu compte que bon nombre de consultants sortaient d'entreprises qui n'avaient pas fonctionné. Ce n'est qu'en vous confrontant au problème et en essayant de le résoudre que vous éviterez qu'il se reproduise sous une autre forme. La clé pour trouver la solution à n'importe quel problème est toujours d'obtenir suffisamment de réponses à vos questions pour dépasser les symptômes et atteindre la cause réelle, une sorte de méthode socratique ou ce que le management de Toyota appelle les cinq pourquoi.

Voici un exemple typique que nous avons connu récemment. En novembre et décembre 2003, nos ventes au Japon, tous canaux confondus, ont plongé de 30 %. Nous nous sommes demandé pourquoi. 20 % de notre stock était composé de doudounes en duvet et en synthétique parce que l'hiver précédent, c'était la mode et nous espérions qu'il en serait de même en 2003, mais ce ne fut pas le cas. Nous nous sommes reproché de n'être plus au fait des tendances de la mode japonaise, mais il était nécessaire de poser d'autres questions. Est-ce que les autres modèles de notre collection d'hiver se vendaient moins bien ? Oui. Nous aurions pu nous arrêter à ce stade et conclure que Patagonia n'était plus une marque en vogue sur le marché volatile du Japon, et nous aurions pris la décision de nous débarrasser de toutes nos doudounes noires.

Cependant, nous avons continué : que faisaient les autres entreprises et revendeurs ? Eux aussi accusaient une forte baisse de leurs ventes. Pourquoi ? Le temps en novembre et décembre avait été incroyablement doux et personne ne vendait de vêtements d'hiver. Nous devions nous accrocher et garder notre stock. En janvier, il s'est finalement mis à faire froid, il a neigé dans les stations de ski et les ventes sont brusquement remontées. Tous nos articles d'hiver se sont rapidement vendus et nous n'avons pas eu à les solder. Comment aurions-nous agi si nous ne nous étions pas posé suffisamment de questions pour connaître la vraie cause du problème : une météo trop clémente ?

Les propriétaires et les responsables d'une entreprise qui veut encore exister dans cent ans doivent aimer le changement. Le principal objectif pour le dirigeant d'une entreprise dynamique est de provoquer ces évolutions. Dans son livre *Le bec du pinson*, Jonathan Weiner parle d'un insecte retrouvé intact dans de l'ambre. Ce spécimen, vieux de plusieurs millions d'années, est identique en apparence à l'espèce vivant actuellement. Mais celle d'aujourd'hui a la faculté de se débarrasser de ses pattes (d'autres pattes repoussent alors) si elles ont été au contact de plantes couvertes de pesticides.

Il est extraordinaire que cette capacité se soit développée depuis la Seconde Guerre mondiale, à l'époque où l'on s'est mis à utiliser massivement des pesticides. La leçon à tirer de cet exemple est qu'une évolution (un changement) ne survient pas sans un stress préalable et peut être extrêmement rapide.

Les 48 % de la population aux États-Unis qui ne croient pas à la théorie de l'évolution, les conservateurs évangéliques qui pensent que Dieu a créé la Terre et ses créatures il y a seulement dix mille ans, perçoivent le changement comme une menace et non comme une possibilité de grandir et d'atteindre un niveau supérieur.

Gravir des montagnes est une autre expérience qui peut avoir valeur d'exemple dans les affaires et dans la vie. Beaucoup ne comprennent pas que c'est la manière de grimper qui est importante, plus que le fait d'arriver au sommet. Vous pouvez grimper l'Everest en solo et sans oxygène ou payer des guides et des sherpas pour porter vos affaires, placer des échelles au-dessus des crevasses, installer des kilomètres de cordes fixes, avec un sherpa pour vous pousser et un autre pour vous tirer. Vous composez « 3 000 mètres » sur votre bouteille d'oxygène et c'est parti !

C'est souvent ainsi que de riches et dynamiques chirurgiens-plasticiens et P.-D.G., obnubilés par le fait d'atteindre le sommet de l'Everest, compromettent le processus. L'objectif de gravir les plus hauts sommets devrait être la recherche d'une certaine élévation personnelle et spirituelle, ce qui ne risque pas d'arriver si vous en corrompez le fonctionnement.

L'ambassadeur Steve House
en style alpin au Nuptse, Népal.
Photo : Marko Prezelj.

Pratiquer des sports à risque provoque un certain stress qui aide à évoluer, et une entreprise devrait toujours se mettre en situation de stress pour évoluer. Notre entreprise a toujours fonctionné au mieux dans les périodes de crise. Je n'ai jamais été aussi fier de mes salariés qu'en 1994, lorsque l'entreprise tout entière s'est mobilisée pour passer en deux ans du coton conventionnel au coton biologique. Ce fut un moment critique, qui nous amenés à mettre sur le papier tous nos principes philosophiques. Quand il n'y a pas de difficulté, un leader ou un P.-D.G. avisé devrait en créer. Non pour crier aux loups mais pour mettre les salariés au défi face aux changements.

Comme dit Bob Dylan, « celui qui n'est pas occupé à naître est occupé à mourir ». Les nouveaux employés rejoignant une entreprise qui a des valeurs et une culture fortes peuvent penser qu'ils ne devraient pas faire de vagues ou braver le statu quo. Au contraire, alors que les valeurs doivent rester ce qu'elles sont, chaque organisation, entreprise, gouvernement ou religion doit cultiver ses facultés d'adaptation et de consolidation et essayer de toujours adopter de nouvelles idées et de nouveaux modes opératoires.

PHILOSOPHIE ENVIRONNEMENTALE

Celui qui croit que la croissance exponentielle durera toujours est soit un fou soit un politicien.

***Miklos Dora, paraphrasant Kenneth Boulding,* Surfers Journal.**

Je suis très pessimiste quant à l'avenir du monde. Ma vie durant, je n'ai fait que constater une détérioration croissante de tous les processus fondamentaux qui régissent la vie sur notre planète. Beaucoup de scientifiques et de penseurs en écologie, que je connais personnellement, sont également très inquiets et rappellent que nous connaissons une accélération sans précédent dans la disparition des espèces, qui aboutira probablement à l'extinction de l'espèce humaine.

Dans son livre *The Future of Life*, le biologiste d'Harvard Edward Wilson décrit la période que nous vivons comme les « derniers instants de notre planète ». Son « répertoire d'une planète vivante », qui établit un constat de l'état des forêts, de l'eau douce et des écosystèmes marins du monde entier, indique que l'humanité est en crise et que nous nous trouvons dans une impasse, ce qui pose la question de notre propre devenir. Le XXIe siècle doit devenir le *siècle de l'environnement*, insiste Wilson. Si les gouvernements, le secteur privé et les scientifiques ne coopèrent pas rapidement pour trouver des solutions à la dégradation de l'environnement, la Terre perdra sa faculté de se régénérer. En d'autres termes, le mode de vie que nous connaissons aujourd'hui est terminé.

S'évader à la plage !
Photo : Jeff Devine.

AVERTISSEMENT

En 1992, l'UCS (Union of Concerned Scientists, « Union des scientifiques responsables ») a publié un manifeste sur ses observations concernant l'état de notre planète. Signé par plus de 1 700 scientifiques du monde entier – dont 104 prix Nobel –, cet avertissement disait en partie ceci :

Nous allons droit dans le mur.

L'activité humaine inflige de graves dommages, souvent irréversibles, à l'environnement et aux ressources fondamentales. Si nous ne les modifions pas, bon nombre de nos pratiques actuelles mettent en péril l'avenir de la société humaine ainsi que celui du monde animal et végétal, et risquent de transformer le monde vivant à un point tel que celui-ci sera incapable de maintenir la vie sous sa forme d'aujourd'hui. Des changements essentiels doivent intervenir rapidement si nous voulons éviter le choc que l'évolution actuelle risque de provoquer.

Nous soussignés, membres reconnus de la communauté scientifique mondiale, avertissons par la présente le monde entier de ce qui se dessine à l'horizon. Pour éviter la misère humaine à grande échelle et empêcher la dégradation irréversible de notre planète, il nous faut radicalement changer la gouvernance de la Terre et la vie sur Terre.

L'humanité se trouve face à la première crise planétaire qui menace sa survie comme espèce vivante, les conditions nécessaires à sa survie et le sens même de notre humanité. Aucun problème soulevé par les scientifiques n'est a priori insoluble, si nous avons la volonté d'agir avec intelligence, prévoyance et rapidité.

L'une des réponses les plus fréquentes à cet avertissement est d'en nier le bien-fondé. D'autres formes de déni, plus perverses, sont celles qui reposent sur l'excuse que nous n'avons pas le temps ou les compétences pour nous inquiéter de sujets qui nous dépassent. Derrière tous ces désaveux, il y a l'espoir que quelqu'un d'autre s'en occupera ou que la technologie sera à même de sauver l'humanité au bon moment.

> La consommation de l'eau sur la Terre double tous les vingt ans, plus de deux fois plus vite que la croissance de la population. Si cette tendance persiste, en 2025, la demande en eau douce sera de 56 % supérieure aux ressources existantes.
>
> MAUDE BARLOW
>
> Présidente nationale du Conseil canadien

Je suis pessimiste parce que je ne vois aucune volonté, dans notre société, de faire face à cette funeste menace. On ne peut d'ailleurs guère faire la différence entre un pessimiste qui dit « c'est fichu, ce n'est pas la peine de faire quoi que ce soit, pourquoi voter, cela ne changera rien » et un optimiste qui affirme « relax, les choses vont s'arranger ». Ces deux façons de penser aboutissent au même résultat : l'inaction.

Je pense que finalement, le mal l'emporte souvent sur le bien. Par *mal*, j'entends quelque chose de moralement négatif et de destructeur. Depuis toujours, j'ai pu observer tant d'institutions, de gouvernements, de religions, d'entreprises et même d'activités sportives prendre le chemin du mal au lieu de celui du bien. Avoir cette conviction m'aide à tenir debout, à ne pas me laisser dépasser et à ne pas me sentir victime.

Ces réflexions ne me dépriment pas ; en vérité, je suis quelqu'un d'heureux. Je me sens comme un bouddhiste face à la fatalité. J'accepte le fait que toute chose ait un début et une fin. Peut-être que l'espèce humaine a fait son temps et qu'il faut maintenant disparaître pour laisser place à d'autres formes de vie, espérons-le plus intelligentes et plus responsables.

J'ai trouvé le remède à la dépression dans l'action et *l'action* est la base de la philosophie environnementale de Patagonia. Puisque notre raison principale en tant qu'entreprise est de travailler à convaincre les gouvernements et les autres entreprises qu'ils ne peuvent plus ignorer la crise écologique, l'action est primordiale.

J'ai toujours pensé qu'un gouvernement qui agirait dans le bon sens devrait planifier toutes ses actions de façon à ce que notre société soit encore viable dans un siècle. La nation iroquoise avait même étendu cette période à un temps bien plus long, sur sept générations. Si nos gouvernements le voulaient, il n'y aurait plus de déforestation qui détruit les dernières forêts primaires ou de construction de barrages qui s'envasent dans les vingt années qui suivent. Ils n'encourageraient pas les citoyens à faire plus d'enfants dans le but d'avoir plus de consommateurs. Si je crois sérieusement au bien-fondé d'une planification à long terme, alors Patagonia en tant qu'entreprise se doit de l'appliquer.

Quand je pense à la gouvernance et à la durabilité, je me revois lorsque j'étais soldat en Corée où j'ai pu observer des paysans fertiliser leurs rizières qu'ils cultivent depuis au moins trois mille ans avec l'apport des eaux-vannes. Chaque génération de paysans se doit de laisser des terres en meilleur état que lorsqu'elle en a pris possession. Quel contraste entre cette approche et celle de l'industrie agronomique moderne, qui gaspille un boisseau de terreau pour cultiver un boisseau de maïs et qui pompe l'eau des nappes phréatiques 25 % plus vite qu'elles ne peuvent se remplir !

Un gouvernement responsable devrait encourager ses agriculteurs à être de bons gestionnaires de leurs terres et à pratiquer une agriculture durable. Mais pourquoi devrions-nous laisser aux seuls agriculteurs, pêcheurs et forestiers la responsabilité de garder une planète viable pour les générations futures ainsi que pour les espèces sauvages ?

Je ne vois que quelques exemples d'activités économiques vraiment durables et elles ne peuvent être réalisées qu'à petite échelle. Il y a la sylviculture et la pêche sélectives ainsi que l'agriculture non extensive sur de petites parcelles. Parce que toutes les formes de vie se développent essentiellement avec la lumière solaire, qui est gratuite, il est donc possible de les produire sans ajout de matières premières ou d'énergie (c'est-à-dire sans gaspillage). Cette production durable dépend bien sûr du fait que les apports les plus importants de nutriments – le sol et l'eau – ne soient pas épuisés par d'autres activités.

Le mot *durable* est encore l'un de ces mots qui a été tellement galvaudé qu'il en a perdu toute signification. Un très bon exemple de style de vie durable est la manière dont les peuples indigènes du nord-ouest du Pacifique, avant la colonisation par les Européens au XVIIIe siècle, géraient leurs

UN SAUMON

Quand l'immense système hydrographique du Nord-Ouest américain se constitua avec de multiples cours d'eau comme le Fraser, le Skeena, le Columbia, le Sacramento et le San Joaquin, pour n'en citer que quelques-uns parmi les milliers qui le composent, ils étaient peuplés de nombreuses variétés de saumons. Le saumon est un poisson tellement gracieux, puissant, mystérieux et émouvant que certains hommes en tombent profondément amoureux comme s'il s'agissait d'une femme.

Au nord-est du Nevada existe une rivière appelée Salmon Creek. Il y a seulement soixante-dix ans, peut-être même moins, les saumons revenaient ici, après un voyage de trois mois qui passait par Astoria à l'embouchure du fleuve Columbia pour rejoindre la rivière Snake, pour pondre et mourir dans cette belle et haute vallée désertique. Aujourd'hui, quand on longe les rives de cette rivière, on éprouve un étrange sentiment de perte, de solitude et de tristesse qui émane des galets du lit de la rivière comme une mère pleurant pour l'éternité ses enfants disparus.

Ce cours d'eau n'est pas unique en son genre. Ce tourment se retrouve chez d'autres mères endeuillées qui gémissent, se lamentent et crient leur désespoir à travers tout le continent de savoir leurs enfants condamnés, des enfants qui ne pourront jamais plus renaître parce qu'ils ont été complètement éradiqués de la surface de la planète. L'année dernière, un seul saumon sockeye a réussi à atteindre l'Idaho.

Il n'y a pas si longtemps, quand les saumons remontaient la basse rivière Columbia, ils étaient tellement nombreux qu'il était impossible de les compter. Parfois, certains étaient repoussés sur le bord par la densité du nombre, là même où la rivière faisait presque deux kilomètres de large.

Récemment, je me trouvais sur l'affreux tablier du barrage de Bonneville, un site où, autrefois, des milliards de saumons s'ébattaient en toute liberté et j'ai compris alors où se cachaient les forces du mal. Elles n'étaient pas tapies dans la fournaise d'une caverne mais ici, dans le béton et l'acier glacé de ce barrage. C'était l'épicentre de l'enfer, où Satan pouvait perpétuellement assassiner la rivière et ses enfants, régnant en maître sur d'autres satellites de l'enfer pour commettre les mêmes meurtres. Le mugissement de la rivière condamnée était comme un hurlement de fureur et de dégoût.

On m'a demandé de faire partie d'une commission, ce que j'ai fait, sachant très bien que cela n'aurait pas plus de résultat que d'agiter un mouchoir à la face d'un Tyrannosaurus Rex. Je fantasmai sur une légion de soldats qui, de nuit, emploierait des explosifs mais c'était tout à fait vain.

Pour contrecarrer les forces du diable, il faut des forces égales – celles de Dieu. On nous a appris qu'Il n'était pas vengeur et qu'Il prônait le pardon. Il a dit « la vengeance est mienne », mais où est-Il à présent que nous avons besoin de Lui pour qu'Il se penche sur cette partie du monde et que, de Sa main déployée surgisse un torrent de fureur et de justice, de cent fois la taille de Krakatoa, de la bombe à hydrogène et de toutes les foudres qui depuis la nuit des temps se sont déclenchées, explosion après explosion ; Il relâcherait d'immondes gaz et des nuages qui assombriraient la Terre pendant au moins un siècle, réduisant en miettes les forteresses du diable, dans un cataclysme assourdissant et aveuglant. Les forces du mal reviendraient – elles reviennent toujours –, mais du moins cela prendrait-il un peu de temps.

RUSSELL CHATHAM

Photo : Richard Grost.

ressources en saumons. Chaque année, quand les saumons remontaient les rivières, ils ne prélevaient strictement que ce dont ils avaient besoin. Ils laissaient les autres saumons se reproduire afin de s'assurer de la nourriture pour l'avenir. Leur gestion de la forêt s'effectuait selon les mêmes principes, elle était sélective et se faisait à une échelle appropriée.

On ne peut comparer cette manière de faire avec les pratiques actuelles de la pêche au saumon, où d'immenses bateaux à moteur gourmands en diesel sillonnent la mer en capturant aussi bien les adultes que les juvéniles et toutes les espèces sans distinction comme le cojo ou le saumon arc-en-ciel, en voie d'extinction. Les coopératives de pêche, même lorsqu'elles ne s'attachent qu'à une seule espèce comme le saumon sockeye du fleuve Fraser en Colombie britannique, ne font pas de différence dans l'origine des poissons de chacun des douze cours d'eau qui composent le réseau hydrographique du fleuve. Dans certains de ces affluents, l'espèce ne compte plus que quelques centaines de spécimens en danger. Une des solutions pour rendre la pêche au saumon durable au Canada serait d'interrompre la pêche commerciale des saumons en mer, comme l'a fait l'Islande, et de laisser les poissons revenir dans les rivières où ils pourraient être capturés de manière sélective avec des pièges à poissons, tourniquets et déversoirs. Le poisson qui ne doit pas être pêché comme le saumon arc-en-ciel, pourrait alors être relâché et pourvoir ainsi à la lucrative pêche sportive. Une autre solution serait d'utiliser un filet demi-folle qui permet de retenir le poisson en le maintenant en vie et de relâcher les espèces non ciblées.

L'industrie forestière fournit quelques-uns des pires exemples d'une gestion catastrophique des espaces naturels. Aux États-Unis, elle est considérée aujourd'hui comme de l'agriculture, c'est pour cette raison que l'Office national des forêts américains est sous l'égide du ministère de l'Agriculture et non sous celle du ministère de l'Écologie ; nos forêts sont traitées comme des cultures que l'on peut moissonner, replanter ou qu'on laisse se régénérer par elles-mêmes, pour être de nouveau recoupées et replantées à l'infini, ce que l'on prétend être une ressource renouvelable.

La coupe à blanc est la méthode la plus rentable pour récolter les arbres et se débarrasser des broussailles indésirables et d'arbres de peu de valeur comme le sapin du Canada ou l'aulne. On peut ensuite y pratiquer le brûlis pour replanter une seule espèce, comme le pin Douglas. Le problème est que la nature déteste la monoculture.

Les méthodes de coupes à blanc, avec la construction concomitante de pistes, provoquent l'érosion qui envasera les rivières et détruira les frayères des saumons. Puis, il y aura la deuxième plantation qui donnera généralement du bois de moindre qualité, sujet aux maladies, comme ce virus qui menace actuellement tous les pins Douglas du nord-ouest des États-Unis. Quant à la troisième plantation, elle nécessitera énormément d'engrais chimiques et il est douteux que la quatrième puisse même pousser. On est loin de la définition d'une ressource renouvelable.

Tout ce que je connais pour tenter d'évaluer ce que peut être une activité économique durable, je l'ai appris en cultivant mon propre jardin. Le terrain où j'habite fait partie des 90 % de ces sols sur la planète qui sont difficilement exploitables, excepté pour y faire un peu de pâturage. C'est une terre glaise lourde et impénétrable, que j'ai dû retourner deux fois, en cassant deux manches de pelles. Puis, il a fallu l'amender avec du sable ramassé sur la plage, du compost à champignon (du crottin de cheval) que j'ai acheté dans une champignonnière près de chez moi et du gypse afin de ramollir complètement la terre. Le sol étant très alcalin, j'ai dû ajouter du soufre et comme il manquait d'azote, j'ai rapporté du fumier de poulet, de lama et de vache, plus du compost d'algues et des vers de terre prélevés dans le composteur à vers de la cafétéria de Patagonia et dans notre composteur de cuisine. Ensuite, il a fallu ensemencer du trèfle et des fèves comme plantes de couverture pour fixer l'azote. Après des années d'efforts, je peux enfin me vanter d'avoir une bonne terre, qui ne demande qu'un peu de compost une fois l'an. Nous serions pourtant morts de faim si cela avait été notre unique source de nourriture !

Avec l'adjonction de tous ces amendements, mon petit jardin de 20 m² est peut-être biologique mais certainement pas durable. En réalité, ma terre doit toujours manquer des cinq milliards de bactéries, des vingt millions de champignons et du million de protistes qui doivent impérativement se trouver dans une seule cuillère à café d'une terre arable vierge. La nature considère que tous ces organismes sont nécessaires pour former une bonne terre saine qui fixe l'azote et libère les minéraux des roches de fond, vitaux pour la santé des êtres humains. Une étude britannique de 1991 montre que depuis 1940, les légumes ont perdu 75 % de leurs éléments nutritifs, la viande la moitié de ses minéraux et les fruits, les deux tiers.

Ce que l'on appelle la révolution verte, c'est-à-dire l'industrie agronomique moderne, qui dépend du pétrole, n'est pas du tout une activité durable. Un chercheur de l'université Cornell a calculé que si le monde entier mangeait et cultivait de la manière dont le font les Américains, nous épuiserions toutes les réserves pétrolières mondiales dans les sept prochaines années. Selon *National Geographic*, il faut huit barils de pétrole pour produire une seule vache. L'agriculture moderne gaspille la terre arable à la vitesse de 2,5 cm par an alors qu'il faut à la nature un millier d'années pour générer cette couche de terre fertile. L'industrie agronomique est assujettie à l'utilisation massive d'engrais issus de la pétrochimie et de produits chimiques dangereux. Pour l'irrigation, elle pompe l'eau dans les nappes phréatiques bien plus vite qu'elles ne peuvent se remplir, pour finalement produire en moindre quantité qu'une ferme familiale biologique.

Le paysan japonais Masanobu Fukuoka raconte qu'il a pu produire autant de riz à l'hectare que l'agriculture industrielle sans labourer la terre ou inonder les champs, ni même utiliser de produits chimiques d'aucune sorte. Un groupe d'écologistes californiens rapporte qu'en se servant de méthodes biologiques intensives, il a pu produire quatre à six fois plus de légumes par hectare qu'une ferme usant de techniques mécanisées et de produits chimiques.

Dans mon jardin, je n'ai jamais eu besoin d'avoir recours à des produits dangereux ou à de l'engrais chimique parce que les plantes en bonne santé sont naturellement résistantes aux maladies et aux insectes. J'alterne les cultures et je mélange les variétés, car la diversité est nécessaire pour lutter contre la maladie et les insectes, au contraire de la monoculture qui les favorise. Je laisse aussi une centaine d'hirondelles nicher sous mon toit, et aucun insecte volant ne résiste à la puissance de mon « armée de l'air ».

Quand l'Union soviétique a été démantelée en 1989, les États-Unis ont envoyé un groupe de soi-disant experts de l'École d'économie ultra-conservatrice de Chicago. Leur idée de ce que l'on devait faire de ces immenses fermes collectives qui avaient fait faillite n'était pas de les transformer en petites unités familiales mais de les garder en l'état comme d'énormes entreprises agricoles pour les introduire en Bourse.

La diversité et le développement durable sont essentiels aux structures des espèces vivantes, mais il n'est pas facile de savoir comment les appliquer à une activité commerciale. Nous partons de l'hypothèse que nos entreprises dépendent des ressources naturelles pour continuer d'exister et que par conséquent, nous sommes un élément du système et avons l'obligation de le maintenir en l'état. Nous sommes confrontés à la diversité et à la durabilité dans tous les domaines de l'entreprise.

Chez Patagonia, la protection et la conservation de la nature sont les raisons premières pour lesquelles nous avons décidé de créer cette entreprise. Nous penserions de la même manière si nous possédions une menuiserie, un vignoble ou une entreprise du bâtiment. Je crois, comme la plupart de nos salariés, que la seule chose qui compte est la santé de notre planète et que nous devons tous en partager la responsabilité.

Même si les autres principes philosophiques de Patagonia tournent autour de nos réussites et de nos échecs pour essayer d'être la « meilleure » entreprise, la plupart du temps, ils s'appliquent surtout à la question de notre gestion. Dans un sens, ils sont issus de nos expériences à l'intérieur même de l'entreprise. Notre philosophie, pour les problèmes d'environnement, a évolué différemment car elle est venue de l'extérieur. C'est l'expansion de la crise environnementale mondiale qui m'a contraint à effectuer des changements. Non seulement nous utilisons moins de papier ou d'électricité et nous fabriquons des vêtements à partir de matières recyclées, mais nous essayons aussi de connaître ce qui existe ailleurs pour trouver des solutions quant à l'avenir de notre environnement.

Une entreprise prospère, pérenne et productive comme Patagonia pourrait être comparée à un écosystème en bonne santé : tous deux sont composés de divers éléments qui doivent fonctionner en synergie pour faire marcher l'ensemble. Si nous rejetons trop de dioxyde de carbone dans l'atmosphère au point que la température au niveau mondial s'élève, cela affecte les océans, les forêts, les pâturages et tout ce qui vit dans ces espaces. De la même façon, si l'on effectuait une transformation radicale de l'un de nos services en omettant de considérer les conséquences sur le reste de l'entreprise, on aboutirait au chaos. Aucun homme d'affaires n'imaginerait, par exemple, de réduire intentionnellement son service de comptabilité sans penser aux effets sur l'organisation de sa société. Pourtant, c'est exactement ce que nous faisons avec l'environnement : des écosystèmes entiers sont détruits ou « transformés » sans tenir compte de la santé du reste de la planète.

Malheureusement, la plupart des dommages environnementaux sont causés par de grosses sociétés qui ne prennent aucunement en considération l'idée de développement durable ni pour elles-mêmes, ni pour l'environnement. Elles appliquent leurs principes économiques à court terme à des systèmes naturels qui ne peuvent fonctionner que dans le long terme.

Aucun gouvernement ni entreprise ne calcule vraiment le prix réel de son impact sur l'environnement. En réalité, le seul indicateur retenu par les gouvernements de la santé d'une économie est le produit national brut, qui ne tient pas compte du coût des produits, seulement des chiffres de vente générés. Quand il se produit une catastrophe comme un incendie de forêt, une guerre, une inondation et que les ressources sont détruites, le PNB augmente parce que de l'argent est dépensé pour les réparations. La perte de ces ressources n'est pas portée au débit des comptes nationaux.

Il a été calculé que le véritable coût environnemental et social d'un hamburger, quand il faut défricher une forêt pour créer des pâturages, est d'environ 200 dollars.

Au lieu d'adopter les principes de précaution, nous acceptons toujours plus de technologie comme le nucléaire, les organismes génétiquement modifiés, les pesticides et autres produits chimiques toxiques en appliquant la politique de présomption d'innocence. C'est à vous et moi de prouver une quelconque culpabilité. Nous détruisons les forêts tropicales, les régions biologiquement les plus riches de la Terre, bien plus vite que nous ne pouvons découvrir ou nommer les espèces qui la composent, sans connaître non plus leur potentiel nutritionnel ou médical. Pire encore, nous n'avons aucune idée de leur rôle dans l'écosystème général de la planète ni de ce que leur disparition pourrait provoquer comme catastrophes. Avec le réchauffement et le changement climatique, nous savons que la nature est déjà affectée à grande échelle. Pourtant ingénieuse pour s'adapter et s'autoguérir, elle ne peut faire face aux transformations trop rapides que provoque l'industrie depuis le siècle dernier. Le déséquilibre entraîne la désertification et, au stade où nous en sommes aujourd'hui, c'est la planète entière qui pourrait être menacée. Tous nos efforts pour atténuer ces dommages ne sont, comme le dit Keynes avec sa célèbre phrase, « que pousser sur une ficelle ».

Nous sommes la dernière génération qui pourra faire l'expérience des espaces sauvages. Le monde s'est déjà dramatiquement réduit. Pour un Français, ce sont les Pyrénées qui sont sauvages et pour un jeune qui vit dans un ghetto de New York, c'est Central Park, comme l'était pour moi le parc Griffith à Burbank quand j'étais enfant. Même les voyageurs en Patagonie oublient que ces immenses estancias qui semblent sauvages ne sont que des fermes à moutons soumises au surpâturage. Autrefois, la Nouvelle-Zélande et l'Écosse étaient recouvertes de forêts et peuplées d'animaux depuis longtemps oubliés. L'endroit le plus éloigné d'une route ou d'une habitation aux États-Unis est celui du cours supérieur de la rivière Snake au Wyoming, et il ne se trouve qu'à quarante kilomètres. Si l'on définit l'espace sauvage comme un lieu situé à plus d'un jour de marche de la civilisation, il n'en existe désormais plus aucun en Amérique du Nord, à part quelques endroits en Alaska et au Canada.

Nous devons protéger ces espaces sauvages et cette biodiversité, afin de garder les fondements du monde réel – un équilibre parfait – et pour savoir comment la nature a tendance à se comporter sans notre intervention. C'est l'exemple que nous devrions garder en tête pour favoriser un développement durable.

Dans un récent article du magazine *Science*, l'économiste et écologiste Robert Costanza écrivait : « Nous avons pipé les dés depuis longtemps en omettant de prendre en compte la valeur de la nature. » L'article comparait la valeur économique d'écosystèmes intacts avec celle qui consiste à les exploiter pour faire du profit. Plus spécifiquement, il comparait les bénéfices économiques du maintien en l'état des mangroves naturelles de Thaïlande et des forêts tropicales du Cameroun avec ceux de leur transformation respective en fermes aquacoles pour élever des crevettes ou en plantations d'hévéas. Les bénéfices d'une nature intacte en termes de régulation du climat, de formation de terre arable, de cycles des nutriments et de produits combustibles, mangeables, en

> La pierre angulaire de toute association radicale de défense de la nature doit être l'engagement inconditionnel pour la préservation des espaces sauvages. Cette idée est une des plus radicales – plus radicale que la pensée de Paine, de Marx ou de Mao. Elle affirme que la Terre n'est pas l'unique propriété de l'homo sapiens, l'être humain n'est qu'une des formes de vie sur cette planète et n'a aucun droit de se l'approprier exclusivement. Oui, les espaces sauvages doivent exister pour eux-mêmes, sans avoir besoin de se justifier pour le profit des hommes. Les espaces sauvages, pour les ours, les baleines, les mésanges, les serpents à sonnette et les insectes puants. Et aussi pour les êtres humains... parce que c'est là qu'ils vivent.
>
> DAVE FOREMAN, "Confessions d'un éco-guerrier".

fibres et pharmaceutiques que l'on peut tirer des plantes sauvages, surpassent les bénéfices d'une exploitation, au bas mot, de cent pour un.

Il posait également cette question : « Quelle serait la répercussion économique si l'on augmentait les malheureux 6,5 milliards de dollars qui sont consacrés chaque année à la préservation des habitats naturels, à 45 milliards de dollars, une somme suffisante pour créer des réserves sauvages significatives ? » La valeur résultat du cadeau de la nature à l'économie a été estimée entre 440 000 milliards de dollars et 520 000 milliards de dollars.

Patagonia a commencé à s'engager dans l'environnement dans les années soixante-dix, en militant tout simplement pour garder l'intégrité des parois du Yosemite. L'idée maîtresse à cette époque était l'escalade « propre » et la fabrication d'un matériel non jetable. Plus tard, nous avons également décidé de minimiser notre impact environnemental au niveau de la production. Puis, lorsque nous sommes devenus plus conscients de la crise écologique actuelle, nous avons déployé tous nos efforts pour tenter de corriger et de réparer les dommages potentiellement irréversibles que la société inflige à notre planète et à ceux qui y vivent.

Notre charte de conduite reflète cette évolution en disant que nous « ne causerons pas de dommages inutiles » et se termine par la résolution suivante : « Utiliser notre entreprise pour inspirer et mettre en œuvre des solutions à la crise environnementale. »

C'est une charte ambitieuse. Pour la rendre effective, nous avons dû nous fixer un cadre, spécifier des orientations claires pour rester dans le droit chemin. C'est ce qui nous a amenés à élaborer notre philosophie environnementale, l'une de nos philosophies les plus importantes et les plus complexes. Je résumerai les éléments de cette philosophie comme suit :

1. Réfléchir avant d'agir.
2. Balayer devant notre porte.
3. Réparer.
4. Nous engager pour une réelle démocratie participative.
5. Influencer les autres entreprises.

12 juin 1994

De : Kris McDivitt

À : Alison

Sujet : Fun

Chère Alison,

Pourquoi le FUN ne figure-t-il pas dans notre charte de conduite ? Je ne sais pas et c'est sans doute une bonne question.

Cela n'existe-t-il plus ? Où est-il parti ? Quand a-t-il disparu ? Supposons un instant que tu aies raison et que le fun soit une donnée de la culture Patagonia. J'aime à croire que les gens qui travaillent ici ont du plaisir ou tout du moins qu'ils aiment travailler ensemble. Mais s'ils n'ont pas de plaisir, laisse-moi te dire une chose, c'est Yvon que nous devons blâmer.

Il fut le premier de nous tous à s'apercevoir que le monde était au bord d'un désastre écologique. Il fut le premier à savoir que nous allions couler avec le bateau. Il le comprit très tôt. Il commença à rassembler les pièces du puzzle bien avant que je sache que notre engagement devait aller au-delà de notre pauvre tri de déchets. Oui, je pense que c'est de la faute d'Yvon si le fun ne figure pas dans notre charte de conduite.

Vois-tu, aujourd'hui, au moins pour moi, il est difficile de ressasser nos vieilles rhétoriques sur le plaisir, sur notre réputation d'anticonformistes, de vagabonds, de rebelles du monde des affaires ou autres, alors que la Terre et la plupart de ses habitants ont de sérieux et probablement funestes ennuis. Je sais d'expérience que dès l'instant où l'on comprend que le monde est au bord du gouffre, notre vision change. Même si tu décides de faire simplement ce que tu peux sans trop en faire, tu ne peux tout simplement pas oublier. Tu le sais, au sein de notre entreprise, chaque jour de la semaine, nous le martelons et il est difficile de porter le poids de cette dure réalité.

Rien ne nous empêche de nous amuser au travail et de laisser sa place au fun, nous savons encore le faire. Mais je te parie que c'est une tout autre sorte de fun avec, dans un coin de la tête, une nouvelle vigilance.

Réfléchir avant d'agir

Je ne crois pas que les hommes soient fondamentalement mauvais ; je pense seulement que nous ne sommes finalement pas une espèce très intelligente. Aucun animal n'est assez idiot ou cupide pour souiller son propre nid – excepté nous, les êtres humains. Nous ne sommes certainement pas assez malins pour prévoir à long terme les conséquences de nos actions de chaque jour. Le scientifique brillant ou l'homme d'affaires dynamique qui invente ou développe des technologies nouvelles est souvent incapable de déceler le côté négatif de ses créations, que ce soit avec l'énergie atomique, la télévision ou le saumon d'élevage.

Le problème est notre manque d'imagination. Les gens qui manquent de curiosité ne cherchent pas à comprendre la vie ; ils sont incapables de déceler ce qui se cache sous la surface des choses. Ils ont une croyance aveugle et le plus terrible à ce propos, c'est que cela mène à l'impuissance et même au refus d'accepter les faits réels. Les résultats d'une étude récente de l'université du Maryland montrent que même après la publication d'un rapport de la CIA affirmant qu'il n'y avait aucune arme de destruction massive en Irak, 72 % des électeurs pro-Bush affirmaient qu'elles existaient quand même. Un plus fort pourcentage encore, contrairement aux évidences, pensait que l'Irak et Al-Qaida avaient un lien.

Ce qui est le plus effrayant dans cet électorat incapable – ou refusant – de reconnaître les faits, c'est qu'il a mis à la tête de l'État, non seulement un président mais aussi des membres du Congrès dont les idées et la politique sont inspirés par la foi et non par la réalité. Quelques-uns des 45 sénateurs et 186 membres du Congrès furent plébiscités de 80 à 100 % par des associations chrétiennes influentes. Ces politiciens ont été élus parce qu'ils sont soutenus par une part grandissante de la population qui interprète la Bible au sens littéral et pense que l'Apocalypse est imminente. On ne peut attendre de gens qui croient la fin du monde imminente qu'ils s'inquiètent d'écologie. Pourquoi prendre soin de notre planète quand les sécheresses, les inondations, la famine et la peste, qui sont en fait les conséquences de problèmes écologiques, sont interprétées comme les signes avant-coureurs de l'Apocalypse que prédit la Bible ?

Les étudiants en anthropologie ne seront pas surpris par ces évolutions. Il est fréquent, dans des sociétés qui affrontent de graves crises et que menace l'effondrement, qu'émergent des cultes et des mouvements dirigés par des leaders messianiques qui s'engagent à mener les vrais croyants vers la Terre promise, loin de toutes souffrances.

Quelle doit être notre réaction ? La seule réponse valable est de saisir chaque occasion pour prêcher aussi bruyamment et énergiquement que possible nos propres valeurs, une réalité où les faits triomphent sur la foi. De rappeler que la plupart des dommages que nous causons à notre planète sont la conséquence de notre ignorance ; de reconnaître que nous ne pouvons plus continuer à nous voiler la face en causant des dommages inutiles simplement parce que nous manquons de curiosité. Les problèmes qui se posent – et leurs solutions – ne tiennent pas simplement au fait de regarder la réalité en face pour contrecarrer les croyances, mais aussi de se poser de nombreuses questions difficiles.

En votant, vous avez le choix de finir ou non le boulot.

L'environnement est en crise.
Ce 2 novembre, votre vote scellera le destin de vos enfants qui, adultes, devront faire face à une planète agonisante. Le temps nous est compté mais des solutions sont encore possibles.
Inscrivez-vous sur les listes électorales. Informez-vous.
Le 2 novembre, votez pour l'environnement.

Votez pour l'environnement.

Publicité encourageant le vote citoyen avant les élections présidentielles de 2004 aux États-Unis.

Par exemple, si vous voulez nourrir sainement votre famille, il est nécessaire d'aller au fond des choses. Il ne suffit pas de demander : « Est-ce que ce saumon est frais ? » Vous pourriez alors vous sentir rassuré par la réponse. Mais vous devez continuer pour savoir d'où il provient : « Est-il sauvage ou d'élevage ? » ou « Est-ce que ce poulet a été élevé aux hormones ? » ou encore « Qu'est-ce qui se cache derrière le nom de ces produits chimiques qui figurent sur l'étiquette des biscuits fourrés à la crème ? » Là, vous vous rapprocherez de la vérité. Malheureusement, le vendeur de l'épicerie ne vous sera pas d'une grande aide. Vous devrez faire les recherches par vous-même.

C'est ce même processus que nous avons dû conduire avec Patagonia. Nous voulions agir le mieux possible, avoir le moindre impact environnemental, mais au début nous savions à peine quelles questions nous poser.

L'une des choses les plus difficiles pour une entreprise, lorsque les résultats d'une étude démontrent que la fabrication de votre produit le plus vendeur a un impact réellement négatif sur l'environnement, est de prendre la décision de le transformer ou de le retirer de la vente. Imaginez que vous fabriquiez des mines antipersonnel. Vous avez de nombreux salariés, vous êtes l'employeur le plus important de la région, vous êtes aussi un bon patron puisque vous redistribuez une partie de vos bénéfices à vos employés, mais vous ne réalisez pas vraiment l'impact réel de ces mines. Puis, un jour, vous vous rendez en Bosnie, au Cambodge ou au Mozambique et vous rencontrez tous ces innocents mutilés et vous vous dites : « Ah ! Voilà ce que les mines provoquent ? » (Ce pourrait être la même chose pour le tabac ou la malbouffe). Alors soit vous décidez d'arrêter immédiatement votre entreprise, soit vous décidez de continuer en connaissance de cause. C'est pourquoi Patagonia a décidé de mettre le nez dans ses propres « mines ».

En 1991, lorsque nous avons commencé notre audit environnemental sur nos produits, nous nous sommes aperçus, bien évidemment, que tout ce que nous fabriquions polluait. Nous fûmes tout de même un peu surpris de nous rendre compte que c'était pire que ce que nous supposions. La *production durable* est un oxymoron.

Nous avons effectué une étude sur le cycle de vie de chacune des quatre fibres principales que nous utilisons : laine, polyester, nylon et coton. Les synthétiques comme le polyester et le nylon ont un impact évidemment désastreux parce qu'ils sont fabriqués à partir du pétrole, mais il s'avère que la production de produits dits « naturels » comme le coton n'est pas meilleure (et même pire quelquefois).

Prenons la laine par exemple. Elle peut provoquer plus ou moins de dégâts selon l'endroit où paissent les moutons, si ce sont des espaces désertiques ou fragiles comme les alpages ou bien des territoires où il pleut beaucoup, où l'herbe pousse en abondance et où il n'y a pas de prédateurs. La laine est par ailleurs sujette aux traitements chimiques tout au long des étapes de sa production. Tout d'abord, les moutons sont plongés dans des bains de pesticides pour tuer les parasites ; la toison est décapée avec des détergents à base de pétrole ; la fibre est blanchie avec du chlore puis colorée avec des teintures qui contiennent des métaux lourds. Les ouvriers exposés aux bains parasiticides peuvent souffrir de troubles neurologiques. L'Orlon, un substitut de la laine, est fabriqué à partir de pétrole et par conséquent, il ne peut entrer dans le cadre d'un développement durable. On pourrait penser, alors, qu'utiliser n'importe quelle sorte de laine est une meilleure solution qu'un substitut synthétique. Mais si nous voulions remplacer, par exemple, ne serait-ce qu'une seule filature d'Orlon par une production de laine naturelle, il faudrait consacrer un territoire immense au seul élevage des moutons. En fait, étant donné notre mode de consommation actuel, il est impossible de fabriquer des vêtements en fibres naturelles pour la population du monde entier. Toutes les tentatives pour réussir un développement durable, avec six milliards d'êtres humains sur cette planète, sont vouées à l'échec. Mais au lieu de fermer toutes les portes, de nous débarrasser de nos voitures et de devenir ermites, essayons plutôt de nous atteler à la tâche, sachant que le développement durable est un objectif qui nous échappera sans cesse.

Chez Patagonia, nous allons encore plus loin dans notre démarche. Par exemple, nous nous sommes demandé si les teintures fluorescentes utilisées sur le nylon étaient toxiques. Lorsque nous avons appris qu'elles l'étaient bel et bien, nous les avons changées pour des teintures moins toxiques produites en Allemagne, qui existent dans toutes les couleurs sauf en orange, alors nous ne faisons plus de nylon orange ! Pour une entreprise habituée à acheter des tissus préteintés choisis dans le catalogue d'un représentant, la question de la toxicité des teintures a rendu nos opérations beaucoup plus complexes et nous a forcés à penser différemment. Beaucoup d'entreprises n'auraient pas envie de se créer ce genre de problèmes « inutiles ».

La plupart des gens, des gouvernements et des entreprises ne désirent pas se poser les « cinq questions de Toyota », parce que le fait de continuer à se poser les bonnes questions pourrait les amener à trouver les causes réelles des problèmes qu'ils rencontrent (et qui se trouvent souvent au niveau environnemental) et les forcerait à changer ou à ressentir de la culpabilité. Il y a beaucoup d'argent à gagner lorsqu'on ne s'attache qu'à traiter les symptômes, comme batailler pour satisfaire notre goinfrerie de pétrole au lieu de travailler à l'efficacité énergétique ou « soigner » les cancers avec des médicaments plutôt que de s'attaquer aux causes environnementales qui les provoquent.

Une de mes amies, Rell Sunn, fut championne du monde de surf. C'était l'une des surfeuses de longboard les plus élégantes que j'aie jamais connues. À l'âge de 32 ans, elle découvrit qu'elle avait un cancer du sein. Les causes de ce cancer pourraient se trouver dans son enfance, lorsqu'elle vivait à Waianae, sur l'île d'Hawai, où un nombre anormal de cancers a été recensé. Enfant, elle courait derrière le camion-citerne qui, après avoir traité les champs de canne à sucre au DTT ou autres produits chimiques, remplissait sa cuve d'eau pour nettoyer la poussière des routes. Tous les enfants venaient se rafraîchir sous l'eau toxique. Personne n'avait idée de ce que ces produits chimiques allaient provoquer. Rell Sunn est morte de son cancer à l'âge de 47 ans.

Le cancer du sein est la première cause de mortalité chez les femmes de 35 à 50 ans et chaque année, il y a 200 000 nouveaux cas aux États-Unis. Dans les années quarante, le risque de ce cancer était d'un pour vingt-deux. Aujourd'hui le taux est passé d'un pour huit et ne cesse d'augmenter. Les facteurs environnementaux sont les premiers en cause. Cependant, les recherches de ces facteurs sur le cancer du sein, par exemple, ne sont pas une priorité pour les organisations de cancérologie, dont les conseils d'administration sont composés de P.-D.G. de grands groupes chimiques et pharmaceutiques qui ont intérêt à ce que la recherche se concentre sur les thérapies médicamenteuses, loin de toute problématique environnementale. Pourtant, le problème ne concerne pas que le cancer du sein. Sur les 100 000 produits chimiques utilisés à l'heure actuelle, seuls 300 environ ont été testés pour savoir s'ils étaient cancérigènes. De toute façon, ces groupes ont peut-être raison de chercher des traitements efficaces parce qu'ils savent que nous ne sommes pas encore prêts à abandonner notre « vivre mieux avec la chimie » et il y a peu de chance que nous arrivions à débarrasser nos maisons des quelque 5 000 produits toxiques qui les polluent.

Se poser suffisamment de questions et les approfondir pour découvrir les conséquences de nos actions nous a conduits à la deuxième ligne de conduite de notre philosophie environnementale, essayer d'avoir le moindre impact dans notre façon de travailler.

Rell Sunn, probablement la surfeuse la plus gracieuse du monde. 1993.
Photo : Tom Keck.

Équipement obligatoire
pour les ouvriers agricoles
travaillant dans les champs
de l'agro-industrie.
Photo : Michael Ableman.

PRINCIPAUX PESTICIDES UTILISÉS AUX ÉTATS-UNIS

(Voir double page suivante)

En raison de la mondialisation, les produits que nous achetons ne sont pas nécessairement fabriqués près de chez nous. Même si nous n'avons pas de champ de coton dans notre environnement immédiat, chaque fois que nous achetons des vêtements en coton conventionnel, nous soutenons l'usage de ces pesticides qui finissent par polluer la planète entière. Non seulement le coton est utilisé pour faire des vêtements, mais on retrouve ses graines dans toute notre alimentation. On les emploie pour nourrir les vaches, si bien que le lait et les produits laitiers sont contaminés, ainsi que pour faire de l'huile qui sert à fabriquer de nombreux aliments qui sont vendus partout, bien loin des champs d'origine.

L'adaptation française de ce tableau a été revue par François Veillerette, président du MDRGF (Mouvement pour la défense et le respect des générations futures). La France est le troisième consommateur de pesticides au monde, après les États-Unis et le Japon.

NOM DU PESTICIDE CHIMIQUE (NOM DU COMMERCE)	UTILISATION AGRICOLE	TOXICITÉ IMMÉDIATE
Aldicarbe (Temik) Non homologué en France	Insecticide et nématicide (lutter contre les nématodes – vers du sol)	Élevée
Chlorate de sodium (Fall)	Défoliant et herbicide	Basse
Chlorpyrifos (Lorsban)	Insecticide	Modérée à élevée
Cyanazine (Bladex) Non homologué en France	Herbicide	Modérée à élevée
Dicofol (kelthane)	Acaricide, insecticide	Modérée à élevée
Ethéphon (Prep)	Régulateur de croissance	Modérée
Fluométuron (Hilgalcoton) Non homologué en France	Herbicide	Non connue
Metam-Sodium (Vapam)	Insecticide, nématicide, fongicide et herbicide	Modérée à élevée
MSMA (Mesamate) Non homologué en France	Herbicide	Modérée à élevée
Naled (Dibrom) Non homologué en France	Insecticide et propriétés acaricides	Très élevée
Parathion-Méthyle (Parathion, Metaphos) Non homologué en France	Insecticide	Très élevée
Profenofos (Curacron) Non homologué en France	Insecticide, acaricide	Élevée
Prométryne (Primatol Q)	Herbicide	Modérée à élevée
Propargite (Omite)	Acaricide	Modérée à élevée
Tribufos (DEF, Folex) Non homologué en France	Défoliant	Modérée à élevée
Trifluraline (Treflan)	Herbicide	Basse à modérée

TOXICITÉ À LONG TERME	TOXICITÉ AU NIVEAU ENVIRONNEMENTAL
Cancers, suspicion de mutation génétique	Poissons
Lésions des reins, dénaturation de l'hémoglobine (méthémoglobinémie)	Oiseaux et poissons
Lésions fœtales, troubles neurologiques, impuissance et stérilité	Amphibiens, insectes aquatiques, abeilles, oiseaux et crustacés
Malformations à la naissance, cancers	Abeilles, oiseaux, crustacés et poissons
Cancers, toxique de la reproduction, tumeurs	Insectes aquatiques, oiseaux et poissons
Mutations génétiques	Oiseaux, abeilles, crustacés et poissons
Incidences sur le sang, dépression	Abeilles et poissons
Malformations à la naissance, lésions fœtales et mutations génétiques	Oiseaux et poissons
Tumeurs	Abeilles et poissons
Cancers, toxique de la reproduction, suspicion de mutations génétiques et tumeurs	Amphibiens, insectes aquatiques, oiseaux, abeilles, crustacés et poissons
Malformations à la naissance, lésions fœtales, lésions du système immunitaire , toxique de la reproduction, mutations génétiques	Oiseaux, abeilles, crustacés et poissons
Lésions oculaires, irritation de la peau	Oiseaux, abeilles et poissons
Lésions de la moelle osseuse, des reins, du foie et des testicules	Oiseaux, abeilles, crustacés, poissons et mollusques
Cancers, lésions oculaires et fœtales, mutations génétiques et tumeurs	Oiseaux, abeilles, crustacés et poissons
Cancers et tumeurs	Oiseaux et poissons
Cancers, lésions fœtales, suspecté d'être mutagène et tératogène	Amphibiens, insectes aquatiques, oiseaux, abeilles, crustacés et poissons

Avec l'autorisation de Patagonia.

Balayer devant notre porte

Nous sommes ceux que nous attendions.

Chaman de la tribu Navajo

À l'époque où nous avons réalisé l'audit sur nos fibres, nous fabriquions énormément de vestes polaires à base de polyester vierge, le seul polyester qui existait alors. C'est pourquoi nous avons décidé de travailler avec une société du nom de Wellman afin de trouver des alternatives. Ils ont inventé un processus qui permet de recycler les bouteilles plastiques de soda – également fabriquées en polyester – en un matériau brut pour faire des vestes. Il faut vingt-cinq bouteilles pour fabriquer une polaire et, entre 1993 et 2003, nous avons recyclé 86 millions de bouteilles de soda qui, ainsi, n'ont pas terminé à la décharge. Pour chaque lot de 150 polaires en polyester vierge que nous avons remplacé par du polyester recyclé, nous économisons 170 litres de pétrole et évitons le rejet dans l'air d'une demi-tonne de particules toxiques.

Pour le coton, c'est encore une autre histoire, mais elle montre jusqu'où nous sommes prêts à nous engager pour agir au mieux, ainsi que l'étendue de la crise environnementale. Même si, pendant au moins 4 000 ans, le coton a été cultivé sans apport de produits chimiques, il s'avère qu'aujourd'hui, 25 % des insecticides et 10 % des pesticides mondiaux sont utilisés pour la culture conventionnelle du coton, alors que les champs de coton représentent moins de 3 % des cultures. La plupart de ces produits sont des dérivés de gaz neurotoxiques développés pour les besoins militaires ; il n'est donc pas étonnant que des taux élevés de malformations et de cancers aient été constatés aussi bien chez les hommes que chez les animaux vivant à proximité de ces cultures.

Vingt-cinq bouteilles
en plastique peuvent servir
à fabriquer une veste en polaire PCR
– quand elles ne finissent pas
au bord des routes ou dans les décharges.
Photo : Rick Ridgeway.

Sachant qu'il existait une alternative viable, nous l'avons donc choisie et sommes passés au coton biologique. Ne pas le faire aurait été inconcevable : nous aurions violé notre principe fondamental qui est de fabriquer la meilleure qualité avec le moindre impact environnemental.

Mais il ne suffit pas d'appeler le fabricant et de demander que l'on change pour du coton biologique. Notre décision a déclenché un long processus qui nous a menés à tout reprendre depuis le début. En premier lieu, nous nous sommes aperçus qu'il y avait peu de coton biologique certifié produit dans le monde. La culture biologique demande beaucoup plus de travail ; les agriculteurs doivent être constamment dans les champs pour vérifier que les plants restent sains. Le désherbage et l'apport de compost requièrent également du temps. L'effeuillage doit être fait naturellement, sans défoliant chimique afin de pouvoir ramasser le coton mécaniquement.

Par ailleurs, après la récolte, chaque étape de la production d'un coton biologique – égrenage, filage, tricotage ou tissage – entraîne un surcoût. Le prix total augmente de 50 à 100 % à cause d'une demande limitée, des coûts plus élevés, des défoliants non toxiques plus chers, ainsi que du fait que le coton biologique brut n'est pas aussi propre à travailler qu'un coton classique. Pourtant, au cours de l'été 1994, notre conseil d'administration vota pour qu'au printemps 1996, nous n'utilisions plus que du coton biologique.

À cette époque, le sportswear en coton représentait 20 % de toutes nos ventes et le fait de passer au coton biologique pour l'entreprise représentait un coût émotionnel et financier certain. Les probables pertes de recettes et de bénéfices en raison du prix plus élevé du coton bio restaient une donnée complètement inconnue.

Nous avons décidé d'abandonner certains produits en coton qui se vendaient bien parce qu'il nous était impossible de développer leur tissu, puis nous nous sommes fiévreusement évertués à préparer le changement. La plupart de nos fournisseurs ont refusé de participer au processus, d'abord parce que trop peu de leurs fabricants leur proposaient une alternative et aussi parce qu'ils étaient très sceptiques quant au marché éventuel. L'équipe

Patagonia a dû reprendre toute la filière d'approvisionnement depuis le début. Nous avons cherché des courtiers en coton qui pouvaient se procurer du coton biologique en vrac. De toutes les filatures avec lesquelles nous avons choisi de travailler, seules deux avaient déjà une expérience dans le domaine. Le tissu en coton de 1996 nous a coûté trois fois plus cher que celui de 1995, avec un choix moindre. En conséquence, il a fallu réduire notre gamme de coton de 91 produits à 66.

Deux décisions ont facilité ce changement. Premièrement, nous avons utilisé temporairement autant de coton « de transition » que de coton bio certifié. Le coton de transition est cultivé comme du coton biologique, mais les cultures ne sont pas en place depuis assez longtemps pour recevoir une certification officielle. Deuxièmement, nous avons choisi de vendre des « vêtements fabriqués en coton biologique » plutôt que des « vêtements biologiques ». La différence semble anodine mais nous ne voulions pas tromper les gens sur le fait que nous allions continuer à utiliser des colorants synthétiques et du fil de couture traditionnel. Nous nous étions aperçus qu'avec les teintures naturelles, il était non seulement impossible d'obtenir le degré de qualité voulu, mais qu'elles posaient aussi des problèmes significatifs au niveau environnemental. Le fil de couture est un produit de série, ce qui nous aurait obligés à en commander de grandes quantités pour une qualité aléatoire. De plus, tandis que nous expérimentions de nouvelles matières, deux modèles de cette collection de 1996 ont été traités avec un apprêt à faible contenance de formaldéhyde pour éviter qu'ils ne se froissent ou ne rétrécissent.

Une fois encore, nous hésitions entre nos principes environnementaux et ceux de qualité. Mais il fallait se rendre à l'évidence, il était ridicule de revenir en arrière en traitant les tissus avec des produits toxiques pour éviter qu'ils ne froissent ou ne rétrécissent – les deux raisons logiques qui avaient entraîné leur utilisation pendant des années. Un produit étiqueté 100 % coton contient en réalité 73 % de coton ; le reste, ce sont des apprêts et des traitements chimiques appliqués à la fin du processus de fabrication. Finalement, nous avons résolu le problème en nous attachant à la qualité du produit au cours de sa réalisation au lieu de l'apprêter avec des substances synthétiques. Quelquefois, il a fallu utiliser des fibres de coton plus longues, de meilleure qualité et prélavées ainsi que des tissus également prélavés.

C'est au cours de ce changement de coton que nous nous sommes aperçus qu'en fait, nous ne connaissions pas grand-chose sur la manière dont les tissus étaient traités et finis. Dans le passé, lorsque nous désirions, par exemple, un tissu pour fabriquer des pantalons, nous nous adressions à un représentant qui nous proposait des échantillons dans un catalogue que nous avions juste besoin de feuilleter pour choisir. Maintenant, nous devions nous débrouiller avec des balles de coton brutes et gérer le processus tout entier jusqu'au produit fini.

Pendant ce temps, les équipes de marketing et de ventes s'étaient donné trois objectifs pour le lancement de cette gamme de coton biologique de 1996 : réussir à bien la vendre, influencer l'industrie du vêtement pour la décider à utiliser du coton biologique et favoriser la culture de celui-ci. Les deux derniers objectifs dépendaient du premier qui était de bien vendre la gamme. Nous avons enfreint notre politique habituelle et engagé un consultant qui confirma ce que nous pensions, que la motivation première de nos clients pour acheter nos produits était la qualité. La marque et le prix étaient secondaires et les questions environnementales étaient ce qui les concernait le moins. Ce consultant arriva à la conclusion qu'une légère augmentation des prix serait acceptable, nous avons donc réduit nos marges sur la plupart de nos produits afin que le prix de vente par article n'excède pas deux à dix dollars de plus par rapport à du coton conventionnel. Les modèles qui ne rentreraient pas dans cette catégorie ne seraient vendus que dans nos propres magasins et par correspondance, afin de garder un prix abordable.

Notre programme de coton biologique a été une réussite, pas uniquement parce que nos clients ont fait le même choix que nous – payer plus pour favoriser la culture biologique au lieu de devoir payer un jour le coût caché des dommages sur l'environnement – mais aussi parce que nos concepteurs et l'équipe de production ont dû reprendre leur travail depuis la balle de coton brut et s'occuper de tout le processus de transformation jusqu'au produit fini. Ils ont dû réapprendre à confectionner des vêtements. L'effort supplémentaire s'est retrouvé dans des produits qui avaient été soigneusement étudiés et qui par conséquence se sont bien vendus. Ce n'est pas parce qu'un produit est naturel que les gens l'achètent plus mais c'est une valeur ajoutée importante.

Chaque fois que nous avons respecté nos engagements en faveur de l'environnement, même si cela nous coûte le double à produire, l'opération se révèle plus rentable. Ce qui me conforte dans mon opinion que nous avons pris la bonne direction. Avec un audit environnemental, nous apprenons beaucoup et le fait d'apprendre nous permet de faire de meilleurs choix. Nous pouvons agir de manière concrète en résolvant les problèmes plutôt que d'essayer de les contourner et nous avançons pas à pas vers un développement durable. Chaque jour, nous découvrons de nouvelles voies.

Passer du coton industriel au coton biologique est une étape positive mais ne résout pas tout. La culture du coton, même sans produits chimiques, nécessite énormément d'eau et ne peut être reconduite au même endroit, année après année sans épuiser les sols. Quand un vêtement en coton est usé, généralement on le jette. Il nous faut réfléchir maintenant un peu plus pour essayer de fabriquer des vêtements qui bouclent la boucle, qui se recyclent à l'infini pour produire d'autres vêtements ou des produits similaires. Nous devons accepter de prendre la responsabilité de nos produits en fin de vie, comme un fabricant d'ordinateurs doit être responsable de ses vieux ordinateurs, inutilisables mais trop polluants pour être jetés à la décharge.

En acceptant la responsabilité pour nos produits, il nous faut donc être vigilants pour les autres composants que le tissu lui-même. Voici trois exemples sur la manière dont nous essayons de réduire l'impact environnemental de certains composants de nos produits.

Au Portugal où nous faisons fabriquer nos chemises en flanelle, les usines qui s'occupent de teinter les tissus sont situées le long du fleuve près de Porto. Chaque teinturerie prend de l'eau dans le fleuve et, une fois utilisée, la rejette dans ce même fleuve ; quand l'eau atteint la dernière teinturerie en aval, elle est complètement noire et polluée. Cette dernière teinturerie a donc installé une centrale allemande très chère pour nettoyer l'eau avant de s'en servir, mais ils ont également décidé de la faire repasser dans le système de nettoyage avant de la rejeter. C'est la teinturerie avec laquelle nous avons choisi de travailler pour teindre nos tissus.

Le polychlorure de vinyle (PVC) est un plastique nocif et cancérigène que l'on trouve absolument partout. Il peut servir d'apprêt sur les bagages ou comme plastifiant pour des motifs de tee-shirts. Cela fait des années que nous essayons de l'éradiquer dans notre fabrication et nous avons réussi sauf pour la mousse de nos gilets de sauvetage de Lotus Designs et pour quelques-uns de nos tee-shirts mais nous y travaillons activement.

L'antimoine est un métal lourd et dangereux que l'on emploie pour fabriquer de la résine de polyester. Oui, ces bouteilles de soda que nous utilisons pour fabriquer nos Synchilla contiennent de l'antimoine et selon l'architecte et designer William McDonough, le cola est un bon catalyseur pour libérer l'antimoine. Nous voulons passer au polyester sans antimoine, mais comme vous pouvez imaginer, faire changer l'industrie du plastique n'est pas aisé.

Quant à nos efforts pour réduire l'impact de nos activités en interne, nous avons commencé dans les années quatre-vingt lorsque l'un de nos hommes d'entretien est venu me voir pour savoir si j'avais une idée de combien coûtaient tous ces sacs plastiques que nous mettions chaque jour dans les corbeilles de nos employés. 1 200 dollars par an étaient dépensés pour ces sacs qui finissaient directement à la décharge. Je lui ai donc demandé de ne plus en mettre. Mais le lendemain, il est revenu en disant que l'équipe de ménage refusait de nettoyer les corbeilles si les gens y jetaient du marc de café ou de la nourriture. Nous avons donc donné à chacun une corbeille à papier et disposé un peu partout dans les bureaux des poubelles pour les autres déchets. Peu de temps après, nous nous sommes mis à recycler tout notre papier et chaque personne était alors responsable de son tri. Cette démarche de recyclage dans toute l'entreprise nous fait économiser de l'argent.

L'ILLUSION DE L'EAU

Dans la grande vallée centrale de Californie se trouve un étang cerné de roseaux et de massettes. Même s'il paraît un peu trop rectangulaire, cet étang est un espace agréable et tranquille au milieu de vastes champs de coton industriel. Cette eau témoigne que cette vallée longue de plus de 600 km fut autrefois une vaste mosaïque de marécages, avant que les barrages et les canaux ne siphonnent l'eau des sept principales rivières pour étancher la soif inextinguible des fermes agro-industrielles.

Un homme se tient debout à côté de l'étang. Il a un fusil entre les mains. Ce n'est ni un chasseur ni un voleur. C'est un employé de l'État embauché pour tirer en l'air chaque fois qu'un oiseau s'approche trop près de l'étang. Pourquoi me direz-vous ? Parce que cette surface miroitante apparemment inoffensive est devenue un bouillon empoisonné, contaminé par les nitrates, les oligo-éléments et les pesticides que déverse l'industrie agricole. Si un oiseau a le malheur de se poser là, il meurt ou donne naissance à des oisillons aveugles et à plusieurs becs.

Si l'irrigation, la fertilisation et la désinsectisation ne polluaient que ces étangs, ce serait un moindre mal. Mais non. Dans la vallée centrale de Californie, toutes les rivières, les ruisseaux et les estuaires ont un taux exagérément élevé de pesticides ; il en est de même pour les nappes phréatiques. La majorité de la population de cette région ne dispose que de ces nappes comme source d'eau potable et l'eau polluée entraîne de graves risques pour la santé humaine. Les pesticides qui, pour certains, se maintiennent des décennies dans les écosystèmes, accroissent sensiblement les risques de cancer et d'infertilité.

Si la terre représente l'ossature, alors l'eau est la moelle de notre planète. La moelle, selon le dictionnaire, est « la substance vitale ou essentielle » et par extension ce qui donne la qualité intrinsèque aux choses – la sève de la plante, la pulpe du fruit. Cependant en dépit de sa qualité intrinsèque, l'eau est joueuse. Elle peut prendre la forme de glace, de brume, de neige et de flaques de boue. Elle peut même jouer à être un mirage. Mais cette fois, c'est nous qui lui avons joué un vilain tour. Nous avons fait ressembler à un étang ce qui n'en est pas un. Les pesticides sont en train d'empoisonner notre moelle, notre valeur intrinsèque.

JOANNE DONMAN

Un autre salarié nous a suggéré de ne plus utiliser de verres jetables en plastique à la cafétéria et aux fontaines d'eau. Maintenant, chacun utilise son propre verre et nous en mettons à la disposition de nos visiteurs. De cette manière, nous épargnons encore 800 dollars par an. Cela peut paraître des sommes dérisoires, mais l'important est que chaque fois que nous prenons une décision en faveur de l'environnement, en dépit de ce que cela peut nous coûter, nous économisons toujours plus d'argent. Ces économies ne représentent que la partie visible de l'iceberg. Réutiliser des cartons pour envoyer nos marchandises épargne un millier de dollars par an, utiliser notre papier recyclé imprimé sur les tables à langer de notre crèche nous fait économiser 1 200 dollars par an, etc.

Un audit effectué pour nos dépenses énergétiques au sein des bureaux nous a poussés à faire changer tout l'éclairage pour un système moins gourmand, à repeindre quelques plafonds en blanc pour mieux réfléchir la lumière et à installer des Velux ainsi qu'un système de chauffage/air climatisé innovant. Le tout pour une économie d'électricité de 25 %. Tous nos locaux en Californie sont alimentés en électricité éolienne. En 2005, nous avons équipé les bureaux de Ventura de panneaux solaires photovoltaïques. Ce fut un investissement d'un million de dollars, mais entre les dégrèvements d'impôts et la baisse des factures d'électricité, il ne faudra que quelques années pour l'amortir.

Essayer de comprendre les causes des problèmes au sein d'une entreprise est déjà suffisamment compliqué, mais tenter de le faire à l'extérieur de l'entreprise est bien plus ardu. Nous savons, par exemple, que l'industrie du bois détruit les forêts, participe à la perte de la biodiversité et provoque érosion et inondations dans les bassins hydrographiques fragiles. Un tiers des forêts du monde ont été abattues à la seule fin d'exploiter leur bois ou pour pratiquer l'agriculture. Chaque année, l'équivalent de la surface du Portugal disparaît. Les forêts tropicales humides sont défrichées à la vitesse d'un hectare par seconde et la moitié de ces forêts a déjà été perdue. Nous pouvons tenter d'arrêter cette déforestation, surtout pour les forêts anciennes, par l'activisme, les actions en justice et en élisant les responsables politiques adéquats, mais cela ne changera rien à la racine du problème. Tant qu'il existera une demande pour des articles en bois, la forêt sera en danger et tant que nous continuerons à vouloir du pétrole et de la viande de baleine, nous finirons par forer des puits dans nos sanctuaires naturels et continuerons à pourchasser les baleines.

Comme entreprise, nous essayons de réduire notre dépendance à des ressources non renouvelables jusqu'au moment où nous pourrons trouver de réelles solutions de substitution. Nous essayons de n'utiliser que du papier et du bois recyclés et pour nos nouveaux bureaux et magasins, nous choisissons des matériaux alternatifs. Nous n'utilisons du bois que lorsque c'est absolument nécessaire et dans ce cas, nous choisissons de réutiliser du vieux bois ou alors du bois issu de sources durables.

À l'inverse, la solution imaginée par notre gouvernement pour lutter contre la disparition des forêts est de subventionner l'industrie forestière et de la pâte à papier et de promouvoir les fermes forestières comme activité « durable ». Nous ne construirions jamais de maisons à ossature en bois si nous devions en payer le prix réel. En Europe, ce genre de constructions est moins répandu parce que les États ne les subventionnent pas.

En ce moment, nous sommes en train d'étudier plusieurs options pour la construction d'un nouveau bureau de trois étages à Ventura. Je suis particulièrement intéressé par un procédé tout à fait innovant. Il est ininflammable, antisismique, résistant aux moisissures et aux termites, écoénergétique et coûte 25 % moins cher qu'une construction classique. Il n'utilise pas de bois sauf pour l'habillage et les châssis des fenêtres. C'est un procédé de construction à partir d'un déchet de l'agriculture, la paille, qui possède de nombreux atouts. Le fait qu'il soit écologiquement viable lui apporte une valeur ajoutée. On a estimé qu'avec les quantités de pailles de riz brûlées chaque année aux États-Unis, on pourrait construire 5 millions de maisons de 200 m².

Une philosophie environnementale d'entreprise doit aussi encourager les salariés à s'engager personnellement. Par exemple, en plus de son programme de donations environnementales, Patagonia approvisionne un fond de soutien qui permet de doubler la mise chaque fois que l'un de nos salariés donne de l'argent à une association de son choix. Pour inciter les gens à moins consommer d'essence et favoriser le développement de véhicules alternatifs, chaque employé qui fait l'achat d'une voiture hybride reçoit une prime de 2 000 dollars. Nous les autorisons aussi à apporter leurs propres déchets à recycler au sein de l'entreprise. En 1989, le personnel de notre magasin de Salt Lake City a pris une initiative plus importante encore en installant sur le parking des conteneurs de recyclage, les tout premiers en Utah.

Les employés à tous les niveaux sont invités individuellement ou en groupe à s'impliquer dans des actions en faveur de l'environnement. Et si cela ne remet pas en cause leur travail, ils peuvent participer, pendant leur temps de travail, au programme environnemental de Patagonia ou mettre en place leurs propres initiatives.

Prenons l'exemple suivant. Récemment au Nevada, nous avons permis qu'un grand territoire soit officiellement déclaré espace naturel protégé et cela s'est passé sous l'administration Bush, plutôt antiécologiste. Tout a commencé lorsque nous avons déménagé notre entrepôt de Ventura à Reno dans le Nevada et que de nombreux salariés de Ventura ont décidé de suivre. Une fois là-bas, ils se sont aperçus que c'était une région vraiment sauvage, avec 83 % des terres appartenant à l'État fédéral, mais avec très peu d'espaces réglementés ou protégés. Ils se sont donc mis à répertorier les territoires qui pourraient faire l'objet d'une protection et au final, il s'avéra que plus de six millions d'hectares entraient dans ces critères. Ils ont commencé avec la zone la plus facile, le désert de Black Rock. Puis, quatre d'entre eux sont venus nous voir et nous ont dit : « Si vous continuez à nous payer un salaire et à nous fournir un bureau, dans deux ans nous aurons un projet de loi sérieux à soumettre à l'État. » Au final, 750 000 hectares de terres ont été protégés pour à peu près 20 *cents* l'hectare. En 2004, nous avons réussi à faire classer quelque 400 000 hectares de plus.

Au milieu des années quatre-vingt-dix, quatre personnes furent arrêtées pour avoir protesté contre la destruction de la forêt Headwaters en Californie, qui comprenait de nombreux spécimens de très vieux séquoias. Elles faisaient partie de notre programme qui permet pendant deux mois d'apporter ses compétences au sein d'une association environnementale tout en gardant son salaire et sa protection sociale. Selon certaines modalités, l'entreprise peut se porter garante pour ceux qui, après avoir suivi un stage de désobéissance civile non violente, se font arrêter au cours de manifestations pour la défense de l'environnement. Lorsque l'État bafoue ses propres lois ou refuse de les renforcer, je pense que la désobéissance civile est un moyen nécessaire.

Si l'on demande aujourd'hui aux gens ce qu'ils veulent pour l'avenir de leurs enfants, ils répondent qu'ils veulent leur laisser un monde meilleur et leur donner ce qu'eux-mêmes n'ont pas reçu dans leur enfance. Mais ils ne prennent aucune décision pour que cela devienne réalité.

L'une des raisons pour lesquelles personne ne veut vraiment agir concrètement est que chacun se voit différemment de la façon dont les autres le perçoivent. Les propriétaires de véhicules tout-terrain sont un bon exemple. Ils savent qu'acheter un 4x4 n'est pas un bon choix au niveau environnemental mais ils le justifient en arguant du fait qu'ils ne l'utilisent que sur de courtes distances ou qu'ils s'en servent pour transporter de nombreux passagers ou beaucoup de matériel. Ou bien ils invoquent des questions de sécurité – alors qu'il est prouvé que les 4x4 sont *plus dangereux* que les autres véhicules. Ils ajoutent qu'après tout, ce n'est qu'une voiture. Pourtant, nombreux sont ceux qui voient les propriétaires de 4x4 comme faisant partie intégrante du problème. Les gouvernements que nous élisons et la politique qu'ils mènent sont aussi en grande partie responsables des décisions désastreuses que nous prenons en matière d'environnement. Si le pétrole n'était pas subventionné et que nous devions en payer le coût réel, alors personne ne voudrait de 4x4 et on ne les fabriquerait même pas. On conduirait des véhicules hybrides ou alternatifs et on plaiderait pour l'instauration de trains à grande vitesse. Pourtant, aujourd'hui, nous faisons le plein sans nous acquitter des dommages causés à l'environnement ni des dépenses réalisées pour protéger nos intérêts pétroliers à l'étranger.

Les ressources énergétiques alternatives ou renouvelables ne peuvent concurrencer un pétrole subventionné. Un pétrole à un prix artificiellement bas affecte la recherche et l'innovation dans d'autres domaines industriels. Nous qui sommes dans l'industrie du vêtement, nous avons choisi d'utiliser du polyester recyclé mais le polyester fabriqué à partir de pétrole reste toujours moins cher. Cela ne durera plus bien longtemps puisque nous allons très bientôt manquer de pétrole.

Lorsque nous étions jeunes, ma génération n'avait pas conscience que notre planète était en danger et n'imaginait certainement pas qu'un jour, une entreprise aurait tout autant besoin d'une politique environnementale que financière. Nous n'avons commencé à sortir de notre léthargie qu'à la parution, en 1962, du livre brûlot de Rachel Carson, *Silent Spring* (*Le printemps silencieux*). Aujourd'hui, la plupart des gens savent que nous sommes face à une crise écologique majeure. Les études montrent que 75 % d'entre eux se perçoivent comme des protecteurs de l'environnement. Mais nous sommes ce que nous faisons et non pas ce que nous disons être.

Nous rejetons toujours la responsabilité sur les autres : les Mexicains parce qu'ils ont des familles nombreuses, les Chinois parce qu'ils brûlent du charbon qui dégage du soufre ou « l'État » qui s'est prononcé pour l'exploitation pétrolière dans les zones protégées en Alaska. Pendant ce temps, nous nous baladons dans nos 4x4 et nous consommons comme de « bons » Américains que nous sommes pour que l'économie reste en bonne santé. En résumé, chacun pense qu'il n'est ni le problème et, par conséquent, ni la solution.

Quant aux hommes politiques, l'environnement occupe moins de 5 % de leur agenda. En fait, ce n'était aucunement une préoccupation des élections de 2004. Les électeurs disent qu'ils veulent une planète en bonne santé mais ils ne concrétisent pas par les urnes, car c'est un sujet qui vient loin derrière la sécurité, la santé et le prix de l'essence. C'est encore plus difficile de résoudre les problèmes quand notre gouvernement nous entraîne dans la direction opposée en subventionnant l'industrie du bois, en proposant des crédits d'impôt pour l'exploitation des ressources, l'achat de véhicules gourmands en essence, en aidant la culture du coton conventionnel et toutes les formes d'agriculture non durable et en se faisant l'apôtre de la consommation comme base de notre économie.

Bien évidemment, ce ne sont pas les agences gouvernementales qui partent forer les puits de pétrole ou laissent à l'abandon les déchets industriels. Au niveau environnemental, la plupart des firmes ne font que le strict nécessaire pour être en règle. Elles engagent des avocats spécialisés pour s'assurer que leurs opérations rentrent dans le cadre des lois, dont certaines ont même été élaborées par leur soin. Le pire, c'est qu'elles demandent toujours moins de contraintes. Le profit et l'emploi ont la préséance sur tout le reste et l'argument de la « demande du consommateur » est systématiquement invoqué pour justifier la fabrication de produits à l'impact négatif sur l'environnement.

Sans législation et sans instances de surveillance qui s'assurent que les lois sont bien appliquées, ces entreprises ne prendraient aucune décision sans la pression des consommateurs. C'est comme le bûcheron qui abat de vieux arbres ou le mécanicien qui fabrique des fusils d'assaut pour une utilisation civile, ils ne peuvent se cacher derrière des arguments comme « c'est du travail » ou « je fais ce qu'on me dit de faire ». L'excuse fallacieuse du « client est roi et il faut répondre à sa demande » est toujours mise en avant pour ne pas prendre la bonne direction.

Ils pensent que c'est le marché qui doit décider de l'existence de leurs produits. Or, une entreprise doit non seulement accepter de causer le moins d'impact environnemental et social possible, mais il faut qu'elle accepte d'être responsable de ses produits eux-mêmes.

Par exemple, les compagnies automobiles affirment qu'elles cesseront de fabriquer des 4x4 bien trop gourmands en carburant le jour où il n'y aura plus de demande. Pourtant, elles ne font rien pour éduquer leurs clients sur les coûts sociaux et environnementaux réels d'un véhicule tout-terrain.

La difficulté de convaincre les gens de changer leurs habitudes devient évidente rien qu'en traversant notre parking ou nos bureaux. Le parking est rempli de 4x4 et les gens portent souvent des vêtements fabriqués dans des fibres qui ne sont pas issues du développement durable. Même chez nous, où chacun connaît l'impact vraiment négatif de certaines pratiques, les valeurs environnementales sont difficilement appliquées. L'espoir réside dans les enfants de notre halte-garderie qui, je l'espère, feront mieux que nous.

« Je n'ai jamais voté. »

« Vous ne pouvez pas surfer et ne pas remarquer
l'impact de la pollution et des rejets du tout-à-l'égout dans l'eau.
Les océans deviennent des décharges.
Je veux que cela change.
Je voterai pour des personnes
qui privilégient l'environnement.
Je ne m'étais jamais inscrit sur les listes électorales.
Cette fois, je l'ai fait.
Ce 2 novembre, n'hésitez pas à voter
pour des valeurs essentielles à vos yeux. »

CHRIS MALLOY

Votez pour l'environnement.

Publicité encourageant le vote citoyen
avant les élections présidentielles
de 2004 aux États-Unis.

"I've never voted."
"You can't be a surfer and not see the impact of pollution and sewage in the water. The ocean's getting hammered. I want to see change. I am voting for people who put the environment first.
I'd never even registered to vote. But this year I have. This November 2nd, get out and vote for what matters to you."
– Chris Malloy
Vote the environment
Register today at: www.patagonia.com/vote
patagonia
Photo: Jeff Johnson © 2004 Patagonia, Inc.

Réparer

Quels que soient les efforts que nous faisons pour réduire notre impact sur l'environnement, toutes nos opérations polluent et produisent des déchets. C'est pourquoi l'étape suivante, comme entreprise responsable, est de payer pour nos manquements jusqu'à ce que nous trouvions les alternatives adéquates.

Juste après la crise pétrolière provoquée par l'OPEP au début des années soixante-dix, le Japon et les pays industrialisés d'Europe ont fortement taxé le pétrole pour obliger les États et les industries à prendre des mesures à la fois de conservation et de développement plus efficaces au plan énergétique.

Les États-Unis, dans le même temps, n'ont rien fait et nous en payons aujourd'hui le prix. En trente ans, le niveau de vie aux États-Unis a doublé tandis que celui de l'Europe a quadruplé. En terme de qualité de vie, qui évalue la propreté de l'air et de l'eau, l'éducation, la santé, la prévention du crime et autres facteurs similaires, les États-Unis viennent maintenant en dixième position. L'autre conséquence des politiques énergétiques à long terme suivies par ces pays, c'est qu'ils sont à présent capables de produire avec beaucoup moins d'énergie que les entreprises américaines.

Si les États-Unis taxaient les pollueurs, ne subventionnaient pas les industries qui gaspillent comme celles du pétrole, du bois, de l'agriculture industrielle et taxaient les ressources non renouvelables tout en diminuant les impôts sur le revenu, nous aurions déjà fait un grand pas vers une société durable.

Si je crois vraiment ce que je dis et que je veuille balayer devant ma porte, alors Patagonia, en tant qu'entreprise qui n'utilise pas que des ressources renouvelables, ne doit rien attendre de l'État. Nous devons nous imposer nos propres taxes et nous servir de l'argent pour de bonnes causes.

Dans les années quatre-vingt, nous avons pris l'engagement de prélever 2 % de nos bénéfices avant impôt afin d'aider des associations environnementales, pourcentage que nous avons décidé d'augmenter quand nous sommes devenus bien plus conscients des problèmes et que les demandes de soutien

MAUVAISES PAR NATURE

Les sociétés à responsabilité limitée ont vu le jour au cours des XVIIIe et XIXe siècles. Elles furent conçues pour faire face aux trop nombreuses limitations imposées par notre système social et économique.

Les compagnies de chemin de fer ou autres entreprises similaires étaient à l'époque trop importantes et trop techniques pour n'être construites et assurées que par l'investissement des souscripteurs. Quand elles faisaient faillite, ce qui arrivait souvent, les souscripteurs n'avaient pas les moyens de couvrir les dommages. Aucune instance n'en était d'ailleurs capable. C'est pourquoi une limite fut instaurée à la responsabilité sur le montant des dommages auxquels les investisseurs seraient soumis.

La responsabilité limitée a permis à plusieurs générations d'entrepreneurs d'ignorer économiquement, psychologiquement et légalement les limites des rejets toxiques, l'épuisement des ressources halieutiques, leurs dettes, etc.

Espérer que les entreprises fonctionneront différemment un jour est utopique. C'est comme de croire que votre réveil deviendra cuisinier, que votre voiture fera des petits ou que les fusils planteront des fleurs. Le rôle explicite et spécifique d'une entreprise est d'amasser des richesses. Son rôle n'est pas de garantir que les enfants seront élevés dans un environnement sans produits chimiques dangereux, ni de respecter l'autonomie et l'existence des peuples indigènes, ni de protéger l'intégrité professionnelle ou personnelle des ouvriers, ni de créer des modes de transport moins polluants ni même de respecter la vie sur cette planète.

Espérer que les entreprises fassent autre chose que d'amasser des richesses, c'est nier l'histoire de notre culture, les pratiques admises, la structure du pouvoir actuel et son système de récompenses. C'est ignorer tout ce que nous connaissons sur les transformations du comportement : nous récompensons les investisseurs ou les dirigeants d'entreprises pour leurs actions et par conséquent, nous admettons implicitement que nous désirons qu'ils perpétuent le système. Espérer que ceux qui se cachent derrière le masque de l'entreprise pourraient agir autrement ne pourrait entraîner que de la déception.

Les sociétés à responsabilité limitée ont été spécialement créées pour séparer l'homme de l'effet de ses actions – en les rendant par définition inhumaines et cruelles. Dans la mesure où nous voulons vivre dans un monde humain et compatissant – et dans la mesure où nous voulons survivre –, les sociétés à responsabilité limitée doivent disparaître.

DERRICK JENSEN

Cet article a été publié dans le magazine "The Ecologist" en mars 2003.
www.theecologist.org

sont arrivées en plus grand nombre. En 1985, nous avons atteint 10 % des bénéfices de l'entreprise, le maximum de déduction autorisé par l'État. C'est une somme qui allait en augmentant au fur et à mesure que nos opérations devenaient plus rentables et parce que nous ne réinvestissons que dans l'entreprise, sans octroyer de bonus ou de dividendes. Puisque nous étions une société familiale, nous pouvions gérer notre argent comme bon nous semblait sans avoir de compte à rendre aux commissaires aux comptes ou à des actionnaires. Le jour où nous avons formalisé cette politique des 10 %, l'entreprise a été transformée à jamais.

À la fin des années quatre-vingt, d'autres sociétés nous ont emboîté le pas et ont mis en place leur propre programme de donations et certaines égalèrent même les 10 %, mais parfois avec des bénéfices artificiellement bas. Une fois les primes et les participations distribuées aux cadres supérieurs, il reste en vérité, même pour les sociétés à gros chiffre d'affaires, peu à donner aux associations de défense de l'environnement. Cette pratique ne cadre pas du tout avec l'esprit philanthropique. L'idée est de donner généreusement et non pas de trouver des échappatoires pour éviter de donner.

Nous avions le sentiment de faire notre part mais, puisque d'autres étaient prêts à suivre, nous avons décidé de monter la barre encore plus haut. En 1996, nous nous sommes engagés à donner 1 % de notre chiffre d'affaires. Que nous gagnions de l'argent ou pas, que nous fassions une bonne ou une mauvaise année, il faut donner quand même. La bienfaisance s'est transformée en un « impôt vert » que nous nous imposons parce que nous vivons sur cette planète, que nous utilisons ses ressources et que nous sommes donc en partie responsables de ses problèmes.

Nous engager pour une réelle démocratie participative

La démocratie fonctionne toujours mieux au sein de petites sociétés homogènes où chacun est responsable de ses actes. La vigilance mutuelle évite d'avoir besoin d'une police, d'avocats, de juges ou de prisons. On est responsable de sa propre sécurité sociale et de celle de sa famille. Les décisions sont prises en consensus et non par des compromis.

De la naissance de notre pays à la fin du XIXe siècle, nous disposions de trois forces sociales puissantes : l'État fédéral, les instances locales et la société civile. Des trois, je dirais que la société civile a toujours été la plus influente. Elle fut à l'origine de la séparation d'avec la Grande-Bretagne. Financée par des fonds philanthropiques privés, elle se mobilisa en faveur des grands mouvements sociaux du XIXe siècle, l'abolition de l'esclavage et la lutte pour les droits des femmes.

La création du parc national du Yosemite ne fut pas l'idée de Theodore Roosevelt ; c'est un militant, John Muir, qui réussit à convaincre le Président d'abandonner ses gardes du corps et de venir camper au pied des séquoias de la vallée.

Ce sont les femmes et les enfants noirs, en refusant de s'asseoir dans les espaces séparés des bus et en résistant à la police fédérale, qui forcèrent finalement l'État à promulguer une loi qui leur reconnaissait des droits civiques.

Ce sont les militants pacifistes qui obligèrent le gouvernement à mettre un terme à la guerre du Vietnam.

En lisant le journal, on remarque que la majorité des avancées sociales actuelles sont encore l'apanage d'organisations citoyennes militantes. Les militants de ces associations traînent les politiciens et les P.-D.G. indélicats devant les tribunaux. Ils obligent les entreprises concernées à prendre des mesures afin d'améliorer les conditions de travail dans leurs ateliers immondes, à ne vendre que du bois provenant de sources durables, à recycler leurs ordinateurs et à diminuer leurs émissions toxiques.

Ce sont des groupements de kayakistes et de pêcheurs qui se mobilisent pour démanteler les barrages obsolètes et laisser de nouveau les fleuves couler librement. Ce sont des adeptes de fauconnerie qui se sont battus pour la réintroduction du faucon pèlerin, une espèce au bord de l'extinction, et les chasseurs de canards ont été ceux qui ont été les plus actifs pour la protection des oiseaux aquatiques d'Amérique du Nord.

La plupart des gens ont tendance à se méfier du terme activiste, parce qu'il est souvent lié à l'idée de sabotage ou de protestations écologistes violentes, mais je vous parle, moi, de citoyens normaux qui veulent que l'État prenne ses responsabilités quant à la préservation de l'air, de l'eau et de toutes les ressources naturelles. La passion des militants pour les causes qu'ils défendent est contagieuse, que ce soit l'exemple de mères qui luttent pour faire disparaître les décharges de déchets toxiques qui mettent en péril la vie de leurs enfants, ou d'agriculteurs qui se battent pour garder la terre de leur famille que menace l'extension des villes. Ce sont eux, de simples citoyens, qui se trouvent en première ligne pour essayer tout simplement de faire appliquer les lois ou de contraindre l'État à en établir de nouvelles.

C'est à eux prioritairement qu'est destiné notre « impôt vert » – 1 % net de notre chiffre d'affaires. J'ai appris au cours de ma vie passée au contact de la nature que notre planète aime la diversité et déteste la monoculture et la centralisation. Des milliers de groupes combatifs qui s'activent à résoudre des problèmes spécifiques réussissent souvent bien mieux que la plupart de nos gouvernements et des grosses organisations.

À qui feriez-vous confiance pour sauvegarder les 5 % de forêts primaires et les quelques cours d'eau à saumons encore sains d'Amérique du Nord ? Les seuls que je soutienne, ce sont de petites associations militant sur le terrain, composées d'écocitoyens qui s'installent dans les arbres pour empêcher qu'on les abatte et qui n'hésitent pas à faire face aux bulldozers. Nous avons besoin de protecteurs pour nos rivières ou nos golfes marins et de protestataires qui sont capables de s'enchaîner pour défendre une cause.

Cette forêt d'araucarias au Chili devait être détruite pour l'exploitation de son bois. Les Indiens mapuche tirent en partie leur subsistance de la noix piñon. Doug Tompkins, Patagonia et Allan Weeden ont créé la fondation Lahuen pour acheter les droits sur ces terres en 1989 et les placer sous protection permanente, sous le nom de sanctuaire de Cañi.
Avec l'autorisation de Patagonia.

Dans le monde entier, plus de 100 000 ONG sont engagées dans la lutte pour l'écologie et le développement durable. Rien qu'aux États-Unis, il en existe à peu près 30 000 qui s'intéressent à des problèmes comme la conservation de la biodiversité, la santé des femmes, les énergies renouvelables, les changements climatiques, la protection de l'eau, les lois sur le commerce, la surpopulation et la protection des espaces naturels. Le fait qu'elles soient apparues indépendamment les unes des autres est une terrible preuve de la gravité de la crise écologique actuelle. Bon nombre de ces associations

Page de droite :
Kris McDivitt Tompkins, Doug Tompkins et moi-mêmedans le massif de Darwin en Terre de Feu, Chili, 2001. En 2000, nous avons créé Conservación Patagonica qui a pour but d'acquérir des terres en Argentine et au Chili afin de créer de nouveaux parcs nationaux et espaces naturels protégés.
Avec l'autorisation de Patagonia.

L'une des premières acquisitions de l'association Conservación Patagonica fut les 80 000 hectares de l'estancia Monte León. Avec ses 40 km de côtes le long de l'Atlantique, c'est le refuge d'une des plus grandes colonies de pingouins de Magellan de la côte Atlantique ; il accueille aussi les lions et les éléphants de mer, des milliers d'oiseaux de mer, les pumas, les guanacos, le nandou de Darwin et de nombreuses autres variétés de plantes et d'animaux. Le 12 novembre 2002, Monte León fut officiellement transformé en parc national argentin.
www.conservacionpatagonica.org
Avec l'autorisation de Patagonia.

Le dernier achat de notre association : la vallée de Chacabuco, de 90 000 hectares, en Patagonie, au sud du Chili. C'est l'un des derniers espaces où vivent encore des troupeaux de cerfs huemuls. La vallée de Chacabuco est le point de passage entre deux réserves naturelles existantes et son acquisition a permis la création d'un territoire protégé de 350 000 hectares.

Avec l'autorisation de Patagonia.

militantes sont bien plus à même d'apporter des solutions que les grandes firmes ou les agences gouvernementales qui ne pensent qu'à leurs propres intérêts. Ce sont souvent de petites structures qui ne ménagent pas leur peine et disposent de peu de moyens ; leur existence ne tient qu'à un fil : de petites donations et des collectes de fonds.

Les philanthropes modernes et les fondations rechignent à aider des associations qui plaident ou pratiquent l'activisme. Avec leur peu de moyens, ces petits groupes doivent faire face à des méga-entreprises et à leurs équipes d'avocats, à des juges aux idées préconçues ou à des scientifiques véreux.

Notre impôt vert permet d'aider diverses associations et organisations actives dans l'environnement et nos donations sont destinées en priorité à des groupes ou à des individus qui sont engagés dans la préservation de rivières, de forêts, de mers et d'espaces désertiques en péril. Malheureusement, pour une association que nous aidons, nous devons en refuser trois. Cela donne une indication sur la difficulté de notre tâche ; il existe bien plus de causes dignes d'être aidées que ce que nous pouvons faire.

Notre contribution financière en faveur d'associations de défense de l'environnement a été significative (entre 1985 et 2005, nous avons distribué 25 millions de dollars) mais nous pensons que nous devons donner plus que de l'argent.

C'est pourquoi, en plus de tous nos autres programmes et donations, Patagonia organise tous les dix-huit mois une conférence appelée « Outils pour les militants de terrain » afin de leur apporter certaines compétences en matière de communication, de marketing et de gestion, dont ils ont besoin pour mieux se battre dans un environnement médiatique très compétitif. C'est l'un des services les plus importants que nous leur proposions. Ces gens courageux et passionnés qui se retrouvent souvent isolés, parfois effrayés, sont vulnérables face à l'État ou à de grandes entreprises et à leurs armadas d'avocats et « d'experts ». En leur donnant des outils pour savoir expliquer clairement et efficacement leur position, nous leur apportons tout autant qu'un soutien financier.

Voilà des militants qui agissent !
Délégués d'associations présents
à la conférence « Outils pour les militants de terrain »
de 2003 au lac Tahoe.
Photo : Scott Wilson.

Notre engagement nous a bien sûr valu les foudres des conservateurs. En 1990, nous sommes devenus la cible, avec vingt-quatre autres entreprises, d'un boycott sophistiqué orchestré par le Conseil d'action chrétienne à cause de notre soutien régulier à la Fédération de planning familial. En dépit d'un abondant courrier de clients disant qu'ils n'achèteraient plus jamais nos produits, nous avons préparé notre riposte en concertation avec les autres entreprises visées – toutes bien plus importantes que nous. Puisque le Conseil d'action chrétienne nous menaçait avec des groupes faisant le piquet devant nos magasins, nous leur avons fait savoir que nous compenserions chacun des piquets qui se tiendrait devant nos magasins en envoyant dix dollars de

Le barrage Hetch Hetchy
n'aurait jamais dû être construit
et il faut qu'il soit détruit.
Photo : David Cross.

leur part au planning familial. Ils choisirent de se tenir à l'écart et le boycott cessa aussitôt. En 1993, nous avons interrompu un boycott du même acabit qui avait pour but de saper notre engagement en faveur d'associations de protection des forêts.

Certains de nos employés n'ont pas approuvé nos prises de position politiques et étaient choqués que nous donnions de l'argent à des organisations de planning familial. Ma réponse est que l'on ne devrait pas travailler pour une entreprise dans laquelle on ne croit pas, que ce soit pour ses produits comme le tabac ou sur la manière dont elle redistribue ses bénéfices. Beaucoup de nos nouveaux salariés me demandent pourquoi Patagonia donne principalement à des associations environnementales et semble ignorer les problèmes sociaux. La réponse, leur dis-je (comme les réponses à presque toutes les questions auxquelles notre entreprise doit faire face), se trouve dans nos principes philosophiques. Dans ce cas précis, la réponse figure dans la philosophie sur l'environnement. Il faut se concentrer sur les causes, nous dit la philosophie, pas sur les symptômes.

Notre soutien au planning familial en est un exemple. Tandis que cette organisation semble n'intervenir que sur des problèmes sociaux, elle s'attache en fait à lutter contre la surpopulation, une cause majeure de problèmes environnementaux. Les pays les plus pauvres sont ceux qui ont le taux de natalité le plus élevé. La destruction de leur environnement naturel est souvent à l'origine de leur pauvreté, comme à Haïti ou au Rwanda. Pour survivre, ils sont obligés d'abattre les arbres qui leur servent de combustible et avec lesquels ils se construisent des abris, détruisant les espaces naturels pour l'agriculture ou l'installation de leurs maisons. Ils sont forcés, surtout dans des sociétés autrefois uniquement fondées sur l'agriculture, soit de venir grossir les rangs de déshérités dans les villes, soit de dévaster leurs terres pour survivre. Leurs sols et leurs nappes phréatiques sont épuisés ; leurs rivières asséchées ou polluées et leurs eaux souterraines trop drainées.

Leur taux de natalité chutera le jour où leur qualité de vie augmentera, exactement comme dans les pays les plus développés. Mais cela n'arrivera que s'ils peuvent ramener la productivité sur leurs terres, après avoir pris conscience qu'il est nécessaire de travailler avec la nature et non contre elle.

UNE VICTOIRE

Au printemps 1990, je suis parti avec trois autres guides de pêche à la truite pour un voyage sur le "Reggae Nights", mon voilier de sept mètres, le long de la côte de Colombie-Britannique. Myron Kozak, Dave Evans et moi-même avions bien étudié les cartes et étions intrigués par un grand fleuve du nom de Kitlope qui se jette dans la mer par un large estuaire, après 80 km à travers des fjords. La vallée Kitlope semblait l'endroit le plus isolé de toute la côte de la Colombie-Britannique. Nous étions à la recherche de cours d'eau à truites arc-en-ciel, de crabes et d'aventure. Nous y avons trouvé le paradis.

À l'embouchure du canal Gardner, nous avons été stupéfaits par la majesté du paysage qui s'offrait à nous : des montagnes qui s'élevaient à plus de 2 000 m au-dessus de l'eau, des glaciers suspendus, des parois de granit verticales et des cascades en nombre tellement important que nous ne pouvions les compter. À notre arrivée, il y avait déjà un bateau à l'ancre dans l'estuaire. Sur la berge, une équipe s'activait à construire un débarcadère et des pistes.

Malgré le fait que j'aie travaillé dans l'industrie forestière pendant vingt-cinq ans, faire subir à cette vallée merveilleuse et sauvage les affres de l'industrie forestière, qui a déjà dévasté trop de magnifiques vallées côtières en Amérique du Nord, me semblait obscène. C'est là que nous avons pris la décision de faire tout notre possible pour garder la vallée Kitlope intacte.

Nous avions tous de la sympathie pour la protection de l'environnement mais un seul d'entre nous, Myron, avait de l'expérience et des accointances dans le milieu environnemental. Nous écrivîmes des lettres à des personnages importants mais nous nous sentions frustrés de notre impossibilité à communiquer la beauté de Kitlope au monde extérieur. Tout changea à l'automne quand je reçus un appel téléphonique de Myron qui m'avertissait qu'un homme du nom d'Yvon Chouinard, de la société Patagonia, était en train de pêcher près de chez moi, dans la rivière Bulkley. Myron, qui est l'un des meilleurs photographes de nature de Colombie-Britannique, pensa que des vues aériennes du Kitlope seraient le meilleur argument pour faire passer notre message. Peut-être pourrions-nous convaincre ce Chouinard de louer un hélicoptère pour y aller. On me désigna pour cette tâche et quelques minutes plus tard, j'étais dans ma camionnette pour effectuer les 240 km qui me séparaient de Smithers, avec la ferme intention de demander à un inconnu une grosse somme d'argent !

Yvon se souvient du moment où, ce soir-là, il remontait la berge de la rivière : « Un grand gaillard barbu avec une chemise de bûcheron se précipita vers moi et m'apostropha, "C'est vous Yvon Chouinard ? On m'a dit que vous donniez de l'argent pour des causes écologistes." J'ai pensé oh mon Dieu ! Un de ces péquenots de bûcheron et je ne peux même pas m'enfuir avec ces satanées cuissardes ! » Et moi, je me suis mis à délirer sur le Kitlope, le comparant au Yosemite. Après m'avoir un peu calmé, Chouinard m'interrogea sur la manière dont il pouvait nous aider. Je lui racontai que nous avions besoin de photos, de très bonnes photos et que, comme le Kitlope était très éloigné, nous avions besoin d un hélicoptère. Il me questionna sur le prix. Je lui répondis « peut-être jusqu'à 4 000 dollars ». Tranquillement, Chouinard demanda si la compagnie d'hélicoptère acceptait les cartes de crédit.

Deux jours plus tard, Myron était dans l'hélico avec Yvon et son fils, fonçant vers le Kitlope par une belle et froide journée d'automne. Myron était concentré sur sa tâche et prit toute une série de photos aériennes palpitantes, photos qui furent publiées dans le monde entier.

Ce que nous ignorions à l'époque, c'est que d'autres s'intéressaient aussi à la question. Les Haisla, dont les territoires traditionnels englobent le Kitlope, étaient liés à la région depuis des milliers d'années. Ce qui apparaissait comme un espace vierge était en fait leur foyer ancestral et spirituel. Ils tentaient désespérément de le sauver et, comme nous, se démenaient pour en trouver les moyens.

Une nouvelle association, du nom d'Ecotrust, était en train de voir le jour avec l'aide de Conservation internationale. Ecotrust avait reconnu que la vallée Kitlope abritait la plus grande forêt pluviale côtière encore intacte, en zone tempérée, de la planète. Cet été-là, le fondateur d'Eco-Fonds (et de Conservation internationale), Spencer Beebe, contacta le chef des Haisla, Gerald Amos. Le charme allait opérer.

Les photos de Myron furent envoyées à toutes les grandes organisations écologiques internationales et une série fut donnée aux Haisla qui entamèrent des discussions avec les propriétaires européens des droits forestiers (Eurocan) pour leur faire comprendre où ils s'apprêtaient à mettre les pieds. Les photos de Myron commencèrent à paraître dans les publications d'Ecotrust et dans les magazines et les journaux. Puis Ecotrust m'embaucha pour mettre en place une stratégie de développement communautaire dans le village de Kitamaat, au sein de la communauté haisla. Nous créâmes la fondation Na'na'kila. L'union entre les Haila, résolus à préserver leurs terres et Ecotrust s'est révélée redoutable.

La force d'Ecotrust est de créer des perspectives d'avenir pour les communautés locales. L'impact des initiatives de la fondation Na'na'kila et autres, soutenues par Patagonia, dans le village de Kitamaat, est considérable. Nulle part ailleurs que sur cette côte de la Colombie-Britannique, il n'existe de lien aussi étroit entre des questions sociales et écologiques. Pendant des décennies, les premières nations canadiennes ont subi un racisme paternaliste et institutionnalisé et ont été confinées dans de petites réserves misérables. Les conséquences sont terribles : durée de vie plus courte, maladies, pauvreté et un taux de suicide scandaleusement élevé chez les adolescents. Le directeur du projet d'Ecotrust en Colombie-Britannique, Ken Margolis, décida de les aider en choisissant d'assister une toute nouvelle organisation, Haisla Rediscovery, initiée par les femmes de la communauté haisla.

Rediscovery est un programme international qui aide les communautés autochtones à organiser des camps pour enfants dans des espaces naturels isolés. Initié il y a vingt ans dans l'archipel de Haida Gwaii, ce programme permet aux aînés, à travers les connaissances ancestrales, de transmettre aux plus jeunes la culture traditionnelle et le respect de la terre. Cette opération a été lancée par Dolores Pollard pour tenter de répondre à la vague de suicide des jeunes du village de Kitamaat. Le Kitlope est devenu un lieu privilégié pour l'organisation de ces camps, avec l'aide très importante d'Ecotrust, de la fondation Na'na'kila (et des subventions Patagonia) et la région résonna bientôt des chants de jeunes gens originaires ou non de cet endroit. Le lien entre les Haisla et le Kitlope, qui a toujours été très fort, est devenu indestructible.

Au cours d'une conférence subventionnée par Ecotrust et présidée par les Haisla, Eurocan tenta de corrompre ce peuple d'une manière éhontée. Ils proposèrent aux Haisla tous les emplois forestiers dans le Kitlope pour les cinquante prochaines années. Cette offre n'était pas insignifiante quand on sait que cela représente au moins 125 millions de dollars de salaires dans une communauté de 750 personnes qui subit un chômage d'au moins 50 %. Eurocan fut stupéfait que les Haisla ne mordent pas à l'hameçon. En raison de leur profond respect pour la Terre, ils refusèrent catégoriquement. Les plus anciens affrontèrent les bureaucrates de la province, les politiciens et les barons du bois et promirent que si un seul arbre du Kitlope était touché, le sang coulerait. Moins d'un an plus tard, les propriétaires de la nouvelle compagnie possédant les droits d'exploitation du Kitlope, la West Fraser, renoncèrent à ces droits sans réclamer de compensation. Une vraie victoire sur les compagnies forestières ! 500 000 hectares d'espaces sauvages et de rivières intactes à jamais protégés.

Patagonia apporta un soutien non négligeable à toutes les associations impliquées dans cette remarquable victoire écologique – Ecotrust, Ecotrust au Canada, la fondation Na'na'kila et Haisla Rediscovery. En fait, Ecotrust et Na'na'kila ont bénéficié des plus importantes subventions que Patagonia ait jamais données, au total environ 150 000 dollars. La sauvegarde du Kitlope fut un triomphe mais d'autres avancées notables ont également pu se réaliser. La fondation Na'na'kila fut à l'origine d'une forte diminution de la chasse au grizzly sur la côte centrale de la Colombie-Britannique, avec même un moratoire le protégeant complètement dans le Kitlope. Les jeunes hommes de la nation haisla ont reçu une formation comme agents de protection à l'environnement et le Kitlope est surveillé par des gardiens Na'na'kila. Des douzaines de Haisla ont trouvé un emploi dans les différents projets basés au Kitlope.

Le Kitlope est devenu un cas d'école sur la manière de créer un développement fondé sur des projets de protection de l'environnement et des valeurs locales. Sans l'aide de Patagonia et des autres donateurs, ce genre d'initiative ne verrait pas le jour. Cela va au delà de la sauvegarde des espaces sauvages ; cela affecte profondément la vie des populations et des communautés. Dans ce cas, l'écologisme fut le moteur d'un militantisme social dans ce qu'il a de meilleur.

BRUCE HILL

Le Kitlope.
Photo : Myron Kozak.

Influencer les autres entreprises

Quand Malinda et moi avons décidé de garder notre entreprise, nous nous sommes trouvés devant un défi personnel : serait-il possible de diriger une entreprise qui puisse apporter beaucoup de bienfaits et causer peu de torts ? Pourrions-nous l'ériger en modèle, serions-nous capables d'influer sur le comportement des autres en matière d'environnement ? La crise écologique est bien trop importante pour une seule entreprise, dix ou même cent.

Si Patagonia prospère malgré les contraintes de sa philosophie environnementale, peut-être réussirons-nous à en convaincre d'autres que les entreprises vertes peuvent être rentables. Avec de la chance, cela amènera ces entreprises à réfléchir à des solutions pour régler les problèmes de la Terre.

Je vois des signes encourageants. Tout comme l'industrie de l'alimentation biologique qui progresse de 20 % par an, la demande mondiale pour le coton biologique est en train d'exploser ; elle a triplé depuis notre engagement en 1996. Tous les agriculteurs, les égreneurs, les filatures, les tisserands et les fabricants de tissus qui nous ont suivis avec le coton biologique se sont créé de nouvelles sources de revenus dans cette filière. Le coût du coton biologique a baissé, de sorte qu'il est en général seulement deux fois plus élevé que celui du coton industriel et de plus en plus d'entreprises, encouragées par notre expérience, nous emboîtent le pas. De grandes sociétés comme Nike, Levi's et Gap achètent aujourd'hui du coton biologique qu'ils mélangent à leur coton industriel afin de soutenir la filière biologique, sans augmenter leurs prix et courir le risque de perdre des parts de marché.

Certaines filatures s'occupent activement, avec nos encouragements, à réduire les substances et les processus nocifs dans l'élaboration de leurs produits, par exemple à éliminer l'antimoine ou le bromure de méthyle et à trouver le moyen, avec le nylon polymère 6, d'en faire une fibre recyclable à l'infini. Ils travaillent volontiers avec nous car ils savent que nous tentons de mettre en place un modèle d'entreprise durable pour eux-mêmes et pour la société en général. Ils ont compris, comme David Brower l'exprime si bien, qu'« il n'y a pas d'affaires possibles sur une planète morte ».

LE CLUB 1 % POUR LA PLANÈTE
LE CLUB 1 % POUR LA PLANÈTE

Si vous voulez mourir en étant le plus riche,
alors soyez malin. Ne cessez jamais d'investir.
Ne dépensez rien. Ne touchez pas à votre capital.
Ne prenez pas de bon temps.
N'essayez pas de vous connaître vous-même.
Ne donnez rien. Gardez tout.
Mourez en étant le plus riche possible.
Mais vous savez, j'ai entendu une expression
qui met tout le monde d'accord :
il n'y pas de poche à la dernière chemise.

SUSIE TOMPKINS BUELL

Une après-midi d'automne 1991, j'étais en train de pêcher à la mouche sur la rivière Snake avec Craig Mathews, propriétaire du Blue Ribbon Flies à Yellowstone (Montana). Nous venions de réaliser que, en dehors du fait que nos entreprises respectives dépendent de la survie d'espaces sauvages dans le monde, nous avons tous deux l'intime conviction que la préservation de la nature est un élément essentiel à la survie de l'humanité. C'est pour ces deux raisons que nous soutenons des associations de défense de l'environnement, par l'intermédiaire de nos sociétés, même si nous savons que nous nous aliénons ainsi certains clients par nos prises de position controversées. Notre conversation prit un autre tour lorsque nous réalisâmes que chacune de nos entreprises s'était développée grâce à ces prises de position « radicales ». Il semblait très improbable que ce soit par pure coïncidence, ou que nous ayons trouvé, on ne sait où, quelques illuminés qui auraient choisi de venir acheter chez nous. Il y avait autre chose : les gens voulaient apporter leur soutien à des entreprises qui, non seulement prenaient position en faveur de l'environnement, mais qui la concrétisaient en donnant de l'argent à des militants.

Membre de « 1 % pour la planète ». Entreprises donnant 1 % de leur chiffre d'affaires pour la défense de l'environnement. www.onepercentfortheplanet.org

La seconde partie de la discussion portait sur le fait de savoir comment les clients étaient au courant des entreprises qui aidaient les militants environnementaux. Nous avions tous deux communiqué dans ce sens, mais ce n'est pas, normalement, ce que les entreprises mettent en valeur dans leur catalogue si elles en ont un. Cela leur coûterait plus cher de faire de la publicité sur leur soutien à l'environnement que ce qu'elles pourraient effectivement donner pour aider des associations. Pourtant, il existait un moyen facile d'identifier ces entreprises ou les individus qui soutiennent ces causes : un logo. Pour faire savoir leur prise de position, elles n'auraient qu'à l'utiliser.

En 2001, Craig Mathews et moi avons créé l'association 1 % pour la planète. C'est un club d'entreprises qui s'engagent à donner au moins 1 % de leur chiffre d'affaires pour des actions de protection et de réhabilitation d'espaces naturels. Le seul objectif de cette association est d'accroître l'efficacité des associations militant sur le terrain pour la préservation de l'environnement, en

LES FONDATIONS

Il devient urgent de s'attaquer à la crise environnementale en donnant des fonds au militantisme de terrain, ce qui pose la question du rôle des fondations. Aux États-Unis, les fondations, de par la loi, sont obligées chaque année de reverser au moins 5 % de leur actif. En 2001, presque 30 milliards de dollars ont ainsi été distribués. C'est une somme considérable, mais compte tenu de l'importance des problèmes à traiter, qui ont à peu près tous comme origine une cause environnementale, la logique voudrait que l'on donne davantage dès à présent, afin de traiter au mieux la crise à laquelle nous devons faire face.

La plupart des fondations ont été créées pour témoigner de la réussite et de la réputation de ceux qui les ont voulues ; de ce fait, elles ont souvent comme directive d'exister à perpétuité. Pourtant, aujourd'hui, un cas de force majeure voudrait qu'elles donnent plus, même si c'est en liquidant tous leurs actifs, donc en cessant d'exister. Les avantages réalisés en distribuant tout d'un seul coup pourraient s'avérer bien plus positifs que d'étaler les donations dans le temps, surtout lorsqu'il s'agit des problèmes environnementaux que nous connaissons, qui ne font qu'empirer.

Les fondations, en particulier les plus importantes, deviennent de plus en plus conservatrices au fil du temps. Si elles ont l'argent et l'engagement requis, la seule question est de savoir comment agir au mieux. Si le but, par exemple, est de transformer une richesse pour résoudre des problèmes sociaux, il serait logique d'intensifier les dons pour régler définitivement la situation.

De plus, les fondateurs pourraient voir de leur vivant le résultat de leurs actions.

leur apportant des fonds. L'intention est d'aider financièrement diverses associations afin qu'elles obtiennent collectivement plus de poids pour résoudre les problèmes auxquels nous sommes confrontés.

Voici comment ce club fonctionne : chaque entreprise membre consacre 1 % de ses ventes annuelles à des dons en partie déductibles des impôts, pour aider des associations environnementales. Les membres choisissent quelles associations ils veulent aider parmi les milliers agréées par 1 % pour la planète. Chaque membre distribue lui-même ses fonds, ce qui simplifie le processus de décision, réduit la bureaucratie et encourage chacun à entretenir des relations directes avec les associations qu'il soutient.

En retour, les membres peuvent utiliser le logo afin de communiquer leur engagement environnemental à leurs clients. Ce logo permet au consommateur de distinguer ce qui est du marketing « vert » d'une action réelle. Les entreprises qui font partie de cette fédération s'identifient comme reconnaissant que la préservation de l'environnement est fondamentale pour toutes les formes de vie sur Terre, y compris les sociétés humaines, et qu'un environnement sain est nécessaire si nous voulons que ces formes de vie perdurent.

Nous avons choisi le montant de 1 % du chiffre d'affaires car c'est un nombre « dur », qui n'est pas lié à la variation des bénéfices. La vague déclaration de certains de donner « une partie des ventes ou des bénéfices » ne veut rien dire ; ce peut être un dollar ou un million. Notre logo signifie que l'on donne au moins 1 %. On peut donner plus ; par exemple, notre cofondateur, Craig Mathews, qui est pourtant propriétaire d'une petite entreprise, a choisi de donner 2 %.

Imaginez que la prochaine fois que vous remplissez votre feuille d'impôts, on vous demande de répartir vous-même vos taxes : je veux affecter 15 % à ceci et 10 % à cela. Les gens n'hésiteraient pas à choisir à quoi leur argent est destiné. Aujourd'hui, nous n'avons pas droit à la parole, surtout quand le parti que l'on soutient n'est pas au pouvoir. Mais si vous vous taxez vous-même sous la forme de dons à des militants pour l'environnement, vous avez le choix de dire à qui vous voulez donner.

Peu d'entre nous croient que les politiciens ou les gros bonnets des entreprises vont nous sortir de la crise environnementale apocalyptique qui se dessine. Il faudra une révolution et une révolution ne part jamais d'en haut. 1 % pour la planète est une taxe que l'on s'impose pour l'utilisation des ressources de la planète, mais c'est aussi une assurance que nous serons toujours là dans l'avenir.

Pour moi, la solution du problème n'est pas compliquée : il faut agir et si nous ne pouvons pas le faire nous-mêmes, il faut mettre la main à la poche. Le plus difficile est de signer le premier chèque mais la vie ne s'arrête pas pour autant, le téléphone continue à sonner, il y a toujours de la nourriture sur la table et le monde est un peu meilleur.

Ainsi que l'a dit Mahatma Gandhi : « Vous devez être le changement que vous voulez voir dans le monde. »

CONCLUSION

CONCLUSION

Dante a dit que les pires places de l'Enfer
sont réservées à ceux qui,
dans les périodes de grandes crises morales,
ont choisi de rester neutres.

JOHN F. KENNEDY

Le maître zen dirait que si vous voulez changer de gouvernement, il faut changer les entreprises et que si vous voulez changer les entreprises, il faut changer les consommateurs. Hé là, doucement ! Le consommateur, c'est moi. Voulez-vous dire que c'est moi qui doit changer ?

La définition première du consommateur est : « Celui qui détruit, use inconsidérément, engloutit et gaspille. » Il faudrait sept autres Terres si le reste du monde consommait autant que nous autres Américains. Quatre-vingt-dix pour cent de ce que nous achetons dans les centres commerciaux finissent à la poubelle dans les soixante à quatre-vingt-dix jours suivants. Il n'est guère étonnant qu'on ne nous appelle plus des citoyens. Consommateur est le nom qui nous définit le mieux ; nos politiciens et nos entreprises ne sont que le reflet de ce que nous sommes devenus. Avec une grande partie de la population qui a le niveau de lecture d'un enfant de treize ans et près de 50 % qui ne croient pas à la théorie de l'évolution, nous avons le gouvernement que nous méritons.

Le système électoral américain non proportionnel fait que le vainqueur ne laisse que peu de place à ses adversaires ; ainsi, les différentes branches du gouvernement et un grand nombre de médias sont sous la coupe des conservateurs anti-environnementalistes ; ceci a pour conséquence qu'une grande partie des citoyens sont sans représentation politique. C'est pourquoi, plus que jamais, pour garder notre place dans cette société, nous devons encourager la démocratie civile en prenant la parole, en nous rassemblant et en aidant bénévolement ou financièrement ceux qui militent.

Quand je réfléchis à mon entreprise aujourd'hui, je m'aperçois que l'un des plus grands défis que j'aie à affronter est la suffisance. J'essaie de diriger Patagonia de manière à ce qu'elle existe encore dans cent ans, mais cela ne signifie pas que nous avons une centaine d'années devant nous. Notre réussite et notre longévité reposent sur notre capacité à nous adapter rapidement. Les changements constants et l'innovation demandent que nous entretenions un sens de l'urgence ; une tâche compliquée, surtout pour nous qui avons la réputation d'être une entreprise décontractée. En fait, l'un des principaux objectifs que je fixe pour les responsables de Patagonia est d'initier le changement. C'est la seule manière pour que nous survivions sur le long terme.

C'est la même chose pour la nature. Elle est en constante évolution et les écosystèmes apportent leur soutien aux espèces qui savent s'adapter à des catastrophes épisodiques ou par la sélection naturelle. Une nature saine est comme une entreprise prospère, elle a besoin de diversité et cette variété est le résultat d'un constant changement.

Notre vie est remplie de ce sentiment de suffisance, aussi bien au sein des entreprises que sur le front de l'environnement. Ce n'est qu'en bordure des écosystèmes, à la périphérie du cercle, que l'évolution et l'adaptation s'effectuent à pleine vitesse. Dans le noyau se retranchent et meurent les espèces qui ne peuvent s'adapter, condamnées à l'échec car prisonnières du statu quo. C'est la même chose pour les entreprises. Les plus traditionnelles se trouvent au centre du cercle et finiront par s'éteindre à cause de leur mauvaise gestion, d'un climat économique désastreux ou d'une concurrence inattendue.

Claire Pennoyer Chouinard
près d'un nid de petits faucons.
Rivière de Gaspésie,
Québec. 1987.
Avec l'autorisation de Patagonia.

Seules celles qui entretiennent un sentiment d'urgence, qui se trouvent à la périphérie, qui sont en constante évolution, ouvertes à la diversité et à de nouveaux modes opératoires, existeront encore dans cent ans.

En utilisant la même métaphore pour notre société, nous pouvons dire que les militants sont sur le bord extérieur, aiguillonnant les conservateurs, des individus suffisants qui vivent au centre. Ces militants savent que s'ils n'agissent pas rapidement, nous n'aurons bientôt plus de planète sur laquelle vivre.

Fletcher Pennoyer Chouinard teste la solidité d'une planche de surf.
Puerto Escondido, Mexique. 2003.
Photo : Ruben Piña.

Il est courant de penser que les peuples nomades se déplacent avec les saisons ou quand les ressources commencent à manquer, mais ce n'est pas l'unique raison. Ils bougent aussi quand leurs chefs estiment que tout se passe trop bien, que la communauté commence à devenir paresseuse et suffisante. Les chefs avisés savent que s'ils ne se déplacent pas pendant qu'ils ont encore de l'énergie, ils n'auront plus la force de le faire s'ils doivent affronter une crise.

Quelque part au long du chemin, nous avons causé ce désastre et c'est à nous de le réparer. Si le monde n'entend pas ma voix comme individu, il entendra peut-être celle d'une entreprise de mille personnes. Je ne peux réformer l'industrie agricole conventionnelle, mais je peux assurer que Patagonia n'utilisera que du coton biologique et je peux persuader d'autres entreprises de faire de même. Je peux m'engager à ne servir que de la nourriture biologique dans notre cafétéria. Si la demande pour des produits issus du développement durable augmente suffisamment, le marché devra changer, les entreprises devront y répondre et les gouvernements seront obligés de suivre.

Je n'ai pas moi-même le courage de m'engager en première ligne comme militant. Il existe trop de causes que je veux soutenir et je me sentirais bien trop frustré de me retrouver sur le front. Mais je crois suffisamment au militantisme pour chercher au fond de ma poche de quoi aider ceux qui ont le courage de travailler dans les tranchées.

J'ai une définition du « mal » qui est bien différente de celle de la plupart des gens. Le mal n'est pas toujours le résultat d'actes ostentatoires ; cela peut tout simplement être l'absence du bien. Si vous avez les capacités, les ressources et la possibilité de faire le bien et que vous ne faites rien, cela peut être mal.

Le rêve américain, c'est d'avoir sa propre entreprise, de la faire croître le plus vite possible pour la vendre un bon prix et de partir à la retraite jouer au golf dans un temple des loisirs ; que vous vendiez du shampooing ou des mines antipersonnel importe peu. Des investissements à long terme dans la formation des salariés, la garderie d'entreprise, la diminution de la pollution ou dans le fait de rendre le travail plus agréable aux salariés ne sont que des aspects négatifs pour la comptabilité à court terme. Le veau d'or qu'est devenue l'entreprise est alors sacrifié sur l'autel du profit. Ses ressources et ses actions sont souvent détruites, dispersées, ce qui mine la santé des économies locales et détruit les liens familiaux. La notion d'entreprise comme entité jetable a des conséquences à tous les niveaux de la société.

Si vous ne partez pas du principe que l'entreprise est un produit à vendre au plus offrant, dans le temps le plus court possible, toutes les décisions que vous prendrez en seront profondément modifiées. Les propriétaires et les dirigeants savent que si l'entreprise doit leur survivre, il leur faut, dès le départ, en prendre la responsabilité. Peut-être même se verront-ils comme les gouvernants, les garants de la culture de l'entreprise, des actifs et bien sûr des employés de cette entreprise.

Vous ne savez pas par où commencer ?
Plantez un arbre. Seul un optimiste est capable de faire ça.
Photo : Amy Kumler

Il existe comme un manque, aujourd'hui, avec la disparition de nombre d'institutions qui nous servaient de guides dans nos vies comme les associations sociales, religieuses, sportives, du voisinage ou familiales. Elles nous donnaient le sentiment d'appartenir à un groupe et l'envie de participer à un objectif commun. Les gens, aujourd'hui, ont toujours besoin d'éthique et de savoir quel est leur rôle dans la société. Une entreprise peut aider à combler ce manque si elle montre à ses salariés et à ses clients qu'elle prend ses responsabilités et qu'elle peut les aider à prendre les leurs.

Patagonia ne sera jamais complètement socialement responsable, et nous ne pourrons jamais fabriquer un produit qui n'a aucun impact sur l'environnement. Mais nous nous engageons à essayer.

REMERCIEMENTS

REMERCIEMENTS

À mon neveu Vincent Stanley, qui a dirigé le service de la vente en gros, écrit les textes des catalogues et est l'historien de Patagonia. À Charlie Craighead, mon éditeur et ami, qui a réussi à démêler l'écheveau de mes idées. À Doug Tompkins et Susie Tompkins Buell qui ont été des pionniers. À Kris McDivitt Tompkins qui, pendant des années, a accompli toutes les tâches difficiles, et à tous les employés de Patagonia, d'hier et d'aujourd'hui, qui ont permis de mettre en pratique ce que nous croyons vrai.

Nous tenons à remercier les personnes et les éditeurs suivants pour leur aimable autorisation de les citer dans cet ouvrage :

– « From the 17th Pitch of the North American Wall », par Yvon Chouinard, et « One Salmon », par Russell Chatham, extraits de *Patagonia: Notes from the Field* sous la direction de Nora Gallagher, San Francisco, Chronicle Books.

– Extrait de *Terre des hommes* par Antoine de Saint-Exupéry, Paris, copyright éditions Gallimard.

– « The Whole Natural Act of Protection » par Doug Robinson, dans *Chouinard Equipment Company Catalogue 1972.*

– Article sur Tom Brokaw paru dans *Life*, 26 novembre 2004, New York, Time Inc.

– « Responsibility for the Total » extrait de *The Axe Book*, Bergsjö, Gränsfors Bruks AB.

– « Zen », par Dean Potter, dans *Patagonia Inc. Catalogue 2000.*

– Extrait de « It's All right Ma (I'm Only Bleeding) » par Bob Dylan, New York, Warner Bros. Inc. 1965 et Special Rider Music 1993.

– Extrait de *State of the World 1992: A Worldwatch Institute Report on Progress Toward a Sustainable Society,* sous la direction de Lester Brown *et alii*, Washington, The Worldwatch Institute et New York, W. W. Norton & Company.

– Extrait de *Confessions of an Eco-Warrior* par Dave Foreman, copyright 1991 par Dave Foreman, édité par Harmony/Random House Inc.

– « Born to be Bad » par Derrick Jensen, paru dans *The Ecologist*, mars 2003, www.theecologist.org.

– « Winning One » par Bruce Hill.

– Extrait de « Cruel Falcon », dans *The Complete Poetry of Robinson Jeffers,* sous la direction de Tim Hunt, volume 2, 1928-1938, copyright Jeffers Literary Properties, édité par Stanford University Press, www.sup.org.

Les éditions Vuibert remercient Christophe Thibierge pour sa traduction de la citation de la p. 188.

Achevé d'imprimer par

CPI

Imprimerie France QUERCY
46090 Mercuès

N° d'impression : 71153
Dépôt légal : mai 2007

Imprimé en France